Andreas Dick

Die innere Mitte finden

Für meine Eltern
in großer Liebe und Dankbarkeit

Andreas Dick

Die innere Mitte finden

Lob der Tugend

orell füssli Verlag

Lektorat: Thomas Reichert
Umschlaggestaltung und Motiv: Hauptmann & Kompanie Werbeagentur, Zürich
Druck: fgb • freiburger graphische betriebe, Freiburg

ISBN 978-3-280-05568-7

Die Deutsche Nationalbibliothek verzeichnet diese Publikation in der Deutschen Nationalbibliografie; detaillierte bibliografische Daten sind im Internet über http://dnb.d-nb.de abrufbar.

FSC
www.fsc.org
MIX
Papier aus verantwortungsvollen Quellen
FSC® C106847

Inhalt

Vorwort

Während Jahrhunderten zeichnete die Kirche die menschliche Verderbtheit mit grellen Farben. Sie tat dies nicht nur aus Sorge um das Seelenheil der Gläubigen, sondern auch, um sie mit der Angst vor Höllenstrafen gefügig zu machen. Die »sieben Todsünden« – Wollust, Völlerei, Geiz, Trägheit, Zorn, Neid und Hochmut – üben bis heute eine eigentümliche Faszination aus. Doch das Laster ist keine Erfindung der Kirche. Schon die alten Griechen beschäftigten sich mit der Frage, welche Eigenschaften einen vorzüglichen Menschen auszeichnen. Diesen Tugenden stellten sie die verschiedenen Laster gegenüber, die der Glückseligkeit im Wege stehen.

Der moderne Mensch sieht sich nicht mehr gerne als lasterhaftes, sündiges Geschöpf, das irgendeiner Korrektur bedürfte. Dennoch müssen wir feststellen, dass sich auch heute noch vieles im Leben um eines oder mehrere Hauptlaster dreht. So verrät etwa der fanatische Kampf für den Glauben Unvernunft und Verblendung. Der in Tätlichkeiten ausartende Streit zweier Automobilisten beruht auf Jähzorn und Rachsucht. Hinter dem ständigen Bemühen um Perfektion schimmern Feigheit und Ängstlichkeit durch.

Bevor wir das Heilmittel anwenden können, braucht es eine klare Diagnose: *Welche Laster und Leidenschaften belasten unser Leben und überwuchern unsere seelischen Schätze?* Erst wenn wir den Mut aufbringen, den größten Charakterfehlern und schädlichsten Gewohnheiten ins Auge zu blicken, wird es möglich, uns von den Leidenschaften zu befreien, die uns die Seelenruhe rauben. Die Verwandlung von Lastern in Tugenden, von Leidenschaften in seelische Stärken führt zur unangenehmen Begegnung mit denjenigen Seiten der eigenen Persönlichkeit, über die wir lieber nicht allzu viel wüssten.

Die Auseinandersetzung mit Lastern und Tugenden und der Entwicklung seelischer Stärken besitzt eine lange Tradition. Viele herausragende Persönlichkeiten haben etwas Kluges zum Verständnis und zur Verwandlung von Charakterfehlern beigetragen. Zwei Leuchtgestirnen am Himmel der Tugendethik bin ich in diesem Buch besonders verpflichtet: Aristoteles (mit seiner *Nikomachischen Ethik)* und Thomas von Aquin *(Summe der Theologie).* Doch auch das noch junge Forschungsprogramm der »positiven Psychologie« trägt viel Nützliches bei zu einem aufgeklärten Verständnis von Lastern und Tugenden. Außerdem sind in dieses Buch zahlreiche Begegnungen mit Klientinnen und Klienten in meiner Psychotherapiepraxis sowie persönliche Erfahrungen eingeflossen.

Mit diesem Buch lassen sich drei Dinge anstellen:

Erstens kann man es aus intellektueller Neugierde lesen, um die menschlichen Stärken und Schwächen besser zu verstehen. Man wird dabei vielleicht feststellen, auf welch vielfältige Art sich die Leidenschaften äußern, wie sehr sie das einzelne Leben und die gesamte Gesellschaft durchdringen, ganz besonders auch dort, wo am lautesten und am heftigsten von Moral und Tugend die Rede ist, und wie schön es ist, etwas über Gerechtigkeit und Weisheit zu erfahren. Danach kann man das Buch wieder zur Seite legen und sich weiter von seinen Leidenschaften beherrschen lassen.

Zweitens lässt sich das Buch vorzüglich nach jemandem werfen, dessen übler Charakter einen zum Wahnsinn treibt. Oder man kann es hübsch verpacken und einem Mitmenschen schenken, der es dringend benötigt. Wie wäre es mit einer kleinen Notiz auf der Innenseite des Umschlags, wo Sie diskret die Seiten notieren, von denen Sie unbedingt möchten, dass Ihr Partner, Ihre Freundin, Ihr Sohn, Ihre Mutter oder Ihr Vorgesetzter sie liest und sie sich ein für alle Mal einprägt?

Drittens – und das wäre wohl das Beste – kann man das Buch natürlich auch für sich selbst verwenden, um ehrlich auf die eigenen Charakterfehler und schlechten Gewohnheiten zu blicken, damit man sich immer mehr aus den erstickenden Fesseln der Leidenschaften befreit und Platz schafft für die Entwicklung seelischer Stärken, die dem Leben Freude und Tiefe verleihen.

Zürich, im September 2014 *Andreas Dick*

Laster und Tugenden: Eine Einführung

Wo die Quellen der Leidenschaft tief liegen,
versiegen alsbald die himmlischen Brunnen.
Tschuang-Tse

Wenn wir davon sprechen, dass wir »einem Laster frönen«, so stellt sich oft ein etwas verlegenes Lächeln ein. Einerseits freuen wir uns an einer leicht verbotenen Lust, andererseits schämen wir uns doch auch ein wenig, gewisse Gewohnheiten nicht unter Kontrolle zu haben. Meistens geht es um Dinge wie Essen, Trinken, Rauchen oder Sex, um die Schwachheiten des Fleisches. Dabei wissen wir uns gleichzeitig gerechtfertigt, weil heute wohl jedem klar sein sollte, dass die Zeiten vorbei sind, als die Kirche den Leuten noch vorschrieb, was sie mit ihrem eigenen Körper anstellen durften und was nicht. Kaum kommen wir auf die Idee, dass Laster eigentlich noch ganz andere Gewohnheiten bezeichnen. Reizbarkeit, Jähzorn, Grobheit, Eitelkeit, Aufgeblasenheit, Lügenhaftigkeit, Hinterlist, Missgunst, Schadenfreude, Eifersucht, Habgier, Feigheit, Gleichgültigkeit, Trübsinn, Selbstmitleid – wer denkt an diese Dinge, wenn von einem Laster die Rede ist?

Auch das Gegenteil des Lasters, die Tugend, ist heute weitgehend aus dem gesellschaftlichen Bewusstsein verschwunden. Wenn man einen Menschen als »tugendhaft« bezeichnet, will man sich über ihn lustig machen.

Vor weniger als hundert Jahren war das alles noch ganz anders. Die bürgerlichen Tugenden Fleiß, Ordnung, Sparsamkeit und Reinlichkeit waren in aller Munde. Doch seit die Nazis mit Fleiß und Ordnung ihre Vernichtungslager betrieben, und spätestens seit der gesellschaftlichen

Wende der 1960er Jahre, deren Vertreter sich gegen die scheinheilige Doppelmoral des bürgerlichen Establishments wandten, sind diese Tugenden gründlich diskreditiert. Die scharfe Polemik Nietzsches gegen die Tugend, die Moral und das Christentum, die Ende des 19. Jahrhunderts noch zu schockieren vermochte, ist heute allgemein akzeptiertes Gedankengut.

Für Nietzsche sind tugendhafte Menschen und heuchlerische Moralapostel ein und dasselbe. Hinter Tugend, Anständigkeit und Moral verbirgt sich für ihn nichts anderes als der Egoismus in seinen zahlreichen Facetten. »Unsere Tugenden sind meist nur maskierte Laster«, schrieb schon 1664 der Herzog von La Rochefoucauld in seinen *Reflexionen.* In ihnen entlarvte er das hohle Pathos des höfischen Lebens und spürte die schmeichlerische Eigenliebe in ihren raffinierten Verkleidungen auf. Man muss ihnen recht geben, La Rochefoucauld, Nietzsche und anderen Kritikern der Tugend. Stellen wir nicht immer wieder fest, dass gerade die strengsten Moralapostel in die schlimmsten Skandale verwickelt sind? Es sind die scheinbaren Vorbilder, die es hinter der Maske von Tugend und Anstand besonders übel treiben.

Die Abwertung der Tugend ging mit einer Aufwertung der Laster einher. Außer der Trägheit gelten alle anderen ehemaligen »Todsünden« seit der industriellen Revolution als unentbehrliche Antriebskräfte der kapitalistischen Wirtschaftsordnung. Ohne Geiz, Habgier und Neid gäbe es kein ständig fortschreitendes Wirtschaftswachstum, keine Triebfeder zur Anhäufung von Kapital, während sich die Werbung unsere Eitelkeit und Genusssucht eifrig zunutze macht.

Dennoch muss man sich angesichts einer immer weiter fortschreitenden Ausbeutung der Natur, der schamlosen Geldgier ganzer Wirtschaftszweige, einer erschreckenden zwischenmenschlichen Entfremdung, der raschen und unbedachten Bereitschaft zur Ehrverletzung im Alltag sowie einer um sich greifenden psychischen Destabilisierung des Individuums fragen: Leben wir nicht vielleicht in einer ausgesprochen dekadenten Gesellschaft, deren Grundübel im Fehlen einer Lebensführung besteht, die sich an den Tugenden orientiert und an dem, was wirklich gut ist, statt lediglich an dem, was sich gerade gut anfühlt?

Doch sogleich regt sich eine nicht unberechtigte Sorge: Sollen wir etwa die humanistischen Errungenschaften der Aufklärung und des Liberalismus mit ihrer Vielfalt an Moralvorstellungen und ihrer Suche nach dem persönlichen Glück aufgeben? Sollen wir sie durch eine autoritäre, fundamentalistische Ideologie mit dogmatischen Vorschriften bezüglich Sitten und Moral, mit gesellschaftlicher Intoleranz und der Verfolgung Andersdenkender ersetzen?

Beide Strömungen, sowohl der humanistische Liberalismus als auch der autoritäre Fundamentalismus, sind jedoch einseitig. Es fällt leichter, den Irrtum der autoritären Fundamentalisten zu erkennen, und er ist in der Tat schwerwiegender. Der Fundamentalismus produziert verblendete und grausame Menschen; diese erfreuen sich selbst zwar am vermeintlichen Besitz des wahren Glaubens, bemerken dabei aber nicht, dass sie ihre eigene Lasterhaftigkeit auf andere projizieren und mit ihrem Hochmut viel weiter von der Wahrheit entfernt sind als die angeblich so dekadente liberale Gesellschaft.

Den Irrtum des aufgeklärten humanistischen Liberalismus zu erkennen, fällt schwerer; denn dieser kann wichtige Errungenschaften aufweisen wie die gesellschaftliche Durchsetzung der persönlichen Freiheit und der Bürgerrechte sowie die Ablehnung staatlicher Unterdrückung und Willkür. Die westliche Gesellschaft leidet allerdings auch an einer Störung. Deren Ursache liegt in der Verwechslung des wirklichen Glücks mit einer zwanghaften Suche nach dem Ersatzglück in den Lastern. Die kollektive Gemütsverfassung, die große Teile der kapitalistischen Gesellschaft erfasst, zeichnet sich durch einen Verlust an Sinn, Geborgenheit, Lebensfreude und Seelenfrieden aus.

Viele moderne Menschen haben vergessen, was wirklich glücklich macht. »Wir bemühen uns weniger, glücklich zu sein, als glücklich zu scheinen«, erkannte schon La Rochefoucauld. So geht es im Leben oft um ein noch intensiveres Ausleben irgendeines Lasters. Wir suchen unser Glück in einem teureren Auto (Habgier), einer jüngeren Partnerin (Eitelkeit), einem prestigeträchtigeren Job (Hochmut), einer geileren Party (Wollust und Völlerei), einem blutrünstigeren Videospiel (Grausamkeit).

Die Alternative zu diesen Dingen scheint in einer gewissen Resignation hinsichtlich dessen zu liegen, was man hat, weil man sich etwas Besseres nicht zutraut (Trübsinn).

Der Lebenszweck der kapitalistisch-liberalen Zivilisation beruht zu großen Teilen darauf, nach einem Ersatz für den schmerzlichen Verlust einer sinnerfüllten Existenz zu suchen. Die Sucht nach Ablenkung und die Verwechslung der wahren Glücksgüter mit dem oberflächlichen Scheinglück sind eingezwängt in eine absurd anmutende gesellschaftliche Hektik, deren oberstes Ziel das schnelle Ergebnis und die sofortige Befriedigung aller Bedürfnisse ist.

Wenn nicht mehr klar ist, dass das Glück nicht in Reichtümern, nicht im Gewinn von Ehre, Ruhm oder Macht noch in irgendeinem Gut des Leibes oder in kurzfristiger Lust besteht, sondern dass die Glückseligkeit »etwas an der Seele« ist, wie Thomas von Aquin es ausdrückt, dann geht das Bewusstsein für die Wichtigkeit der Tugend und die Beschwernis durch das Laster verloren. Jenseits eines orientierungslosen Liberalismus und eines verblendeten Fundamentalismus gibt es eine Haltung, die sich weder mit dem Laster begnügt noch die Tugend als Waffe der Intoleranz benutzt. Eine solche Haltung ist sich der menschlichen Unvollkommenheiten bewusst und weiß, dass die Laster eigentlich eine schwere Last sind. Sie unterscheidet klar zwischen falschen und wirklichen Tugenden. Die Befreiung aus dem Laster und die Herausbildung der Tugenden sind kein Selbstzweck, sie sind vielmehr ein Weg, um sich von der Illusion zu befreien, dass das Glück im Ausleben der Leidenschaften gefunden werden kann.

Katalog der Laster und Tugenden

Tugend ist nichts anderes als »die Gesundheit der Seele« (Ariston von Chios). Der Begriff leitet sich vom gleichen Wortstamm her wie *Tauglichkeit*. Grundlage der Tugend ist die Tauglichkeit und Tüchtigkeit, in der auch die Merkmale des Ausgezeichnetseins und der Vortrefflichkeit enthalten sind. Demgegenüber beruht der Begriff des Lasters auf einem althochdeutschen Tätigkeitswort, das *schmähen, tadeln, verbieten* bedeutet. Das Laster ist etymologisch eng mit dem Verb *lästern* verwandt. Die ursprüngliche Bedeutung des Lasters im Sinne einer Schmach hat sich dann weiterentwickelt zur heutigen Bedeutung eines zur Gewohnheit gewordenen Fehlers.

Ganz einfach ausgedrückt ist ein tugendhafter Mensch somit jemand, der sich vor anderen durch besondere Vortrefflichkeit auszeichnet, während ein lasterhafter Mensch jemand ist, der etwas tut, das tadelnswert ist. Diese einfache Bedeutung der beiden Begriffe sieht sich nun aber der Schwierigkeit gegenüber, dass nicht alle Kulturen und alle Epochen darin übereinstimmen, was genau die Eigenschaften vortrefflicher Menschen sind und welche Merkmale als schändlich und tadelnswert gelten. Moralvorstellungen sind relativ und unterscheiden sich je nach Ort und Zeit. Wie soll man beurteilen, welche Eigenschaften ein vortrefflicher Mensch aufweist, wenn das je nach Kultur unterschiedlich bewertet wird? Wie soll man sich zu einem vollkommeneren Menschen entwickeln, wenn eine bestimmte Gewohnheit einmal als verwerflich, ein andermal als erstrebenswert angesehen wird?

Diese Schwierigkeit löst sich auf, wenn wir erkennen, dass es jenseits der relativen, kulturspezifischen Sitten und Gebräuche auch absolute, universelle Tugenden und Laster gibt, die in allen Kulturen und in jeder Situation gelten. Verschiedene Kulturen unterscheiden sich zwar in ihren Moralvorstellungen beträchtlich voneinander, aber die Frage, welches die inneren Haltungen eines vortrefflichen Menschen sind, wird von den meisten Kulturen sehr ähnlich beantwortet.

Nach Aristoteles (384–322 v. Chr.) trifft es auf jeden Menschen jeglicher Kultur und Epoche zu, dass menschliches Handeln auf ein Ziel ausgerichtet ist, das nur dann nicht als leer und sinnlos erscheint, wenn es letztlich dem Glück dient. Für Aristoteles verfehlt nun zum Beispiel ein Leben, das ausschließlich dem Genuss dient, oder eines, dem es nur um Reichtum oder Ehre geht, dieses universale Leitziel des Menschen. Nur ein tugendhaftes Leben für die Gemeinschaft oder ein Leben im Dienste der Wahrheitserkenntnis taugen nach Aristoteles zur Erreichung der Glückseligkeit. Auch die Vorstellung, dass man sich zum Zweck der Tugend vom Diktat der Leidenschaften freimachen und zu den Trieben eine vernünftige Beziehung eingehen sollte, ist unabhängig von einer bestimmten Gemeinschaft gültig. So ist auch Aristoteles' berühmter Tugendkatalog keineswegs so zu verstehen, dass er nur für die Angehörigen des antiken griechischen Stadtstaates gültig wäre, sondern er bezieht sich auf die Erfahrungen aller Menschen schlechthin.

Ähnlich wie bei Aristoteles sind im Verlauf der Geschichte immer wieder Versuche unternommen worden, die universellen Tugenden, die zur Glückseligkeit führen, sowie die universellen Laster, die davon wegführen, zu identifizieren und zu einem Katalog zusammenzutragen. Drei Gründe sprechen dafür, dass solche Tugend- und Lasterkataloge eine umfassende Gültigkeit besitzen:

Erstens blieben die Tugend- und Lasterkonzepte während langer Zeit gültig, obschon sich die einzelnen Gesellschaften über die verschiedenen Epochen hinweg zum Teil beträchtlich wandelten, was die geltenden Gesetze und Moralvorstellungen anbelangt. Zweitens finden sich trotz vorhandener Unterschiede zum Teil große Übereinstimmungen hinsichtlich der Haupttugenden und Hauptlaster, und zwar sogar zwischen ganz verschiedenen religiösen und kulturellen Traditionen. So gilt zum Beispiel der Mut überall und allerorten als eine der vortrefflichsten Eigenschaften, und die rechte Mitte zwischen Askese und Sinnlichkeit sehen praktisch alle Gesellschaften als überaus erstrebenswert an. Und drittens geht es bei den Tugenden und Lastern nicht so sehr um Fragen der Moral oder des Anstands, sondern um die menschliche Psychologie. Weil die Laster und Tugenden sich auf das allgemeine Erleben und Verhalten des Menschen beziehen, sind sie auch keineswegs so stark von kulturellen Gepflogenheiten abhängig, wie dies für einzelne Sitten und Gebräuche gilt.

Die Suche nach den wichtigsten Tugenden, die zum Glück hinführen, und den schwerwiegendsten Lastern, die den Weg dahin versperren, beginnt in der abendländischen Tradition mit den vier »Kardinaltugenden« (von Lateinisch *cardo:* Dreh- und Angelpunkt), die erstmals im

5. Jahrhundert v. Chr. bei Aischylos belegt sind. Platon (428–348 v. Chr.) übernahm die Tapferkeit *(andreia),* die Gerechtigkeit *(dikaiosyne)* und die Mäßigung *(sophrosyne),* ersetzte aber die Frömmigkeit durch die Weisheit oder Klugheit *(sophia).* Er nahm drei Seelenteile an und ordnete jedem von ihnen sowie jedem der drei gesellschaftlichen Stände seines Idealstaates eine Tugend zu: dem obersten Stand (Philosophen) und Seelenteil (Vernunft) entspricht die Weisheit, dem mittleren Stand (Krieger) und Seelenteil (Gemüt, Wille) entspricht der Mut, und dem niedersten Stand (Bauern, Handwerker) und Seelenteil (Begierde) entspricht die Mäßigung. Die Gerechtigkeit sorgt für das rechte Zusammenwirken aller drei Teile. Die vier Kardinaltugenden wurden auch im Judentum gelehrt und finden sich in der Septuaginta, der griechischen Übersetzung der hebräischen Bibel (vgl. Buch der Weisheit 8,7).

Ende des vierten Jahrhunderts benannte der christliche Mönch und Asket Euagrios Pontikos (345–399) neun sogenannte *Logismoi* oder schädliche Geisteshaltungen, welche die spirituelle Entwicklung und insbesondere die Fähigkeit der Mönche, zur Ruhe zu kommen und ohne Zerstreuung zu beten, behindern. Euagrios teilte die neun Logismoi in drei Gruppen ein und unterschied wie Platon zwischen dem begehrlichen, dem emotionalen und dem geistigen Bereich des Menschen (Bauch, Herz und Kopf). Zu den schädlichen Haltungen der Begierde (des Bauches) zählte er maßloses Essen (Völlerei), maßlose Sexualität (Wollust) und maßloses Besitzstreben (Habgier). Alle drei sind eigentlich wichtige lebenserhaltende Triebe, können jedoch zur Ausbildung einer Sucht führen, wenn sie sich verselbstständigen. Zu den emotionalen Haltungen (des Herzens) zählte er den Trübsinn, den Zorn und die Trägheit. Als geistige Logismoi (des Kopfes) unterschied Euagrios Eitelkeit, Neid und Hochmut. Euagrios verstand diese Laster als böse Gedanken, die von den Dämonen eingesetzt werden, um Einsiedler von ihrem spirituellen Ziel abzulenken.

Papst Gregor der Große (ca. 540–604) rechnete die Eitelkeit dem Hochmut und den Trübsinn der Trägheit zu und kam so zu einer Aufstellung von sieben Hauptlastern; deren zunehmender Schweregrad richtet sich nach dem Ausmaß, in dem sie gegen die Liebe verstoßen. Am wenigsten schlimm war für ihn die Wollust, gefolgt von Völlerei, Geiz, Traurigkeit, Zorn, Neid und – dem schlimmsten aller Laster – dem Hochmut, dem alle anderen Laster entspringen. Der gregorianische Lasterkatalog wurde in zahlreichen theologischen Abhandlungen und Schriften immer wieder beschrieben, und noch heute sprechen wir von den »sieben Todsünden«. Die auf Gregor zurückgehenden Hauptlaster stellen jedoch keine Sünden im Sinne der katholischen Kirche dar, können jedoch Ursache von Sünden sein. Zutreffender werden sie deshalb auch als »Wurzelsünden« bezeichnet.

In seinem epischen Gedicht *Psychomachia* stellte Aurelius Prudentius Clemens (348–ca. 410), ein römisch-christlicher Dichter aus Spanien, den Kampf zwischen den guten Tugenden und den bösen Lastern allegorisch dar. Aus diesem Werk gingen die sieben »himmlischen« Tugenden hervor, auch die »konträren« Tugenden genannt, die als Schutz gegen die Verführungskräfte der sieben Hauptlaster gelten: Keuschheit schützt vor Wollust, Mäßigung schützt vor Gefräßigkeit, Großzügigkeit vor Geiz, Fleiß vor Trägheit, Geduld schützt vor Zorn, Güte vor Neid und Demut schützt vor Hochmut.

Augustinus (354–430) unterschied die vier heidnischen Kardinaltugenden Klugheit, Gerechtigkeit, Mäßigung und Tapferkeit von den drei theologischen Tugenden, die bei Christen hinzukommen: Glaube, Liebe und Hoffnung. Thomas von Aquin (1225–1274) fügte in Anlehnung an Aristoteles diesen beiden Kategorien noch die drei intellektuellen Tugenden Weisheit, Wissenschaft und Erkenntnis hinzu, sodass sein Tugendkatalog insgesamt zehn Tugenden umfasst.

Ein moderner Versuch, einen Katalog universeller Tugenden zu identifizieren, stammt von den beiden amerikanischen Psychologen Christopher Peterson und Martin E. P. Seligman, die maßgeblich an der Begründung der »positiven Psychologie« als Forschungsprogramm beteiligt sind. Sie veröffentlichten 2004 einen Katalog mit Charakterstärken und Tugenden, der insgesamt sechs Bereiche umfasst, die jeweils weiter aufgegliedert werden. Alle diese Tugenden zeichnen sich dadurch aus, dass sie nicht zur Erreichung eines anderen Zieles dienen, sondern einen Wert in sich selbst besitzen. Zudem schließen sie sich nicht gegenseitig aus, sind zeitlich relativ stabil und bilden nicht gleichzeitig das Gegenteil eines anderen erwünschten Persönlichkeitsmerkmals. Nicht alle Menschen verfügen über sie. Sie werden durch soziale Normen unterstützt und führen zu einem sinnvollen, engagierten und lustvollen Leben.

Peterson und Seligman unterscheiden (1) die Tugenden der *Weisheit* (Kreativität, Neugier, Aufgeschlossenheit, Lernbegierde, geistiger Durchblick), (2) die Tugenden des *Mutes* (Tapferkeit, Beharrlichkeit, Integrität, Vitalität), (3) die Tugenden der *Menschlichkeit* (Liebe, Güte, soziale Intelligenz), (4) die Tugenden der *Gerechtigkeit* (soziale Verantwortung, Fairness, Führung), (5) die Tugenden der *Mäßigung* (Vergebung, Demut, Klugheit, Selbstregulation) und (6) die Tugenden der *Transzendenz* (Sinn für das Gute und Schöne, Dankbarkeit, Hoffnung, Humor, Spiritualität).

Aus esoterischer Sicht beschreibt Sandra Maitri in ihrem im Jahr 2009 erschienenen Buch *Der Weg zurück zum Selbst* auf der Grundlage des sogenannten Enneagramms neun Leidenschaften mit entsprechenden Tugenden, welche die Auflösung der jeweiligen Leidenschaft ermöglichen: Der Lustlosigkeit entspricht die Handlung; dem Zorn die Gelassenheit; dem Stolz die Demut; der Täuschung die Wahrhaftigkeit; dem Neid der Gleichmut; der Habgier die Nichtanhaftung; der Angst der Mut; der Völlerei die Nüchternheit; und der Wollust entspricht die Unschuld.

Insgesamt lassen sich die verschiedenen Tugend- und Lasterkataloge ohne größere Schwierigkeiten miteinander vergleichen. Ausgehend von den Lastern sind neun deutlich abgrenzbare Kategorien mit ihren jeweiligen »konträren« Tugenden, die diese Laster zu verwandeln und aufzulösen vermögen, unterscheidbar.

Die neun Kategorien von Lastern mit den ihnen entsprechenden Tugenden bilden die verschiedenen Kapitel des vorliegenden Buches und sind in *Abbildung 1* zusammenfassend aufgeführt. Auch wenn teilweise leicht voneinander abweichende Einteilungen möglich sind, so stellen diese neun Gruppen von Lastern doch eine recht eindeutige Liste dar.

Buchkapitel	Laster des Übermaßes (Systole)	Laster des Mangels (Diastole)	Scheintugenden	Tugenden	Bereich
1	Unvernunft und Verblendung	Dummheit und Nachlässigkeit	Besserwisserei und Sophisterei	Klugheit und Weisheit	Wahrheit, Wirklichkeit (Vernunft, Gewissen)
2	Ungerechtigkeit und Falschheit	Gewissenlosigkeit	Scheinheiligkeit und Spießertum	Gerechtigkeit und Wahrhaftigkeit	
3	Hochmut und Eitelkeit	Selbstverachtung, Unterwürfigkeit, Kleinmütigkeit	Falsche Bescheidenheit	Demut und Seelengröße	Kopf (Gedanken)
4	Neid und Eifersucht	Selbstüberhöhung	Moralische Entrüstung	Dankbarkeit und Großherzigkeit	
5	Jähzorn und Grausamkeit	Aggressionshemmung, Unerzürnbarkeit	Falsche Friedfertigkeit, gespielte Freundlichkeit	Sanftmut und Freundlichkeit	Herz (Gemüt, Wille)
6	Trübsinn und Lustlosigkeit	Agitiertheit, Zerstreuung	Übertriebener Arbeitseifer, demonstrative Ausgelassenheit	Hoffnung und Fleiß	
7	Ängstlichkeit und Feigheit	Furchtlosigkeit, Schamlosigkeit	Tollkühnheit und Vermessenheit	Mut und Gelassenheit	
8	Habgier und Verschwendungssucht	Geiz, mangelnder Erwerbstrieb	Falsche Freigebigkeit, geheuchelte Bedürfnislosigkeit	Freigebigkeit und Großzügigkeit, Armut und Nicht-Anhaften	Bauch (Begierde, Triebe)
9	Wollust und Völlerei (Genusssucht)	Lustfeindlichkeit, Empfindungslosigkeit	Vorgespielte Zucht	Ausgeglichenheit und Harmonie	

Abbildung 1: *Schema der Laster und Tugenden*

Es fällt dabei auf, dass von den »theologischen Tugenden« Glaube, Hoffnung und Liebe nur die Hoffnung explizit aufgeführt ist, und zwar als zum Trübsinn und zur Lustlosigkeit konträre Tugend, während der Glaube und die Liebe scheinbar fehlen. Die Hoffnung ist allerdings eine besondere Form des Glaubens, nämlich des Glaubens an Erlösung aus widrigen Umständen. Außerdem benötigen Mut und Gelassenheit – die zu Ängstlichkeit und Feigheit konträren Tugenden – ebenfalls einen starken Glauben angesichts von zu erwartenden widrigen Umständen, die es auszuhalten gilt. Die Liebe ist deshalb nicht gesondert aufgeführt, weil diese Tugend in allen anderen Tugenden enthalten ist und dafür sorgt, dass sich jegliche von ihnen auf das Gute bezieht.

So wäre es ohne die Liebe beispielsweise denkbar, dass sich Selbsthingabe und Angstüberwindung, die für die Tugend des Mutes charakteristisch sind, auch auf die Verwirklichung des Bösen richten könnten. Dies zeigt: Nur wenn der Mut von selbstloser Liebe durchdrungen ist, ist er eine Tugend und nicht ein Laster. Das Gleiche gilt für alle anderen Arten von Tugenden, die ohne die Liebe nichts anderes sind als eine raffinierte Form des Lasters. So lassen sich die Tugenden, welche die Laster zu verwandeln vermögen, als verschiedene Ausdrucksformen der Liebe verstehen, während die Laster Haltungen verkörpern, denen es an der Liebe fehlt.

Ein weiteres Merkmal zeichnet den Laster- und Tugendkatalog aus, der diesem Buch zugrunde liegt. Es geht auf Aristoteles' Charakterisierung der Tugend als Mittelmaß zwischen zwei einander entgegengesetzten Lastern zurück, wobei das eine dieser Laster einen Mangel, das andere ein Übermaß darstellt. Die Tugend, die dazwischenliegt, bildet einen Ausgleich zu diesen beiden Extremen, nicht unbedingt im Sinne eines Mittelmaßes, das ein wenig von beiden enthält, sondern eher im Sinne einer Synthese, welche die Einseitigkeiten der beiden Laster auf einer höheren Ebene auflöst. So findet sich zum Beispiel bei einem tugendhaften Menschen nicht so sehr eine gesunde Mischung zwischen wütendem Jähzorn und Unempfindlichkeit gegenüber Ärger; vielmehr ist er in der Lage, mit der Tugend der Geduld und Sanftmut eine Wutreaktion, die automatisch abläuft, bewusst zu kontrollieren und den auftretenden Ärger auf eine Weise zu äußern, die andere nicht verletzt.

Thomas von Aquin übernahm diese doppelte Charakterisierung des Lasters als ein »Mehr oder Minder« von Aristoteles. Er teilte dementsprechend auch die Leidenschaften in solche ein, die der stärkeren, angespannten Tätigkeit, und solche, die der schwächeren, entspannteren Tätigkeit des Herzens entsprechen (Systole bzw. Diastole; vgl. Abb. 1). In der Geistesgeschichte wurden die Laster des Übermaßes stärker betont, weil sie prominenter hervortreten. Manchmal gibt es gar keinen eindeutigen Begriff für das entgegengesetzte Laster des Mangels. Nach Aristoteles beruht es auf der Tugend der Klugheit, dass man ein Mittelmaß findet. Dadurch kommt der Klugheit und den übrigen Verstandestugenden eine gewisse Vorrangstellung vor den sogenannten Charaktertugenden zu.

»Denn jegliches Laster (…) kann man nur durch die Tugend, keineswegs durch das entgegengesetzte Laster vermeiden«, erkannte Plutarch. So lassen sich zum Beispiel Wollust und Völlerei nicht durch Genussfeindlichkeit und Selbstkasteiung verhindern. Solche lustfeindlichen Tendenzen verstärken diese Laster nur noch mehr. Nur die Verwirklichung eines gesunden Maßes, einer harmonischen Balance zwischen Lust und Selbstkontrolle führt zu einer Befreiung aus übermäßiger Genusssucht. Das Gleiche gilt für alle anderen Laster.

Ein anderes Merkmal der von mir verwendeten Laster-Liste geht auf den berechtigten Abscheu Nietzsches und anderer Philosophen vor einer vordergründigen, falschen Tugendhaftigkeit zurück. Einigen Menschen ist es wichtiger, lediglich den Schein der Tugend zu erwecken, als die wirkliche Tugend zu verwirklichen. Für jedes Laster ist es möglich, so zu tun, als ob man das Laster nicht hätte, obschon es durchaus vorhanden ist. Jede Tugend kann lediglich vorgespielt und geheuchelt sein. Es ist deshalb wichtig, diese Scheintugenden ebenfalls als Variante des Lasters zu identifizieren und doch auch nicht den Fehler zu begehen, zugleich die Tugenden über Bord zu werfen.

Es gibt eine geheuchelte Tugend und eine echte Tugend. Nur die echten Tugenden sind dazu in der Lage, das entsprechende Laster zu überwinden. Verstellung und Heuchelei sind Ausdruck des Lasters der Ungerechtigkeit und Falschheit, womit der Gerechtigkeit und der Wahrhaftigkeit – ähnlich wie der Klugheit und der Weisheit – eine gewisse Sonderstellung vor den anderen Tugenden zukommt.

Die Reihenfolge der Laster und Tugenden in diesem Buch ist nicht zufällig. Die ersten beiden Gruppen von Lastern – die Laster der Unvernunft und die der Ungerechtigkeit – nehmen insofern eine übergeordnete Stellung ein, als jegliches Laster zugleich unvernünftig und ungerecht ist. Diese beiden Gruppen von Hauptlastern sind somit in allen anderen Lastern enthalten. Während die Laster der Unvernunft darauf hinweisen, dass sich jedes Laster von der Wahrheit und Wirklichkeit abwendet, zeigen die der Ungerechtigkeit, dass die richtige Ordnung gestört ist.

Die nächsten beiden Gruppen von Lastern – die des Hochmuts und die Laster des Neides – beziehen sich auf ein gestörtes Verhältnis des Menschen zu seinem eigenen Selbst (und indirekt auch zu anderen Menschen). Bei Hochmut und Eitelkeit empfindet sich das Selbst als minderwertig, weshalb es übermäßig nach Vorrang und Bewunderung verlangt, während bei Neid und Eifersucht das abgelehnte Selbst sich im Vergleich mit anderen niederdrückt und aufzehrt. Nach Euagrios handelt es sich hierbei um schädliche Haltungen, die primär gedankenbezogen sind.

Die nächsten drei Gruppen von Lastern – die Laster des Zorns, des Trübsinns und der Feigheit – sind eher auf die Willenstätigkeit bezogen. Jähzorn und Grausamkeit leiden an mangelndem Mitgefühl, Trübsinn und Lustlosigkeit an mangelnder Freude und Feigheit und Ängstlichkeit an mangelndem Mut. Ein kaltes, freudloses, mutloses Herz ist somit das Merkmal dieser drei Gruppen von Hauptlastern.

Schließlich folgen diejenigen Arten von Lastern, die primär auf die überlebensnotwendigen Triebe bezogen sind, auf Essen und Trinken, Sexualität und Sicherheit. Sie werden hier in zwei Gruppen zusammengefasst: in die Laster der Habgier, die sich auf den materiellen Besitz beziehen, und die des Genusses, welche die körperlichen Triebe betreffen.

Bei jeder der aufgeführten Tugenden handelt es sich um eine primäre Tugend, die wertvoll und erstrebenswert ist – unabhängig von einem bestimmten Ziel. Die sekundären oder instrumentellen Tugenden dagegen sind nur dann erstrebenswert, wenn sie im Dienst eines guten Ziels stehen. So sind zum Beispiel die typisch preußischen Tugenden wie Pflichtbewusstsein und Ordnungssinn sekundäre Tugenden, die nur dann gut sind, wenn sie dabei helfen, das Gute zu vermehren. Wenn sie allerdings zum Selbstzweck erhoben werden, dann können sie zu Lastern und Leidenschaften mutieren. Es ist dann durchaus gerechtfertigt, etwa von einem Laster der unbedingten Pflichterfüllung zu sprechen. Die primären Tugenden dagegen lassen sich nicht zu Lastern pervertieren. Möglicherweise fällt auf, dass im vorliegenden Schema der Fleiß als primäre Tugend gilt. Wie sich noch zeigen wird (vgl. Kapitel 6), handelt es sich bei der ursprünglichen Bedeutung des Fleißes um etwas ganz anderes als den typisch protestantischen oder preußischen Fleiß im Sinne eines ständigen, auf die Verbesserung der materiellen Existenz ausgerichteten Arbeitens, bei dem es sich um eine sekundäre oder eher schon zu einem Laster pervertierte Tugend handelt.

Triebe und Leidenschaften

Viele Menschen, die erkannt haben, dass die Laster nicht glücklich machen, schrecken dennoch davor zurück, die Tugenden als Lösung ihrer Probleme anzusehen, da sie fürchten, dann allen Spaß am Leben zu verlieren, alles Triebhafte oder Behagliche ablegen zu müssen und sich in einen frustrierten, blutleeren Moralapostel zu verwandeln. Die Leidenschaft und der Genuss gehören doch auch dazu! Sind wir denn nicht einfach egoistische, genusssüchtige Wesen? Führt nicht der Anspruch, »heilig« zu werden, in ein langweiliges oder überhebliches Dasein hinein?

Es ist ein Irrtum zu glauben, die Tugend sei nicht mit der Erfüllung angeborener Triebe, Instinkte und Bedürfnisse vereinbar. Der Unterschied zwischen einem »Heiligen« und einem »Sünder« besteht nicht darin, dass der »Heilige« sich von allem Triebhaften fernhält, während der »Sünder« den natürlichen Leidenschaften freien Lauf lässt. Ganz im Gegenteil ist ein tugendhafter Mensch viel besser dazu befähigt, seine angeborenen Triebe auf natürliche und ungehemmte Weise anzunehmen und auszudrücken, als ein Mensch, der tief in die Laster verstrickt ist. Ein tugendhafter Mensch begeht nicht den Fehler, seine Triebe mit denjenigen Dingen zu verwechseln, die ihn wirklich glücklich machen. Er kennt den Unterschied zwischen Lust und Glück und käme nicht auf die Idee, das Glück in der kurzfristigen Lustbefriedigung zu suchen, was aber nun auch nicht bedeutet, dass die Lust verboten wäre.

Wer stark im Egoismus verwurzelt ist, lebt seine Instinkte nicht auf spontane Weise aus, sondern erhebt das Triebhafte zu einem Allheilmittel gegen die Langeweile und die Verzweiflung. Nachdem wir uns selbst in den Leidenschaften verloren haben, setzt manchmal eine heftige Gegenreaktion ein, durch die wir unsere instinkthafte Natur mit Gewalt zu kontrollieren versuchen, was die Triebe aber nur noch stärker macht. Im krampfhaften Hin und Her zwischen ungezügelter Lustbefriedigung und schamhaften, aber erfolglosen Kontrollversuchen stilisieren wir so die Leidenschaften zu einem alles beherrschenden Götzen, der sich immer mehr unseres Lebens bemächtigt. Wir meinen, die Lust sei schuldhaft und verkehrt, und doch kommen wir auch nicht los von ihr. Die Lust und die Triebe sind jedoch nicht schlecht. Das Schlechte entsteht erst dort, wo beides zum hauptsächlichen Lebensinhalt und zum zentralen Bestandteil der Identität erhoben wird.

Oft erleben wir einen bestimmten Trieb besonders leidenschaftlich, sodass sich unsere Persönlichkeit ganz auf dessen Befriedigung ausrichtet. Dieser besondere Trieb wird dann zu demjenigen Lebensbereich, in dem wir uns zugleich am mächtigsten und am verletzlichsten fühlen. Wenn wir uns etwa durch Anerkennung und Bewunderung von Seiten anderer Menschen von diesen abheben wollen, dann fürchten wir nichts so sehr wie Ablehnung und Unterlegenheit. Wenn wir uns durch den Sexualtrieb von unseren unbefriedigten Wünschen ablenken, dann kann uns der Verlust der sexuellen Potenz oder der körperlichen Attraktivität ins Elend stürzen. Oder wenn wir den Überlebenstrieb durch habgieriges Anhäufen materieller Güter ausleben, dann führt der Verlust des Vermögens oder einer gut bezahlten Arbeitsstelle zu einer existenziellen Krise.

Nicht nur sind die Triebe und Instinkte nichts Schlechtes, vielmehr sind sie ganz besonders gut, ja heilig, denn sie entspringen dem Leben, das sich aus der Fülle ergießt. Das gilt für all jene Instinkte, die Freud als »Lebenstrieb« oder *Eros* zusammenfasste. Was aber ist mit dem »Todestrieb« *(Thanatos)*, von dessen eigenständiger Existenz Freud unter dem Eindruck des ungeheuren Vernichtungswillens, der im Ersten Weltkrieg entfesselt wurde, zunehmend überzeugt war? Die unzivilisierte Grausamkeit, die oft in kriegerischen Auseinandersetzungen zutage tritt, oder die hartnäckige Destruktivität, mit der manche Menschen sich selbst und andere ins Elend stürzen, scheinen darauf hinzuweisen, dass nicht alle Triebe im Dienste des Lebens und der Entwicklung stehen. Besitzen die Lebewesen einen angeborenen Instinkt, der auf die eigene Zerstörung, die Zerstörung anderer oder des Lebens überhaupt gerichtet ist? Ist das Böse real? Was ist das Böse?

»Das Böse handelt kraft eines mangelnden Gut«, schreibt Thomas von Aquin. Das Gute ist dem Licht vergleichbar, das Böse der Dunkelheit. Die Dunkelheit ist nichts anderes als die Abwesenheit des Lichts und somit eigentlich aus sich selbst heraus nichts. Treffen Licht und Dunkelheit aufeinander, dann wird die Dunkelheit erhellt, nicht das Licht verdunkelt. Wo das Gute ist, kann sich das Böse nicht halten. Doch wo das Gute fehlt, da breitet das Böse sich aus. Konkret äußert sich das Böse als Zusammentreffen von bestimmten Lastern mit entsprechenden Gelegenheiten in der Außenwelt, die destruktives Verhalten begünstigen (vgl. Kekes, *The roots of evil)*. Aus diesem Grund zeigt sich bösartiges Verhalten besonders häufig im Krieg und unter Verhältnissen des sozialen Zerfalls. Andererseits gibt es selbst unter solchen Umständen immer auch Menschen, die sich durch Güte und Tugendhaftigkeit auszeichnen und sich nicht vom Bösen verleiten lassen. Der Todestrieb ist somit kein existenzielles Grundbedürfnis des Menschen, sondern das Ergebnis fehlender Güte und Liebe.

Je weniger wir mit der selbstlosen Liebe verbunden sind, desto mehr ist unser Erleben durch egoistische Leidenschaften gefärbt, welche die natürlichen Lebenstriebe dazu benutzen, eine emotionale Leere zu füllen. Die Leidenschaften sind von einer Defizitmotivation bestimmte Triebe, die aus einem Gefühl der Sinnlosigkeit, der Leere und der Abgeschiedenheit des Ichs heraus entstehen. Sie streben zwar nach einer Verwirklichung der unbefriedigten Sehnsucht und nach einer Wiederherstellung eines Zustandes der Erfüllung und Zufriedenheit, verhindern dies jedoch gleichzeitig.

Leidenschaften sind nicht das Gleiche wie Gefühle oder Emotionen. Kant verglich die Gefühle mit Wasser, das durch einen Damm bricht, die Leidenschaften aber mit einem reißenden Strom, der sein Bett tiefer und tiefer gräbt. Emotionen sind notwendige und hilfreiche Zustände unseres Organismus, mit denen wir unmittelbar auf Ereignisse reagieren und dadurch zu erkennen vermögen, ob etwas gut oder schlecht, angenehm oder unangenehm, wichtig oder unwichtig für uns ist. Dagegen sind die Leidenschaften wie eine Krankheit, die sich tiefer und tiefer in den Organismus hineinfrisst, wenn ihr nicht durch entsprechende Heilmittel entgegengewirkt wird. Werden wir von Leidenschaften gepackt, dann sind wir nicht mehr wir selbst, sondern handeln wie von einer fremden Macht besessen.

Wie anfällig jemand für heftige Leidenschaften ist, hängt davon ab, in welchem Ausmaß seine gegenwärtige Persönlichkeit vom tieferen Grund der Seele entfremdet ist. Manchmal erleben wir eine böse Überraschung, wenn plötzlich auftretende heftige Leidenschaften uns zeigen, dass die Selbstkontrolle keineswegs so gut entwickelt ist, wie wir gerne glauben möchten. »Die Gesundheit der Seele ist so wenig gesichert wie die Gesundheit des Körpers«, warnte La Rochefoucauld. »Man mag noch so weit den Leidenschaften entrückt erscheinen, man ist ebenso gefährdet, von ihnen weggeschwemmt zu werden, wie zu erkranken, wenn man gesund ist.«

Meist benutzen wir die gleichen Begriffe, um ein Gefühl und um eine Leidenschaft zu bezeichnen, obschon es sich dabei eigentlich um Unterschiedliches handelt. Die Emotion des Stolzes zum Beispiel, die wir erleben, wenn wir erfolgreich etwas Schwieriges geleistet haben, liegt in der Nähe des Glücksgefühls und stellt eine positive Bewertung dar. Dagegen ist Stolz als Leidenschaft mit dem Laster des Hochmuts verbunden und kann einen Menschen innerlich verzehren, wenn sein Leben ausschließlich darum kreist, das eigene Ansehen abzusichern. Es ist wichtig, klar zwischen den hilfreichen Emotionen und den verzehrenden Leidenschaften zu unterscheiden: Erstere gilt es achtsam wahrzunehmen und anzunehmen, auch wenn wir nicht immer ihren ersten Reaktionstendenzen müssen, während wir Letztere gleich einer Krankheit behandeln, mäßigen und verwandeln sollten.

Wege der seelischen Entwicklung

Alle großen Religionen gehen davon aus, dass die aktuelle Natur des Menschen nicht dessen Endzustand darstellt. »Je vernünftiger der Mensch wird«, erkannte La Rochefoucauld, »desto mehr schämt er sich seiner widerspruchsvollen, niedrigen und verderbten Triebe. Dies ist der klarste Beweis dafür, dass der Mensch nicht fertig erschaffen wurde.« Es ist nun allerdings möglich, den »breiten Weg« des Lasters zu gehen und alle Anflüge von Scham, schlechtem Gewissen oder innerer Leere zu verdrängen und sich noch stärker anzustrengen, ein »sündhaftes« Leben zu führen – voller Leidenschaften und fern der seelischen Bedürfnisse. Andererseits besteht in jedem Augenblick die Möglichkeit, sich für den »Pfad der Tugend« zu entscheiden und diejenige Verzweigung auf dem Lebensweg zu nehmen, die näher zum Guten und zur Glückseligkeit hinführt.

Die Tugenden sind die Charaktereigenschaften seelisch gesunder Menschen, die ihr Glück nicht in denjenigen Dingen suchen, die nicht glücklich machen können. Die Laster führen weg vom wirklichen Glück oder blockieren den Weg dorthin. Sie sind mit bestimmten Leidenschaften verbunden, die es unmöglich machen, dass sich ein Bewusstsein dessen, was uns täglich geschenkt wird, und, daran anschließend, Freude und Dankbarkeit ausbreiten können. Vielmehr richten die Laster das Bewusstsein auf diejenigen Dinge, die in Trennung und Verzweiflung hineinführen.

Wenn wir danach streben, im Tun, Sprechen, Denken und Fühlen möglichst immer tugendhaft zu sein und das Laster und die Leidenschaften zu verringern und zu meiden, kann sich die Tugend zunehmend von einem vereinzelten Ereignis zu einer gewohnheitsmäßigen Haltung entwickeln, freiwillig das Gute zu tun. Diese freiwillige Haltung der Tugend ermöglicht einen überdauernden Halt im Seelischen. Umgekehrt kann gewohnheitsmäßiges lasterhaftes Handeln zu einer charakterlichen Haltung führen, die sich einzig um verzehrende Leidenschaften dreht und zunehmend den Verlust des inneren Halts zu Folge hat.

Dem einfachen Rat zu folgen, die Tugenden zu verwirklichen und die Laster zu lassen, fällt einigen Menschen deutlich leichter als anderen. Es gibt ganz wesentliche Unterschiede zwischen verschiedenen Personen hinsichtlich ihrer Neigung zum Laster und zur Tugend.

Einige sind von Natur aus glückliche Gemüter, die niemandem böse wollen, zu sich selber gut sind und fast nicht anders können, als tugendhaft zu sein. Sie gehen mit offenem Herzen durch die Welt und verspüren eine natürliche Abscheu vor Lastern und heftigen Leidenschaften. Dann gibt es aber auch Menschen, die sich schon von klein auf durch überraschende Grausamkeit auszeichnen. Später werden sie kriminell und nutzen andere schamlos aus. Diese Psychopathen verspüren eine natürliche Neigung zu den Lastern und kommen kaum von sich aus auf die Idee, dass Befriedigung anderswo zu finden sein könne als in der Macht über andere.

Dazwischen gibt es die vielfältigsten Mischungen. Viele Menschen sind von Natur aus größtenteils tugendhaft, verspüren aber eine fast unerklärliche Neigung zu ganz bestimmten Lastern wie unkontrollierbaren Wutausbrüchen, sexuellen Ausschweifungen oder hartnäckigem Selbstmitleid. Manche halten bestimmte Laster für ihre wahre Natur, während sie andere Laster lieber los sein möchten.

Tugenden und Laster sind auf die vielfältigste Weise mit unserer Persönlichkeitsstruktur verbunden. Sie lassen sich teilweise durch frühere Lebensereignisse, die Erziehung und familiäre Umstände erklären. Andererseits scheint es aber auch schon angeborene Unterschiede zu geben. Eindeutig falsch ist die Ansicht, dass ein Mensch entweder nur lasterhaft oder tugendhaft sei. Man kann sehr wohl nur einzelne Laster lieben, andere ablehnen und von vielen unberührt bleiben. Grundsätzlich finden sich drei Arten von Entwicklungsverläufen:

1. Entweder verwickeln wir uns immer tiefer in die Laster, identifizieren uns ganz mit den Leidenschaften, suchen nach immer intensiverer kurzfristiger Lustbefriedigung und verlieren dadurch mehr und mehr den Kontakt zur Seele. Wir leben dahin in der Unwissenheit und werden anfällig für Resignation, Manipulation, Vulgarität, Brutalität und Dekadenz.
2. Oder wir identifizieren uns mit den aktuellen materiellen Gegebenheiten, streben nach dem persönlichen Glück, das sich um egoistische Bedürfnisbefriedigung, Konkurrenzdenken, die Anpassung an das Mittelmaß und um gewisse Lieblingslaster dreht, ohne ganz das Wissen zu verlieren, dass wir eigentlich nicht wirklich wir selbst sind und auf diese Weise nicht glücklich sein können. In seltenen erhebenden Momenten spüren wir den Kontakt zum Seelischen, der allerdings bald wieder abreißt.
3. Schließlich ist es auch möglich, dass wir uns zunehmend mit der heiteren Freude der Seele verbinden, die nichts mit kurzfristigen weltlichen Erfolgen und Bestätigungen zu tun hat. Wir transformieren die Laster zu Tugenden und erheben uns zu einem Leben im Licht und im Bewusstsein unserer wahren Natur.

Oft nimmt die Entwicklung in verschiedenen Lebensphasen einen anderen Verlauf, sodass diese drei Varianten sich im Lauf eines Lebens abwechseln können. Die meisten Menschen, die gegenwärtig die Erde bevölkern, bewegen sich wohl auf dem zweiten dieser drei Entwicklungswege.

Statt dass wir einen ehrlichen Blick auf unsere Charakterschwächen werfen, wenden wir oft viel Energie dafür auf, nach Ausreden und Entschuldigungen zu suchen. Heiko Ernst führt in seinem Buch *Wie uns der Teufel reitet* die verschiedenen Selbstverteidungsstrategien auf, mit denen wir gerne versuchen, am Laster festzuhalten:

- »Alles ist relativ!« Weil es in der modernen Gesellschaft angeblich keine für alle verbindliche Universalethik gibt, hat jeder scheinbar das Recht, nach seinen eigenen Werten zu leben.
- »Ich kann halt nicht anders!« Wenn man vorgibt, mit einem Jähzorn-Gen geboren oder von einem primitiven Gehirn fremdgesteuert zu sein, dann übersteigt es den eigenen Willen, etwas dagegen zu unternehmen.
- »Gott ist tot!« Wer, im Sinne Nietzsches, die Religion nur als fiese Erfindung zur Gängelung der Starken betrachtet, benötigt auch keine Tugend.
- »Ich bin ein Opfer der Verhältnisse!« Was soll man schon machen, wenn man mit einer selbstsüchtigen Mutter oder einem überheblichen Vater groß geworden ist?
- »Die Situation ist alles!« Wenn wir an den situativen Ansatz der Sozialpsychologie glauben und meinen, dass aus Normalbürgern unter bestimmten Verhältnissen Folterknechte werden, ohne dass sie etwas dafür könnten, dann kann man die eigene Persönlichkeit getrost beiseite lassen.

So kommt es, dass wir mit aufwändigen Ausreden und lange noch an unseren Lieblingslastern festhalten, bis die Kräfte schließlich schwinden und sich leider bewahrheitet, was der österreichische Volksschauspieler Hans Moser als allgemeines Entwicklungsgesetz formulierte: »Die Menschen verlieren zuerst ihre Illusionen, dann ihre Zähne und ganz zuletzt ihre Laster.«

Dass wir jahrelang, ja oft ein Leben lang an gewissen Lastern und Leidenschaften festhalten, als ob es – gegen die nagende Stimme des Gewissens – den größten Schatz zu verteidigen gälte, ist allerdings nur die halbe Wahrheit. Tatsächlich stellt sich früher oder später meist ein gewisser Überdruss ein. Die Tugend wird zwar erdrückt, aber nicht ganz erstickt. Wir können auch genug bekommen von den Lastern, denn sie entfalten, je länger wir ihnen nachgehen, eine zersetzende Wirkung auf das Leben, die Beziehungen und nicht selten auch auf den Körper.

Eine Befreiung aus seelischem Schmerz und aus der Unzufriedenheit ist möglich, doch nur wenn wir dazu bereit sind, freiwillig die Last der Laster abzulegen und den vorerst mühsam erscheinenden Weg anzutreten, der zur Entwicklung der Tugend führt. Es gibt zwei Möglichkeiten, die Tugenden zu besitzen: Entweder sind wir schon mit ihnen geboren und sie gehören zu unserer natürlichen Grundausstattung, sodass wir höchstens darum besorgt zu sein brauchen, sie unter dem Ansturm korrumpierender Einflüsse nicht zu verlieren; oder sie sind die Früchte einer inneren Metamorphose, einer Art alchemistischen Transformation unseres Wesens, die das Blei der Laster in das Gold der Tugenden verwandelt. Obschon die Tugenden stets einen Mittelweg zwischen zwei Extremen darstellen, sind sie kein flauer Kompromiss, sondern ermöglichen eine wohltuende Befreiung aus den Beschränkungen der Laster.

Je mehr unsere Persönlichkeit von den Tugenden erfüllt ist, desto weniger neigen wir zu kurzsichtigen negativen emotionalen Reaktionen und desto weniger haben uns heftige Leidenschaften im Würgegriff. Die Tugenden sind sowohl das Ergebnis als auch die Leitprinzipien, die unser Selbst immer enger mit seiner wahren Natur verbinden. Es geht nicht darum, sich selbst zu verleugnen oder sich zu neuem Verhalten zu zwingen, sondern darum, das Gute und Erlösende in sich zu entdecken, das nach Wachstum und Verwirklichung drängt.

Allerdings sind die tugendvollen Schätze vielfach von allerlei lasterhaften Gewächsen überwuchert, sodass die Verwandlung der Persönlichkeit immer auch zugleich bedeutet, liebgewonnene und verhasste Charakterfehler zu beseitigen. Wie diese Metamorphose vor sich gehen kann, ohne dass wir uns selbst Gewalt antun müssen, ist Gegenstand dieses Buches. Nicht zu einem erzwungenen Perfektionismus führen die Tugenden, sondern zu einer Menschlichkeit, die sich ihrer Unvollkommenheit bewusst ist.

Die wichtigste Voraussetzung, um nicht dem Fehler zu erliegen, das eigene Lebensglück in den Lastern zu suchen, stellt die klare Erkenntnis der eigenen Lieblingslaster dar und der Situationen, in denen man von den Leidenschaften überschwemmt wird. Voraussetzung für die Verwandlung schädlicher Charakterfehler in seelische Stärken ist eine klare Diagnose, von welchen Lastern und Leidenschaften man selbst am stärksten betroffen ist.

Bei der Untersuchung dieser Charakterfehler halte ich mich im Folgenden an den Katalog der neun Hauptlaster (siehe Abb. 1). Durch Erforschung dieser Laster und Leidenschaften dürfte deutlich werden, in welchem Bereich der eigenen Persönlichkeit die Anfälligkeit für schädliche und zerstörerische Haltungen am größten ist. Es empfiehlt sich, besonders darauf zu achten, wo sich der innere Widerstand am deutlichsten meldet und wo man am stärksten bemüht ist, nach Rechtfertigungen zu suchen. Für jede Gruppe von Hauptlastern werden auch die entsprechenden konträren Tugenden dargestellt, deren Entwicklung zur Auflösung des Lasters und zu einer seelischen Befreiung führt. So zeigt sich, dass die Entwicklung seelischer Stärken nichts anderes ist als der Weg vom Laster zur Tugend, vom selbstgewählten Leiden zur Herausbildung einer Menschlichkeit, die nicht perfekt ist, aber die sich auch nicht mit dem Ersatzglück zufrieden gibt.

1. Von der Unvernunft zur Weisheit

Der Mensch ist fähig zur Einsicht. Durch den Intellekt gehen wir über reine Sinnestätigkeit hinaus und sehen in das innere Wesen der Dinge hinein. Der Verstand befähigt, den eigenen Standpunkt zu verlassen und einen anderen einzunehmen (zu *ver-stehen).* Die intellektuellen Fähigkeiten verhelfen dazu, eigene Absichten mit den vermeintlichen Erwartungen anderer zu vergleichen, und erlauben so, das Gegenüber zu beeinflussen. Der Intellekt befähigt, Impulse aufzuschieben. Ohne den Verstand würden wir einzig aus der unmittelbaren Empfindung heraus leben.

Wenn es an Vernunft fehlt und die Verstandeskräfte nicht im Dienst des Guten stehen, dann ergeben sich verschiedene Laster, die sich alle durch eine fehlende Übereinstimmung mit der Wahrheit und der Wirklichkeit auszeichnen. Diese Laster der Unwahrheit treten in zwei entgegengesetzten Varianten auf: Da sind einerseits jene Laster, die dadurch im Gegensatz zur Wahrheit stehen, dass sie die Verstandeskräfte *auf falsche und unvernünftige Weise* gebrauchen. Und andererseits sind da jene Laster, die dadurch im Gegensatz zur Wahrheit stehen, dass sie sich *zu wenig* der Verstandeskräfte bedienen.

Im ersten Fall dient das Laster dazu, sich mit Hilfe des Intellekts von der Wahrheit zu entfernen. So entstehen Unvernunft und Verblendung. Im zweiten Fall besteht das Laster darin, sich gar nicht oder nicht ausreichend des Intellekts zu bedienen. So entstehen Dummheit und Nachlässigkeit. Alle Laster der Unwahrheit kranken nicht nur an einem Mangel intellektueller Fähigkeiten, sondern außerdem auch an einem Mangel guten Willens, denn die Klugheit hat ihren Stand »nicht in der Erkenntnis allein, sondern auch in der Begehr« (Thomas von Aquin). Man ist nicht fähig, die Wahrheit zu sehen, weil man sie gar nicht sehen will.

Unvernünftig ist all das, was nicht zum besten Wohl und zur Glückseligkeit des Menschen gereicht. Mit *Vernunft* bezeichnen wir das richtige Funktionieren der gesamten menschlichen Ausstattung, wozu die Empfindungen und Wahrnehmungen, das Denken und der Verstand, die Gefühle, Wünsche, Ziele und Verhaltensweisen gehören. Der Mensch ist dann vernünftig, wenn seine verschiedenen psychischen Kräfte und Fähigkeiten geregelt zusammenspielen und auf die Verwirklichung eines höheren Ziels und einer gesunden, förderlichen Entwicklung ausgerichtet sind. Verstand und Vernunft sind somit nicht das Gleiche. Der Verstand als Teilaspekt der psychischen Fähigkeiten lässt sich sowohl vernünftig als auch unvernünftig gebrauchen.

Oft benutzen wir die intellektuellen Gaben in unvernünftiger Weise. Wir bedienen uns des Verstandes, um Wünsche zu verwirklichen, ohne zu prüfen, ob diese uns und anderen zum Besten gereichen. Wir verwenden großen Scharfsinn darauf, eigensüchtige Motive zu verfolgen oder schädliche Handlungen auszuführen. Dabei kann unsere ganze Klugheit zum Einsatz gelangen, doch es ist eine falsche Klugheit, die nicht im Einklang mit der Wahrheit steht, sondern von Lastern wie Hochmut, Neid, Jähzorn, Trübsinn, Feigheit, Habgier, Wollust oder Völlerei beeinflusst wird.

Thomas von Aquin nennt solche Unvernunft eine »Klugheit des Fleisches« in Anlehnung an Paulus: »Die nämlich auf das Fleisch ausgerichtet sind, sinnen den Dingen des Fleisches nach, die aber auf den Geist ausgerichtet sind, den Dingen des Geistes« (Röm 8,5). Letztlich ist jede Form von Klugheit, die nicht den Zweck des gesamten Lebens im Blick hat, unvernünftig. Auch ein sogenannt »kluger Geschäftsmann« kann unklug sein. Er mag zwar viele persönliche Opfer bringen und auf lustvolle Tätigkeiten verzichten, um seine Firma voranzubringen. Doch er greift einen einzelnen besonderen Zweck heraus, nämlich die Sorge um die materielle Sicherheit, und erhebt diesen zum Ziel des gesamten Daseins, was nicht der Vernunft entspricht.

Unvernunft und Verblendung

Die Laster der Unvernunft und Verblendung reichen von Einseitigkeit, Kurzsichtigkeit, Befangenheit, Voreingenommenheit und Parteilichkeit über Unduldsamkeit, Borniertheit, Intoleranz, Vorurteil, Dogmatismus, Chauvinismus bis hin zu Fanatismus und Wahn. Obschon es sich um ein Laster des Verstandes handelt, zeichnet sich die Verblendung gerade dadurch aus, dass Gefühle und Leidenschaften den Verstand vernebeln und in die Irre führen. Andererseits können auch das Fehlen von Gefühlen und eine ausschließliche Dominanz des rationalen Verstandes ein Merkmal der Verblendung darstellen, was den kalten Dogmatismus und einen Fanatismus, der alle Gefühle des Mitleids negiert, kennzeichnet.

So ist ein Mensch, der sich die Verstandeslaster zur üblen Gewohnheit macht, nicht nur engstirnig, sondern auch engherzig. Dass es letztlich auch diesen Lastern zuallererst an der Liebe fehlt, zeigt sich an der Unversöhnlichkeit und Reuelosigkeit von Menschen, bei denen die Intoleranz zu einer überdauernden Lebenshaltung geworden ist. Menschen, die solche Eigenschaften aufweisen, glauben, sie hätten in besonderem Maße teil an der Wahrheit, befinden sich aber in Wirklichkeit im tiefsten Irrtum.

Die etwas weniger extremen Formen der Verblendung lassen sich am besten mit dem Konzept des Vorurteils verstehen. Ein Vorurteil ist zunächst nichts anderes als ein kaum reflektiertes wertendes Urteil, das sowohl positiv als auch negativ ausfallen kann. Damit es sich tatsächlich um ein Vorurteil und nicht etwa um eine fundierte Meinung handelt, ist es erforderlich, dass sich dieses Urteil als ziemlich resistent gegenüber widersprechenden Informationen erweist.

Zum Laster werden Vorurteile dann, wenn sie dazu dienen, sich vor einer gründlicheren Auseinandersetzung mit der Wirklichkeit zu drücken und andere Menschen oder Gruppen abzuwerten, auszugrenzen oder zu verfolgen. Wenn dies geschieht, sind immer auch weitere Laster beteiligt. So ist das Vorurteil, die eigene Nation stehe über allen anderen, stets mit Hochmut verbunden. Wenn sich das Vorurteil steigert und sich mit

Intoleranz, Hass oder blinder Leidenschaft paart, dann entsteht der Fanatismus. Längst nicht alle Menschen mit Vorurteilen sind Fanatiker, aber alle Fanatiker sind voller Vorurteile. Ein Fanatiker ist derart von einer Idee besessen, dass er jeder davon abweichenden Meinung mit scharfer Intoleranz und Verurteilung und jeder Person, die eine gegenteilige Überzeugung vertritt, mit absoluter Unversöhnlichkeit begegnet.

Der Fanatismus zeigt sich häufig als religiöser Fundamentalismus (wozu auch der dogmatische Atheismus gehört), als extremistische politische Ideologie, als Nationalismus und Rassenwahn oder als verbissener sozialer und moralischer Reformismus. Christliche Kreuzzüge, islamischer »heiliger Krieg«, Ketzer- und Hexenverfolgungen, Inquisition, Konfessionskriege, nationalistische und imperialistische Kriege, antisemitische Verfolgung, Holocaust, faschistische und kommunistische Pogrome, Ku-Klux-Klan, chauvinistische Unterdrückung von Frauen, homophobe Verbrechen – das sind nur einige der bekannteren Ausdrucksformen fanatischer Gesinnungen.

Besonders gefährlich ist der Fanatismus, wenn sich sein unversöhnliches Gedankengut in aggressiven Handlungen entlädt oder, falls Fanatiker an der Macht sind, zu sozialer Unterdrückung, Diskriminierung oder Verfolgung führt. Dann verbindet sich die Unvernunft mit dem Laster des Jähzorns und der Grausamkeit. Schon viel ist erreicht, wenn gewalttätige Fanatiker dazu gebracht werden können, auf aggressive Handlungen zu verzichten. Eine Veränderung ihrer zum Teil wahnhaften Einstellungen ist oft nur schwer zu erreichen.

»Einen Wahn verlieren macht weiser als eine Wahrheit finden«, schreibt Ludwig Börne. Während ein Fanatiker oft noch in der Lage ist, Gesinnungsgenossen zu finden, so steht jemand, der an einem Wahn leidet, mit seinen Wahrnehmungen und Meinungen isoliert da, obschon es in seltenen Fällen auch zu kollektiven Formen des Wahns kommen kann. »Wahnsinn« bezeichnet umgangssprachlich eine Gestörtheit des Geistes, die dem normalen Erleben nicht mehr zugänglich ist und deren Verhaltensäußerungen den sozialen Gepflogenheiten widersprechen. Im psychiatrischen Sinn gilt der Wahn als Störung des Erlebens und Verhaltens;

dabei folgen die davon Betroffenen einer Überzeugung, die trotz gegenteiliger Belege und trotz der Unmöglichkeit ihres Inhalts praktisch nicht beeinflussbar ist.

Wie eng Fanatismus und Wahn beieinanderliegen, zeigt sich besonders deutlich beim Hexenwahn. Auch in der Gegenwart werden noch Menschen wegen angeblicher schwarzmagischer Praktiken verfolgt und getötet (vgl. Behringer, *Hexen).* In Tansania kommt es jährlich zu rund 100 bis 200 Fällen von Morden an vermeintlichen Hexern und Zauberern. Aus anderen afrikanischen Staaten werden Aggressionen gegen sogenannte »Hexenkinder« berichtet, die als Verursacher von Aids gelten. Die in Kinshasa stark verbreiteten evangelikal-fundamentalistischen Sekten unterwerfen diese Kinder qualvollen exorzistischen Prozeduren, um sie von ihrer vermeintlichen Besessenheit zu befreien. In einigen Ländern Afrikas wurden seit der Unabhängigkeit wieder Gesetze gegen Hexerei eingeführt. Epidemische Hexenjagden in der Gegenwart sind auch aus Indonesien, Indien, Südamerika und arabischen Staaten bekannt.

Ein gemeinsames Merkmal liegt allen Lastern der Verblendung zugrunde, nämlich eine übermäßige Sicherheit der Erkenntnis, ein vorschnelles Besitzenwollen der Wahrheit. Statt dass man nach der Wahrheit sucht, glaubt man, sie bereits zu kennen. Diese übermäßige Erkenntnissicherheit dient dazu, Mängel auszugleichen und Ängste erträglicher zu machen, ohne dass man sich dem Risiko einer seelischen Erschütterung aussetzen muss (vgl. Hoffer, *Der Fanatiker).*

Das Festhalten an der vermeintlichen Wahrheit kann dazu benutzt werden, einen defizitären Selbstwert oder ein Gefühl der Sinnlosigkeit zu kompensieren. Es ist auch möglich, dass man den Zweifel nicht erträgt und ihn unbewusst abzuwehren versucht, indem die bewusste Einstellung fanatisch wird. Das vorschnelle Besitzenwollen der Wahrheit kann dazu dienen, Gefühle der Nichtigkeit und der Ohnmacht abzuschwächen. Vielleicht dient ein krampfhaftes Festhalten an der vermeintlichen Wahrheit auch dazu, eine repressive Ordnung herzustellen, die notwendig ist, um die Angst vor den sexuellen Impulsen zu bewältigen, die im

Verlauf einer zwanghaften, sexualfeindlichen Erziehung im Charakter eingepflanzt wurde.

Auch wenn die erlebten Mangelzustände und Ängste, von denen man sich eine Erlösung erhofft, unterschiedlichen Ursprungs sein können, geht es bei allen Arten von Verblendung doch stets darum, dass man nicht willens ist, sich ohne Vorbehalte mit der Wahrheit und der Wirklichkeit auseinanderzusetzen. Große Vorsicht ist allerdings geboten, wenn man andere Menschen als vorurteilsvoll, fanatisch oder wahnhaft bewertet, nur weil *ihre* Meinung sich nicht mit der eigenen deckt. Hinter einem vermeintlichen Wahn könnte sich nämlich auch ein Wissen verbergen, das den meisten einfach noch nicht zugänglich ist; man denke daran, dass auch die Vertreter eines kopernikanischen Weltbildes zu gewissen Zeiten als verrückt galten, während heute die aufgeklärte Welt weiß, dass sich die Erde um die Sonne dreht und nicht umgekehrt. Was als die Wirklichkeit gilt, wird immer durch soziale Einflüsse vermittelt und bestimmt. Es ist außerordentlich leicht, dem Laster der Unvernunft und Verblendung anheimzufallen, weil die menschliche Erkenntnisfähigkeit von Natur aus begrenzt ist.

Exkurs: Bacons »Idole«

Einer der Ersten, der sich für Vorurteile interessierte, war der englische Philosoph und Staatsmann Francis Bacon. In seinem im Jahre 1620 erschienenen Werk *Novum Organum* unterschied er vier Arten von sogenannten »Idolen« (Götzenbildern), welche die menschliche Urteilsfähigkeit einschränken und lästige Erkenntnishindernisse für das unvoreingenommene Denken darstellen. Die »Idole der Gattung« sind in unserer biologischen Ausstattung begründet und betreffen alle Menschen. »Idole der Höhle« beziehen sich (im Sinne von Platons Höhlengleichnis) auf eigentümliche individuelle Auffassungsweisen und ergeben sich aus der persönlichen Lerngeschichte, der Erziehung, dem Verkehr mit anderen Menschen oder durch die Einwirkung von Gefühlen und Stimmungen. »Idole des Marktes« entstehen durch Verführungen und Unklarheiten der Sprache und der Kommunikation. »Idole des Theaters« schließlich sind ungeprüfte dogmati-

sche Behauptungen der philosophischen Schulen, denen es nicht um die Wahrheit, sondern ums Rechthaben geht.
Bacons Werk gilt als Wendepunkt in der Kulturgeschichte zwischen mittelalterlichem Denken, das sich auf die Heilige Schrift und auf religiöse Autoritäten beruft, und dem Denken der Neuzeit, das sich an der beobachtbaren Realität orientiert. Damit wurde Bacon zum Vorkämpfer der Aufklärung; sein Anliegen war es, den Verstand aus der Befangenheit zu befreien, indem überkommene Urteile und Denkweisen selbstständig geprüft werden – ganz gemäß dem Wahlspruch der Aufklärung: sapere aude, »Habe den Mut, dich deines eigenen Verstandes zu bedienen«.
Bacons »Idole«, die den Verstand und das klare Urteil umnebeln, sind auch heute noch gültig. Die Hoffnung der Aufklärer, dass sich der Mensch durch eine unvoreingenommene Betätigung des eigenen Verstandes zu immer höheren Erkenntnissen emporschwingen würde, ohne sich dabei vom Glauben an irgendwelche Autoritäten behindern zu lassen, hat sich leider nicht erfüllt. Bacons »Idole des Theaters« im Sinne von unhinterfragten Dogmen kennzeichnen auch den modernen Wissenschaftsbetrieb. Anstelle von religiösen Autoritäten beruft man sich heute mit der gleichen Vehemenz auf wissenschaftliche Theorien und Befunde. Doch wer genauer hinschaut, stellt nicht selten fest, dass es auch hier mehr um die Veranstaltung eines »Theaters« als um unvoreingenommene Wahrheitssuche geht.

Dummheit und Nachlässigkeit

Zu den intellektuellen Lastern gehören auch Dummheit, Torheit, Unwissenheit, Unbesonnenheit, Überstürzung, Unbedachtsamkeit, Stumpfsinnigkeit und Nachlässigkeit. Diese Laster zeichnen sich alle durch einen Mangel an Klugheit aus und gehen insofern an der Wahrheit vorbei, als sie sich zu wenig um sie kümmern. Wer solche Eigenschaften aufweist, ist zu bequem, zu eingebildet oder ist intellektuell zu beschränkt, um sich in seinen Handlungen durch kluge Überlegungen leiten zu lassen. Man überlegt sich entweder zu wenig, bevor man handelt, oder man macht sich Gedanken, denen der Bezug zur Wahrheit und zur Wirklichkeit fehlt.

Als »dumm« bezeichnen wir gemeinhin jemanden, der es nicht schafft, ausreichenden Gebrauch von seinen intellektuellen Fähigkeiten zu machen. Die Dummheit oder Torheit zeichnet sich durch Unwissenheit aus, nicht im Sinn eines bewussten Abwehrens der Wahrheit, wie dies für die Verblendung gilt, sondern im Sinn einer Gleichgültigkeit und Nachlässigkeit gegenüber der Wahrheit. Man lässt sich unbedacht auf Handlungen ein, die man im Nachhinein bereut. Man ist zu unbesonnen, was die Folgen anbelangt. Man stellt falsche, unlogische Überlegungen an oder solche, die nicht genügend auf die wirklichen Verhältnisse bezogen sind. Statt dass man versucht, seine Wünsche mit der Realität in Einklang zu bringen, flüchtet man sich in seine eigene Traumwelt hinein, die sich immer mehr von der Realität entfernt.

Da wir meistens danach trachten, unser Leben möglichst angenehm zu gestalten, sind wir ständig in Versuchung, die Klugheit von uns fernzuhalten und uns selbst etwas vorzumachen. Lieber stellen wir uns dumm. Wir gewöhnen uns daran, den klaren Durchblick zur Wirklichkeit zu trüben, und flüchten in eine Scheinwirklichkeit, mit der es sich angenehmer leben lässt. Dadurch werden wir zu Toren und sündigen gegen den Intellekt. Wir machen uns selbst kurzsichtig, indem wir nicht bedenken mögen, welche Folgen unser gegenwärtiges Handeln in der Zukunft zeigen wird. Und doch leben wir auch nicht wirklich erfüllt in der Gegenwart, denn auf die aktuellen Umstände mögen wir uns auch nicht einlassen.

Die nachlässige Flucht in eine Scheinwelt stellt nur eine der verschiedenen Möglichkeiten dar, sich der Klugheit zu entledigen. Nach Thomas von Aquin gibt es fünf verschiedene Arten von Lastern, die aus einem Mangel an Klugheit hervorgehen.

- *Unklugheit.* Sie tritt in zweierlei Arten auf: erstens als angeborener Mangel an intellektuellen Fähigkeiten, zweitens als die Nichtanwendung der Klugheit trotz entsprechender Fähigkeiten. Der erste Fall stellt kein Laster dar. Nach Thomas ist es allerdings eine »Sünde«, wenn das Bemühen fehlt, die Klugheit zu erwerben. Man kann zwar nichts dafür, dumm geboren zu sein, aber für die intellektuelle Faulheit ist man selbst verantwortlich. Im zweiten Fall tritt das Laster deutlicher zutage. Statt sich an der Klugheit zu orientieren, wendet man sich bewusst von ihr ab. Man stellt sich dumm, weil man die Wahrheit nicht sehen will. Weil sich die Seele aber nicht täuschen lässt, tritt ein Schuldgefühl auf. Thomas nennt das »schuldhafte Dummheit«.

- *Überstürzung.* Diese tritt auf, wenn sich »einer zum Tun durch das Ungestüm des Willens oder der Leidenschaft hinreißen lässt«. Statt sich durch geordnete Überlegung von der Vernunft leiten zu lassen, indem man auch die Gelehrigkeit, das logische Denken, die Abwägung des Zukünftigen, das Verständnis für das Gegenwärtige und die Erinnerung an das Vergangene heranzieht, überspringt man all diese Stufen und unterwirft die Vernunft der unmittelbaren Reaktion.
- *Unbedachtsamkeit.* Sie stellt sich ein, wenn man nicht genügend darauf acht gibt, woraus ein richtiges Urteil hervorgeht. Wer unbedachtsam ist, zieht voreilig falsche Schlüsse oder gründet sein Urteil auf Behauptungen, die nicht den Tatsachen entsprechen.
- *Wankelmut.* Wankelmütig oder unbeständig ist derjenige, der sich etwas Gutes vorgenommen hat, dann aber wieder davon abrückt. Man hält in etwas Schwierigem nicht durch. Obschon das vor allem auch mangelnden Mut verrät, ist doch auch die Klugheit betroffen, da einer kurzfristigen Leidenschaft der Vorzug gegeben wird vor den Vorsätzen, die als richtig erkannt sind.
- *Nachlässigkeit.* Diese zeigt sich in einer mangelnden Besorgtheit um die Folgen, welche die eigenen Handlungen für sich selbst und für andere haben. Ohne Gedanken an die Zukunft verfolgt man lediglich kurzfristige Ziele oder flüchtet in eine bequeme Scheinwelt.

Obschon die verschiedenen Arten der Unklugheit weit verbreitet sind, sollte man vorsichtig sein, jemandem das Stigma eines Narren anzuheften. Die Mehrheit hält sich selbst meist für klug, während ihr die Minderheit als dumm erscheint. Man macht sich über diejenigen lustig, die andere Vorlieben haben, andere Gebräuche pflegen, anderen Gewohnheiten nachgehen. Doch nicht alles, was uns dumm vorkommt, ist auch dumm. Manchmal ist Torheit das Kluge und Gescheite, das wir noch nicht verstehen. Die Mehrheitsverhältnisse sind kein Kriterium für die Wahrheit. Und ob uns etwas als merkwürdig oder fremdartig erscheint, sagt nichts darüber aus, wie klug oder dumm es ist. Wenn wir uns nicht darum bemühen, auch seltsam erscheinende Erfahrungen oder Überlegungen zu verstehen, dann begehen wir das Laster der Unbedachtsamkeit und sind selber die Dummen.

Klugscheißer und falsche Propheten

Eine ganz lustige Strategie, um selbst nicht die Anstrengung auf sich nehmen zu müssen, gescheit zu sein, und doch alle Vorzüge der Klugheit oder Weisheit für sich zu beanspruchen, besteht darin, sich klug oder weise zu geben, ohne dass man es ist. Wie alle Tugenden lassen sich auch die intellektuellen Tugenden nachahmen, sodass sich daraus Scheintugenden ergeben, die nichts anderes als versteckte Laster sind. Wenn die Klugheit nur vorgetäuscht ist, dann treffen wir auf Besserwisser und Klugscheißer.

Durch Besserwisserei und intellektuelle Raffinesse lässt sich die Klugheit vorzüglich imitieren. Besserwisser neigen dazu, andere zu belehren, während sie selbst sich gegenüber anderen Meinungen verschließen. Sie interessieren sich nicht für die Wahrheit, da sie meinen, diese bereits gefunden zu haben. Allerdings fehlt ihnen das Sendungsbewusstsein der Fanatiker, die mit ihren Idealen und Prinzipien missionieren und die Welt reformieren wollen. Den Klugscheißern geht es eher darum, recht zu haben, egal um welches Thema es sich handelt. Sie wollen nicht die Welt verbessern, aber sie wollen, dass alle erkennen, wie viel sie wissen.

Rechthaber und Prinzipienreiter wenden oft die Strategie der Spitzfindigkeit an, um anderen nachzuweisen, dass sie im Unrecht sind. Nicht selten verfügen diese unangenehmen Zeitgenossen über einen hervorragend ausgebildeten Verstand. Sie sind gut in der Lage, logisch zu denken und die Dinge analytisch zu durchdringen. Was sie allerdings überhaupt nicht können ist zuhören.

So schnappen Rechthaber einige Wortfetzen auf, die das Gegenüber von sich gibt. Ohne sich weiter darum zu kümmern, was der andere eigentlich meint, verdrehen sie dann den Sinn des Gesagten so lange, bis er im Widerspruch zu einem der Wahrheitsfetzen steht, die sie in ihrem persönlichen intellektuellen Waffenarsenal bereithalten; daraufhin zerpflücken sie die falsch verstandene Aussage ihres Gesprächspartners mit scharfen Worten, enormer Wichtigtuerei und großer Selbstverliebtheit genüsslich. Wer sich dagegen wehrt, hat bereits verloren, denn dadurch liefert er dem Wortklauber und Haarspalter nur eine neue Aussage, die sogleich wieder verdreht und widerlegt wird. Das führt beim Gegenüber zunächst zu Verwirrung, dann zu Ärger und schließlich zu heftigem Zorn. Darauf hat der Rechthaber aber nur gewartet, denn das facht seine Leidenschaft noch mächtiger an, dem anderen zu beweisen, wie dumm er doch eigentlich sei und wie sehr er seinen Verstand durch solch unvernünftige Emotionen vernebeln lasse!

Weisheit vorzutäuschen ist wesentlich schwieriger als das Vorspielen von Klugheit. Da die Weisheit eine Einsicht in höchste Wahrheiten voraussetzt, muss ein Mensch, der sich weise geben will, es aber nicht ist, das Gehabe und die Sprache derjenigen imitieren, die als anerkannte Autoritäten der Weisheit gelten. Dies setzt beachtliches schauspielerisches Können voraus. Im antiken Griechenland wandte sich schon Platon gegen die angeblichen Weisheitslehrer (Sophisten), denen es in Wirklichkeit aber nur darum gehe, mit ihrem Scheinwissen Geld und Ansehen zu erlangen. In der Bibel ist zuhauf von »falschen Propheten« die Rede. Wer um Ostern oder Weihnachten nach Bethlehem reist, kann sich auch heute noch ein lebendiges Bild davon machen. Auch an anderen Orten sind Menschen anzutreffen, die sich zwar oberflächlich der Sprache und Ausdrucksweise ihrer Religion oder Wissenschaft bedienen, die aber gerade darin, dass sie »Wahrheiten« verkündigen, statt unvoreingenommen nach der Wahrheit zu suchen, verraten, dass sie nichts davon verstehen.

Dass sich Klugheit und Weisheit durch Besserwisserei und »Sophisterei« imitieren lassen, bedeutet aber keineswegs, dass es nicht wirklich kluge und weise Menschen gibt oder dass Klugheit und Weisheit stets nur auf intellektuelle Durchtriebenheit oder Schlauheit zurückzuführen wären. Vielmehr bilden Klugheit und Weisheit die einzige Möglichkeit, die verschiedenen intellektuellen Laster wie Unvernunft, Verblendung, Dummheit und Nachlässigkeit hinter sich zu lassen. Die Verstandestugenden ermöglichen es dem Menschen, in konkreten Situationen die richtigen Mittel und Wege für sein Handeln zu finden und seinen Charakter zu vervollkommnen. Es ist möglich, Klugheit zu erwerben und zu vermehren, genauso wie es möglich ist, einen Weg einzuschlagen, der immer näher zur Weisheit führt. Dazu ist es notwendig, sich mit gutem Willen um die Erkenntnis der Wahrheit und um vernünftiges Handeln zu bemühen.

Klugheit

Im spirituellen Sinn bedeutet die Vernunft eine Ausrichtung des menschlichen Erlebens und Verhaltens auf die Seele oder auf »das wahre Licht, das jeden Menschen erleuchtet«: den *Logos* (Joh 1,9). Dieses Licht im Menschen ist zugleich die ursprüngliche Wahrheit und Wirklichkeit. Vernunft bedeutet somit eine Ausrichtung auf die Wirklichkeit. Wenn die Vernunft regiert, wenn sich das gesamte menschliche Sein und Tun auf die Wahrheit richten, dann ist zugleich die Tugend der Klugheit verwirklicht; denn diese ist nichts anderes als die Fähigkeit, ein auf die Wahrheit ausgerichtetes Dasein zu führen. »Die Klugheit«, so steht es im Katechismus der katholischen Kirche, »macht die Vernunft bereit, in jeder Lage unser wahres Glück zu erfassen und die richtigen Mittel zu wählen, um es zu verwirklichen.«

Klugheit ist somit die Tugend der größtmöglichen Wirklichkeitsnähe. Wer klug ist, kennt zugleich die Wirklichkeit und ist gewillt, ihr zu folgen. Klugheit bezeichnet das Vermögen, im konkreten Einzelfall angemessen zu handeln. Dies geschieht, indem alle für die Situation relevanten Gesichtspunkte im Hinblick darauf berücksichtigt werden, was wirklich gut ist. Im Gegensatz zur Schlauheit oder Gerissenheit ist die Klugheit nicht ausschließlich auf einen persönlichen Vorteil oder Nutzen gerichtet. Nach Thomas von Aquin strebt die wahre und vollkommene Klugheit nicht nach einer gekonnten Verwirklichung und Sicherung irgendeines besonderen Geschäfts, sondern hat »Rat, Urteil und Gebot in richtiger Weise für den guten Zweck des gesamten Lebens«. Die Klugheit ist Voraussetzung, nicht Umgehung des Guten. Jegliches Laster, jegliche »Sünde« im Sinn einer grundlegenden Zielverfehlung verstößt gegen die Klugheit, und zwar einerseits durch mangelhafte Erkenntnis dessen, was gut oder schlecht, wahr oder falsch ist, andererseits durch den fehlenden Willen, das als gut Erkannte zu tun und das als schlecht Erkannte zu lassen.

Klugheit ist Voraussetzung für alle übrigen Tugenden, und jegliche Tugend ist notwendigerweise klug. Im Gegensatz zur Weisheit bezieht sich die Klugheit allerdings nicht auf die höchsten und letzten Ziele des Daseins, sondern auf die Wege zu diesen Zielen hin. Sie steht, unmittelbarer als die Weisheit, mit dem praktischen sittlichen Leben in Berührung. Die Klugheit ist auch nicht einfach reines Wissen, sondern formt das durch Einsicht gewonnene Wissen, wie sich das Gute konkret verwirklichen lässt, in praktische Beschlüsse um. Dies geschieht nach Thomas von Aquin in drei Schritten: Zunächst findet eine Überlegung statt, dann folgt ein Urteil, und schließlich wird der eigentliche Beschluss gefasst. Unklugheit kann nun dementsprechend durch mangelnde Überlegung, durch falsche Urteile oder durch schlechte oder zu wenig entschiedene Beschlüsse gekennzeichnet sein.

Welche Eigenschaften zeichnen diejenigen Menschen aus, die es verdienen, klug genannt zu werden?

- Kluge Menschen beschäftigen sich mit längerfristigen Zielen. Sie erkennen umsichtig, was zu deren Erreichung zweckdienlich ist und was davon wegführt, ohne sich durch kurzfristige Annehmlichkeiten oder Schwierigkeiten davon abhalten zu lassen, für das Zukünftige vorzusorgen.

- Dabei beschränken sich kluge Menschen nicht nur auf ein einziges Ziel, sondern verfolgen das Gute gleichzeitig auf verschiedenen Wegen.
- Eine kluge Entscheidung erfordert zunächst, sich an den richtigen Grundsätzen zu orientieren, um dann angemessene Ziele festzulegen. Dabei ist es notwendig, sich alle Erfahrungen, Gedanken und Gefühle zu vergegenwärtigen, die für aktuelle Entscheidungen wichtig und hilfreich sein könnten.
- Ein kluger Mensch verlässt sich nicht allein auf sich selbst, sondern zieht die Lehren, Beispiele und Ratschläge von erfahrenen Menschen heran.
- Wer klug ist, trifft wohlüberlegte Entscheidungen, in die alle relevanten Informationen einfließen, ohne bestimmte Erfahrungen unterdrücken zu müssen und ohne sich durch die Leidenschaften zu unklugen Handlungen hinreißen zu lassen.
- Klugheit erfordert eine richtige Einschätzung dessen, was getan und was vermieden werden soll. Eine solche geschieht, indem das Verhalten findig den aktuellen Zielen angepasst wird, statt sich von automatisierten Gedanken oder Verhaltensmustern kontrollieren zu lassen.
- Kluge Menschen können durchaus ihre eigenen Interessen verfolgen, ohne dadurch jedoch destruktiv auf andere einzuwirken. Sie sind stets bemüht, das Gute zu wählen und das Schlechte zu vermeiden.
- Trotzdem lassen sie sich von der Vorsicht und der Angst nicht lähmen, sondern sind fähig, wenn nötig auch rasch und entschieden das Richtige zu tun.

Für ein tugendhaftes, glückliches Leben ist es außerdem notwendig, dass all diese Merkmale der Klugheit zur Gewohnheit werden und schließlich sämtliche Entscheidungen leiten, statt nur ab und zu klug zu sein und zwischendurch sich immer wieder von den Lastern und Leidenschaften hinreißen zu lassen. Klugheit zu entwickeln bedeutet keineswegs, ein langweiliger, spießiger Mensch zu werden. Manchmal ist vielleicht die mutigste und risikoreichste Entscheidung die klügste. Ein kluger Mensch ist immer für Überraschungen gut, weil er sich allein von der Wahrheit leiten lässt und nicht von festgefahrenen Reaktionsmustern. Nichts ist langweiliger, als ein unvernünftiges Leben zu führen, indem man, von den Lastern getrieben, immer wieder die gleichen Fehler begeht.

Weisheit

Wer weise ist, ist zugleich klug, aber nicht jeder, der klug ist, ist auch weise. Der Weg zur Weisheit führt über die Klugheit. Es ist nicht möglich, gleichzeitig weise und unklug zu sein, und dennoch ist die Weisheit mehr als die Klugheit. Weisheit leitet sich sprachlich von einem germanischen Wortstamm her, der *wissend, kundig, erfahren* bedeutet und mit dem Sanskrit-Begriff *veda* verwandt ist, was wörtlich *Wissen* meint und zugleich die Gesamtheit der heiligen altindischen Schriften bezeichnet. Ursprünglich bedeutete diese Wortform vermutlich *sehen* oder *gesehen haben*, womit auch die Nähe zum lateinischen *videre* deutlich wird. Ein weiser Mensch ist ein »Wissender«, ein »Sehender«.

Nach Platon führt die Tugend der Weisheit zur höchsten Glückseligkeit, da sie das höchste Vermögen des Geistes bezeichnet im Sinne einer Schau der ersten Dinge, der obersten Ursachen und des tiefsten Sinns. Wer weise ist, vermag über alles richtig zu urteilen. Weil die Weisheit nicht allein auf Erkenntnis beruht, sondern ebenso auf dem guten Willen, kann sie nicht durch Vergessen verloren gehen, sondern höchstens durch die Laster und Leidenschaften.

Die Tugend der Weisheit wird in allen Kulturen und historischen Epochen hoch geschätzt. Es gibt zahlreiche Definitionen und Konzepte von Weisheit, die sich im Spannungsbereich zwischen rationalem Denken und Intuition, Verstand und Gefühl, Reife und Kindlichkeit, Klugheit und Torheit, Komplexität und Einfachheit, Weltzugewandtheit und Transzendenz bewegen. Weisheit wird als geistiges Vermögen verstanden, das jenseits dieser Gegensatzpaare liegt und sie deshalb miteinander versöhnt (vgl. Baltes et al., *Wisdom*; Sternberg, *A balance theory of wisdom).*

Die Weisheit beschäftigt sich mit grundlegenden Fragen und Strategien, welche die Lebensführung und den Lebenssinn betreffen. Sie ist sich der Grenzen des Wissens und der Ungewissheiten des Daseins bewusst, lässt sich davon aber nicht abschrecken. Es geht bei der Weisheit stets um eine wahrhaft überlegene Ebene des Wissens, des Urteils und des Rates. Das Wissen eines weisen Menschen zeichnet sich durch einen großen Umfang, außerordentliche Tiefe sowie durch rechtes Maß und Ausgewogenheit aus. In der Weisheit finden wir ein vollkommenes Zusammenspiel zwischen Geist und Charakter, zwischen Wissen und Tun verwirklicht. Die Weisheit fördert das eigene Wohlergehen und dasjenige anderer Menschen. Obschon es schwer ist, Weisheit zu erlangen und genau zu bestimmen, was sie ist, erkennen wir sie unschwer, wenn jemand sie besitzt.

Im Märchen begegnet uns Frau Holle, die gute Ur-Mutter der Natur und des Lebens, zu der gelangt, wer den Weltenbrunnen hinab in die Unterwelt steigt. Auch in der Philosophie und im gnostischen Christentum wurde die Weisheit oft personifiziert, etwa von Boëthius, dem sie in Gedanken im Kerker erschien und den sie in ein Gespräch verwickelte, aus dem sein Werk *Der Trost der Philosophie* hervorging. Philosophie bedeutet ja ursprünglich »Liebe zur Weisheit«, und letztlich kann die ganze menschliche Suche nach der Wahrheit als Philosophie verstanden werden, wenn sie mit Liebe betrieben wird und ein höheres Wissen zum Ziel hat, als sich in Lehrbüchern vermitteln lässt.

Genau genommen gehören zur Weisheit vier Bestandteile: erstens ein außergewöhnliches Wissen darüber, was die Weisheit ist und wie sie erworben werden kann (z. B. indem man aus seinen Fehlern zu lernen versucht), zweitens ein außergewöhnliches Wissen darüber, wie mit der Weisheit umzugehen ist (z. B. indem man weiß, wann Ratschläge sinnvoll sind und wann nicht), drittens ein außergewöhnliches Wissen über die zeitlichen und situativen Veränderungen des Lebens (z. B. indem man sich der im Verlauf des Lebens wechselnden Prioritäten bewusst ist) und viertens eine außergewöhnliche Persönlichkeit mit außergewöhnlichen Fähigkeiten (z. B. ein guter Zuhörer sein). Das »Außergewöhnliche« der Weisheit weist darauf hin, dass sie den Menschen gewöhnlich fehlt. Die wenigsten sind weise, die meisten wären es gerne. Weisheit gehört zu dem wenigen, das mit zunehmendem Alter anwächst. Doch obschon viele weise Menschen alt sind, sind die wenigsten Alten weise.

Was braucht es, um weise zu werden? Wie lässt sich Weisheit erwerben? Diese Fragen klingen irgendwie seltsam. Man ahnt schon, dass es wenig sinnvoll wäre, eine Liste mit praktischen Tipps aufzustellen, die Schritt für Schritt zur Weisheit führen. Im Gegensatz zur Klugheit, die sich durch entsprechende Anstrengung und Übung durchaus immer besser verwirklichen lässt, entzieht sich die Weisheit einem solchen direkten Zugriff. Wer weise werden will, macht sich höchstens lächerlich. In dieser Hinsicht ähnelt die Weisheit stark dem Glück. Beides lässt sich nicht aktiv herstellen, sondern stellt sich gleichsam von selbst ein, wenn die Zeit dafür reif ist, als höchst willkommenes Nebenprodukt eines gelingenden Lebens.

Die Weisheit ist letztlich mehr ein Geschenk als eine Tugend, mehr eine Gabe als eine Fähigkeit. Und dennoch hängt es ganz wesentlich davon ab, was für Menschen wir sind und was wir aus unserem Leben machen, ob die Frucht der Weisheit heranwachsen kann oder nicht. Wir müssen dafür die richtigen Samen säen.

Zunächst muss man sich bewusstmachen, dass es überhaupt gar kein Laster und keine Leidenschaft mehr geben darf, damit die Weisheit sich einstellen kann. Es ist nicht möglich, weise und gleichzeitig ungerecht oder eingebildet zu sein. Ein Weiser ist nicht jähzornig, nicht geizig, kennt keinen Neid und verliert nie die Kontrolle über seine Triebe. Schon gar nicht verträgt sich die Weisheit mit Feigheit und Ängstlichkeit, und kein weiser Mensch ist gleichgültig gegenüber den Leiden seiner Mitmenschen oder vergräbt sich im Trübsinn. Die Weisheit ist die Krone der Tugend, die nur denjenigen gebührt, die den steilen Pfad schon fast bis zum Ende erklommen haben. Wer die Samen der Weisheit säen will, schaut aufrichtig auf sich selbst und versucht mit allen Kräften, seine Laster und Leidenschaften in Tugenden zu verwandeln.

Nun wäre es jedoch falsch zu denken, dass gerade zur Verwandlung der Laster in Tugenden keine Weisheit notwendig wäre. Auch wenn man noch kein weiser Mensch ist, ist es doch möglich, sich von der Weisheit leiten zu lassen. Es geht darum, die inneren und äußeren Quellen der Weisheit anzuzapfen. Dazu ist die richtige Geisteshaltung erforderlich. Neben Klugheit ist eine solche Haltung außerdem durch Wissbegierde, Freude am Lernen, Kreativität, geistige Offenheit und Demut gekennzeichnet. Das sind die sechs Samen der Weisheit. Natürlich gehört auch die Liebe dazu. Die Liebe ist immer dabei, bei allen Tugenden. Weisheit, die nicht das Gute liebt, ist keine wirkliche Weisheit, sondern bloße Sophisterei. Wir schauen also darauf, welche Samen wir säen können, um uns für die Weisheit zu öffnen:

- *Der erste Same: Wissbegierde.* Man könnte auch von einem Durst nach Wahrheit sprechen. Wissbegierige geben sich nicht mit dem zufrieden, was sie schon wissen oder was alle anderen glauben. Sie wollen die Wahrheit selbst entdecken, eigene Erfahrungen machen, das vorhandene Wissen vertiefen und das Wesen der Dinge kennenlernen, nicht lediglich deren Oberfläche. Neue Erfahrungen sind anziehend, denn sie erlauben es, sich selbst und die Welt von einer noch unbekannten Seite her kennenzulernen. Es geht hier nicht um bloße Neugierde zur Ablenkung aus Langeweile. Wer wissbegierig durch die Welt geht, hält staunend Augen und Ohren offen.
- *Der zweite Same: Freude am Lernen.* Die Wissbegierde findet ihre notwendige Ergänzung in der Freude daran, sich durch das Lernen verwandeln zu lassen. Wer alles wissen will, ohne selbst zu lernen, nimmt eine Abkürzung, die ins Tal der Dummheit führt statt auf den Gipfel der Weisheit. Wer sich freudig denjenigen Dingen widmet, die für ihn eine magische Anziehungskraft besitzen, und sich durch sie verwandeln lässt, wird feststellen, dass das Lernen immer weitergeht. Je mehr man lernt, desto mehr erkennt man, dass man noch viel zu wenig weiß.
- *Der dritte Same: Kreativität.* Die Kreativität sorgt dafür, dass wir nicht ausschließlich auf breiten Trampelpfaden dahinschlendern, sondern ab und zu »einen Ausreißer wagen« und Neuland erkunden, selbst auf die Gefahr hin, dort in die Irre zu gehen. Man muss kein großer Künstler sein, um ein kreatives Leben zu führen. Auch scheinbar alltägliche Pro-

bleme erfordern oft kreative Lösungen. Wer kreativ ist, muss auch nicht unbedingt hochintelligent sein, sondern wagt es, durch unkonventionelle Herangehensweisen, geistige Flexibilität und mutiges Handeln seine Talente und Fähigkeiten für sich und andere nutzbar zu machen. Kreative Leistungen sind nicht nur neuartig und originell, sondern auch sinnvoll und nützlich. Kreativität ist nur möglich, wenn die Tätigkeit in sich selbst befriedigend ist, ohne dass man dafür weitere Belohnungen erhalten müsste.

- *Der vierte Same: geistige Offenheit.* Geistige Offenheit ist eine Art des Denkens und Erlebens, die auf Einseitigkeiten und fixe Prinzipien verzichtet. Sie bezieht jeweils alle Seiten einer Meinung, eines Problems oder einer bestimmten Erfahrung gleichermaßen ein, insbesondere auch jene Dinge, die neuartig und ungewohnt sind. Wer geistig offen ist, gibt keine voreiligen Urteile ab und verschließt sich nicht gegenüber andersgearteten Standpunkten. Geistig offene Menschen besitzen ein wirksames Heilmittel gegen Vorurteile und Verblendung, weil sie Glaubensinhalte nicht unhinterfragt übernehmen, nur weil sie von einer hochangesehenen Quelle stammen. Vielmehr sind sie stets bemüht, vorhandene Sichtweisen zu prüfen und unvoreingenommen mit verfügbaren Informationen zu vergleichen. Sie sind immer bereit, die eigene Identität zu erweitern und sich vom Leben dazu verführen zu lassen, in neue Bereiche des Erlebens und Verhaltens vorzustoßen.
- *Der fünfte Same: Demut.* Weshalb selbst hochintelligente Menschen nicht vor Dummheit geschützt sind, untersuchte der amerikanische Psychologe Robert Sternberg. Nach Sternberg lässt sich Dummheit auf drei weit verbreitete Denkfehler zurückführen: Allwissenheit (zu denken, dass man mehr weiß, als man tatsächlich weiß), Allmacht (zu denken, dass man alles, was man will, tun kann) und Unverletzbarkeit (zu denken, dass man damit durchkommt). Demut schützt vor diesen Selbstüberschätzungen. Ein demütiger Mensch ist sich seiner eigenen Grenzen bewusst und läuft nicht Gefahr, sich für größer und wichtiger zu halten, als er eigentlich ist. Er weiß, was er kann und was er nicht

kann. Es ist letztlich nur die Demut, die aus Fanatismus, Verblendung und Wahn befreit.

- *Der sechste Same: Klugheit.* Wie wir gesehen haben, verhilft die Klugheit in allen Dingen zum rechten Maß. Sie sorgt dafür, dass wir unsere Ziele stets auf die Wirklichkeit ausrichten und wohlüberlegt diejenigen Mittel und Wege wählen, die auf die beste Weise zu den Zielen hinführen. Statt unvernünftig den augenblicklichen Launen der Leidenschaft zu folgen oder sich in eine illusionäre Wunschwelt zurückzuziehen, besitzt ein kluger Mensch ausreichenden Realitätssinn und geistigen Durchblick, um die richtigen Überlegungen, Urteile und Beschlüsse vorzunehmen.

Wer die Samen der Wissbegierde, der Freude am Lernen, der Kreativität, der geistigen Offenheit, der Demut und der Klugheit sät, schafft hervorragende Bedingungen, um die Weisheit heranwachsen und sich von ihr inspirieren zu lassen. Solches Tun erlöst aus Unvernunft und Verblendung, aus Dummheit und Nachlässigkeit sowie aus bloßer Besserwisserei. Besonders im höheren Lebensalter wird sich zeigen, ob man sich darum bemüht hat, die Weisheit zu pflegen, oder ob man, unvernünftig und dumm, stets nur den eigenen unmittelbaren Vorteil oder Genuss im Sinn hatte. Gegen Ende des Lebens werden die Herausforderungen, die das Schicksal stellt, zunehmend existenziell. Ein »kluger Kopf«, dessen Klugheit jedoch nur diejenige des Fleisches ist oder sich in den Dienst irgendeines bestimmten Geschäfts stellt, verfügt dann nicht über ausreichende Ressourcen, um ein Gefühl der persönlichen Integrität und Erfüllung zu entwickeln; vielmehr steht er verzweifelt vor der Erkenntnis, dass ihm die Kräfte versagen, sodass er seiner gewohnten Lebensweise nicht mehr nachzugehen vermag.

2. Von der Falschheit zur Wahrhaftigkeit

»Das größte und mehrste Elend der Menschen beruht mehr auf dem Unrecht der Menschen als auf dem Unglück«, stellte Kant in seiner *Vorlesung über Ethik* fest. Neben dem natürlichen Unglück, das uns gelegentlich durch den Verlust geliebter Menschen, Naturkatastrophen sowie durch unsere eigene körperliche Verletzlichkeit heimsucht, gibt es noch eine andere Art des Unheils auf der Welt, das für einen großen Teil menschlichen Leidens verantwortlich ist, im Grunde aber vermeidbar wäre: das Unrecht, das Menschen einander zufügen. Wir wenden uns zunächst der Ungerechtigkeit im Allgemeinen zu, vor allem dem Unrecht, das entsteht, wenn die ausgleichende Gerechtigkeit verletzt wird. Anschließend beschäftigen wir uns mit einem besonderen Fall von Ungerechtigkeit, der auf einem falschen Gebrauch der im vorangehenden Kapitel beschriebenen intellektuellen Fähigkeiten beruht: mit der Falschheit in ihren zahlreichen Facetten, wozu etwa Lüge, Täuschung oder Arglist gehören.

Ungerechtigkeit

Ungerechtigkeit ist meistens die Folge einer bewussten und willentlichen Grenzüberschreitung, die jemandem etwas Gutes wegnimmt oder etwas Schlechtes zufügt, ohne dass diese Person es verdient hätte. Der Grund, weshalb es Ungerechtigkeit auf der Welt gibt, liegt darin, dass jene Menschen, die ein Unrecht begehen, zumindest zum Zeitpunkt ihrer Tat keine Gerechtigkeit wollen oder aber zu bequem sind, die Folgen ihrer Taten zu bedenken. Sie befinden sich dann entweder in einer Position von Macht und Stärke und bringen es nicht über sich, diesen

Vorteil ungenutzt verstreichen zu lassen, oder sie ersinnen mit falscher Klugheit Ziele und Wege, um die eigenen Laster auf Kosten anderer zu verwirklichen.

Es gibt allerdings auch eine harte, gnadenlose Gerechtigkeit, die den Namen Gerechtigkeit nicht verdient, sondern Ausdruck blinder Gesetzestreue oder eines kalten Vergeltungsglaubens ist. Eine solche Gerechtigkeit ohne Liebe ist nichts anderes als Grausamkeit. Weil das geschriebene Recht oft Gefahr läuft, dem einzelnen Menschen nicht gerecht zu werden, steht das Konzept der Billigkeit von alters her ergänzend neben der Strenge des Gesetzes. Durch Billigkeit können ungerechte Härten nach »strengem Recht« vermieden oder gemildert werden, indem die Gerechtigkeit an den jeweiligen Einzelfall angepasst wird.

Die Gerechtigkeit nimmt, ähnlich wie die Klugheit, eine den anderen Tugenden übergeordnete Stellung ein. Genau genommen sind sämtliche Laster in der einen oder anderen Weise ungerecht. So zeugen intellektuelle Beschränkung und Verblendung deshalb von Ungerechtigkeit, weil sie Urteile über andere Menschen enthalten, die unwahr sind und diesen Menschen nicht gerecht werden. Hochmut und Eitelkeit führen zu ungerechter Erniedrigung anderer. Neid und Eifersucht vergiften die Beziehung auf ungerechte Weise. Jähzorn und Grausamkeit verletzten die körperliche oder seelische Integrität der Opfer. Geiz und Habgier nehmen anderen Personen etwas weg oder enthalten ihnen etwas vor, auf das sie einen gerechtfertigten Anspruch besitzen. Bei der Wollust und Völlerei besteht zum Beispiel dann Ungerechtigkeit, wenn andere Menschen benutzt und belogen werden, um die eigene Lust zu befriedigen. Feigheit und Ängstlichkeit bringen zwar nicht aus sich selbst heraus Unrecht hervor, machen es aber unmöglich, dass die Gerechtigkeit durch Mut und Standhaftigkeit verteidigt oder wiederhergestellt werden kann. Und schließlich tragen auch Trübsinn und Gleichgültigkeit zur Ungerechtigkeit bei, weil das Unrecht resignativ hingenommen wird.

In einem Gemeinwesen herrscht nach Aristoteles dann Gerechtigkeit, wenn drei Grundverhältnisse richtig geordnet sind: erstens die Beziehungen der einzelnen Personen zueinander, zweitens die Beziehungen des sozialen Ganzen zu den einzelnen Personen, drittens die Beziehungen der einzelnen Personen zum sozialen Ganzen. Wenn die Beziehungen zwischen den Einzelnen ungerecht sind, dann ist die *ausgleichende* Gerechtigkeit verletzt; einzelne Mitglieder der Gemeinschaft nehmen anderen ungerechterweise ein Gut weg, enthalten ihnen ein Gut vor oder fügen ihnen etwas Ungutes zu. Sind die Beziehungen des sozialen Ganzen zum Einzelnen ungerecht, dann ist die *austeilende* Gerechtigkeit verletzt; der Staat fügt einzelnen Individuen ein Unrecht zu. Wenn die Beziehungen Einzelner zum Gemeinwesen ungerecht sind, dann ist die *gesetzliche* Gerechtigkeit verletzt; einzelne Personen halten sich am Gemeinwesen schadlos.

Am schlimmsten ist es, wenn die austeilende Gerechtigkeit verletzt wird, da das Gemeinwesen und deren Repräsentanten viel mehr Macht auf sich vereinigen als einzelne Individuen. Der Sinn einer organisierten Gemeinschaft, eines Staates, wird pervertiert, wenn die Herrschaft ungerecht ist, denn Macht und Herrschaft haben keinen anderen Sinn, als die Gerechtigkeit zu verwirklichen. Die austeilende Gerechtigkeit wird etwa aufgrund des Ansehens einer Person oder Parteilichkeit verletzt; dies geschieht, wenn Repräsentanten des Gemeinwesens, wie Richter oder Beamte, einzelnen Personen die ihnen geschuldeten Güter nicht gemäß der Sache zuteilen, sondern aufgrund bestimmter Merkmale, die nichts zur Sache tun, wie etwa Reichtum oder sozialer Status.

Was die ausgleichende Gerechtigkeit zwischen den Individuen betrifft, so führt Thomas von Aquin in seiner *Summa Theologica* eine Liste von Verhaltensweisen auf, die zeigt, dass nicht nur Mord und Diebstahl ungerecht sind, sondern auch subtilere Arten zwischenmenschlichen Verhaltens. So ist nach Thomas ungerecht, wer

- andere öffentlich beschimpft oder schmäht;
- heimlich den guten Ruf einer Person schädigt (Ehrabschneidung);
- durch Einflüsterungen auf das Zerwürfnis zwischen zwei befreundeten Personen hinwirkt (Ohrenbläserei);
- jemanden beschämt oder verspottet;
- jemanden verwünscht oder verflucht;

- die körperliche Unversehrtheit einer anderen Person schädigt, insbesondere Freiheitsberaubung und andere Arten der physischen Verletzung;
- andere bestiehlt oder beraubt;
- eine Leistung für eine deutlich überhöhte Gegenleistung anbietet und dabei eine Schwächesituation des Vertragspartners ausnützt (Wucher) oder wer mangelhafte Ware verkauft, ohne darauf hinzuweisen.

Die Motive für ungerechte Handlungen sind in den verschiedensten Lastern und Leidenschaften zu finden. So kann zum Beispiel ein Mord durch Habsucht oder Eifersucht motiviert sein.

Falschheit

Den intellektuellen Lastern, die im ersten Kapitel beschrieben wurden, fehlt es am Wissen um die Wahrheit. Daneben gibt es Laster, die ebenfalls auf einem unvernünftigen Gebrauch der Verstandeskräfte beruhen, bei denen man jedoch um die Wahrheit weiß, diese aber absichtlich verfälscht. Hierbei handelt es sich um Laster wie Lüge, Falschheit, Täuschung, Irreführung, Unehrlichkeit, Unlauterkeit, Betrug, Verschlagenheit, Verwegenheit, Hinterlist und Arglist. Sie stehen im direkten Gegensatz zur Tugend der Wahrhaftigkeit. Thomas von Aquin rechnet die Wahrhaftigkeit zu Recht der Tugend der Gerechtigkeit zu, denn Täuschung und Unehrlichkeit – die Gegenpole – stellen in erster Linie ein Versagen dabei dar, sich anderen Menschen sowie sich selbst gegenüber gerecht und aufrichtig zu verhalten. Aus diesem Grund gehören die Laster der Falschheit und Täuschung in dieses Kapitel, zusammen mit der Ungerechtigkeit.

Nicht jede ungerechte Handlung muss unaufrichtig oder hinterhältig sein, doch oftmals wird die Ungerechtigkeit von Falschheit begleitet. Eine Beschimpfung oder ein Raubüberfall sind nicht unaufrichtig, sondern spielen sich vor den Augen der Öffentlichkeit ab, was sie jedoch nicht weniger ungerecht macht. Bei Mord, Diebstahl oder Falschaussage dagegen bilden Lüge, Falschheit, Hinterhalt oder Verrat ein wesentliches Merkmal des vorliegenden Unrechts.

Doch was ist mit dem listigen Odysseus, der sich und seine Gefährten mit einer gekonnten Finte aus der Gewalt des Zyklopen befreite? Niemand käme auf die Idee, die Tugend des schlauen Odysseus infrage zu stellen. Und auch im spielerischen Wettkampf gelten Finten und Tücken oft als erlaubt.

Unsere Sympathie gilt dem hinterlistigen Igel, der den schnellen Hasen zu einem Wettrennen herausforderte, nachdem der Hase sich über die krummen Beine des Igels lustig gemacht hatte. Der Igel machte beim Start nur ein paar Schritte, hatte aber am anderen Ende der Ackerfurche seine ihm zum Verwechseln ähnlichsehende Frau platziert, die, als jeweils der siegesgewisse Hase heranraste, sich erhob und rief: »Ich bin schon da!« Dem Hasen war die Niederlage unbegreiflich. Er verlangte Revanche, brach beim 74. Rennen erschöpft zusammen und starb – Tod durch Täuschung und Hinterlist!

Wenn sich die »Wirklichkeit«, die uns jemand weismachen will, als falsch entpuppt und zudem für uns gegenüber der tatsächlichen Realität Nachteile aufweist, dann sind wir *ent*-täuscht. Offenbar hängt es aber stark von der Motivation der täuschenden Person ab, ob wir ihr Täuschungsmanöver als unmoralisch verurteilen oder nicht. Benutzt nämlich jemand eine Täuschung dazu, um sich aus einer Ungerechtigkeit zu befreien, dann ist die Täuschung moralisch erlaubt. Es gibt somit eine gerechte und eine ungerechte Täuschung.

Komplizierter wird es noch, wenn wir an Situationen denken, in denen wir eigentlich getäuscht werden möchten. »Findest du, dass mich dieses Kleid dick aussehen lässt?« In der Hoffnung, dass unsere Selbsttäuschungen von anderen bestätigt werden, stellen wir solche Fragen, auf die man eigentlich antworten müsste: »Soll ich höflich oder ehrlich sein?« Enttäuschungen sind oft nur deshalb möglich, weil wir uns gerne selbst täuschen und uns somit für allerlei Schmeichelei, Heuchelei und Betrug anfällig machen.

Das Laster der Täuschung besteht genau genommen aus zwei unterschiedlichen Varianten: einerseits der *nach außen* gerichteten Falschheit wie Heuchelei, Verlogenheit, List, Betrug und Verrat, andererseits der *nach innen* gerichteten Falschheit wie Unwahrhaftigkeit und Unaufrichtigkeit gegenüber sich selbst. In beiden Fällen wird der Wahrheit nicht Genüge getan. Im Gegensatz zur Dummheit wird bei der Täuschung die Wahrheit erkannt, jedoch absichtlich verdreht, vernebelt oder verleugnet. Manipulation und Täuschung können allerdings derart zur Gewohntheit und zur zweiten Natur werden, dass mit der Zeit das Bewusstsein für die Wahrheit verloren geht, sodass man tatsächlich an seine Lügen und Selbsttäuschungen zu glauben beginnt.

Die nach außen gerichtete Falschheit liegt nach Thomas dann vor, wenn »einer etwas anderes im Herzen hat, als er nach außen zeigt«. Das gilt zunächst für die Lüge. Diese wird seit alters her in drei Kategorien eingeteilt: dienliche Lüge (Notlüge), scherzhafte Lüge und Schaden bringende Lüge. Nicht alle Lügen sind gleichermaßen verwerflich. Es ist vor allem die Schaden bringende Lüge, die sich im besonderen Ausmaß der Liebe entgegenstellt, denn sie erkauft einen eigenen Vorteil zum Preis des Nachteils für andere. Allerdings sind auch die anderen beiden Arten der Lüge ungerecht, denn sie enthalten jemandem die Wahrheit vor, während man diese für sich selbst beansprucht. Gewohnheitsmäßiges Lügen, selbst wenn es sich um kleine Notlügen handelt, untergräbt längerfristig die eigene Klugheit; denn statt sich zu bemühen, auch in schwierigen Situationen der Wahrheit gemäß zu handeln, wird der Geist durch die Lüge vernebelt, bis dass man schließlich unfähig ist, die Wahrheit zu erkennen. In bestimmten Fällen kann es allerdings manchmal richtig sein zu lügen, zum Beispiel um sich oder andere vor ungerechter Verfolgung zu schützen.

Während die Lüge die Wahrheit durch die Sprache verfälscht, tut dies die Verstellung durch äußeres Tun, wobei Lüge und Verstellung oft gemeinsam auftreten. Eine besondere Form der Verstellung ist die Heuchelei. Jede Tugend lässt sich nur vortäuschen und heucheln. Heuchelei ist nichts anderes als vorgetäuschte Gerechtigkeit und Wahrhaftigkeit. Indem wir nur so tun, als ob wir weise, demütig, friedfertig, großzügig, freundlich, ausgeglichen, mutig und fleißig wären, in Wirklichkeit aber dumm, hochmütig, jähzornig, geizig, neidisch, genusssüchtig, feige und gleichgültig sind, täuschen wir nicht nur ein wahrhaftiges Leben vor, sondern begehen auch eine Ungerechtigkeit gegen andere, da unsere Heuchelei ihnen Fallen stellt. Falsche Gerechtigkeit und falsche Wahrhaftigkeit können sich in jede Tugend hineinschleichen und sie in ein Laster verwandeln.

Wenn der Anschein, ein frommer, gerechter, tugendhafter Mensch zu sein, wichtiger ist als das ernsthafte Bemühen, sich nicht mit einem lasterhaften Leben zufrieden zu geben, dann entsteht Scheinheiligkeit oder Bigotterie. Bigotte und Scheinheilige praktizieren eine engherzige Art der Frömmigkeit und zeigen einen übertriebenen, falschen Glaubenseifer. Das andächtig frömmelnde, in der genauen Ausübung religiöser Gebräuche eifrig bemühte Verhalten scheinheiliger Menschen erklärt sich aus ihrem zwanghaften Bemühen, nicht nur in den Augen anderer Menschen, sondern auch in den Augen ihres Gottes als fromm und sittenstreng zu gelten; denn sie fürchten nicht nur – wie die Spießer und Kleinbürger –, von der sozialen Gemeinschaft verachtet und ausgegrenzt zu werden, sondern auch, vor dem strengen Blick eines wachsamen Gottes zu versagen.

Das führt nun aber die Scheinheiligen in ein kaum zu lösendes Dilemma hinein: Weil sie nicht wirklich tugendhaft sind und ihre Tugenden nur heucheln, gleichzeitig aber von großer Angst erfüllt sind, den strengen Anforderungen ihres Gottes nicht zu genügen, spielen sie nicht nur ihren Mitmenschen, sondern auch ihrem Gott ein falsches Leben vor. Die Unaufrichtigkeit gegenüber Gott lässt dem Gewissen bigotter Menschen aber keine Ruhe, sondern führt zu noch stärkeren Anstrengungen, Gott, aller Welt und sich selbst weiszumachen, tatsächlich tugendhaft zu sein. Wenn dann jeweils die Laster doch durchbrechen, müssen diese entweder geleugnet und als Tugend ausgegeben werden (indem zum Beispiel Intoleranz und Fanatismus als Wahrheitsstreben und Begeisterung verkauft werden), oder es sind reuevolle öffentliche Bekenntnisse notwendig, zusammen mit dem feierlichen Versprechen, sich in Zukunft bessern zu wollen. Doch die rigiden Ansprüche machen natürlich eine Besserung unmöglich und spielen geradezu den Lastern in die Hände, die sich nun noch mächtiger aufbäumen.

Zur Verstellung gehört ebenso die Prahlerei, auch bekannt als Großtuerei, Wichtigtuerei, Aufschneiderei. Durch eine Überschreitung des Maßes steht sie im Gegensatz zur Wahrhaftigkeit. Kleine Erfolge werden aufgebauscht, um Gewöhnliches wird ein großer Rummel gemacht. Dieses Laster ist ein Kind des Hochmuts und der Eitelkeit. Es steht im Gegensatz zur Kleintuerei oder Selbstironie, bei der jemand gering von sich spricht, um das, was großartig an ihm ist, zu verbergen. Das ist oft ein angenehmer Charakterzug, kann jedoch auch eine versteckte Form der Prahlerei darstellen, zum Beispiel um sich demütiger und bescheidener zu geben, als man tatsächlich ist.

Bei der Schmeichelei verstellt man sich, um andere durch Worte oder Taten möglichst zu erfreuen und dadurch einen erhofften Vorteil für sich zu gewinnen. Für den Schriftsteller Gerhard Branstner ist Schmeichelei »Aggression auf Knien«. Statt jemanden gewaltsam dazu zu zwingen, mit dem Erwünschten herauszurücken, zum Beispiel einer Liebesnacht oder einer Beförderung, schmeichelt man der Person unterwürfig in der Hoffnung auf Erfolg. Andererseits ist das genaue Gegenteil der Schmeichelei, nämlich Unverträglichkeit oder Verdrießerei, bei der man aus Mangel an Freundschaft und Liebe einer Person offen widerspricht oder ihr die Wahrheit um die Ohren schlägt, auch nicht gerecht, denn die (angebliche) Wahrheit wird hier dazu benutzt, um jemanden zu erniedrigen, was großen Hochmut offenbart.

Eine üble Kategorie von Handlungen, die sich falscher und vorgetäuschter Wege bedienen, um ihre Zwecke zu erreichen, bilden die verschiedenen Varianten der Verschlagenheit, wozu Hinterlist, Arglist, Betrug und Verrat gehören. Die Hinterlist (auch Tücke oder Heimtücke) bezeichnet eine verborgene eigensüchtige Absicht, die sich meist erst im Nachhinein oder nur bei besonders scharfem Durchblick offenbart. Bei der Arglist als absichtliche Boshaftigkeit handelt es sich um eine besonders verwerfliche Form der Hinterlist. Gemäß geschriebenem Recht liegt sie als »arglistige Täuschung« dann vor, wenn jemand willentlich und wissentlich durch Vorspiegelung falscher Tatsachen zu einer Handlung oder dem Bekunden einer Absicht veranlasst wird. Wenn dadurch für den Getäuschten materieller Schaden entsteht, dann liegt ein Betrug vor. Betrügereien im weiteren Sinn können sich aber auch auf nichtmaterielle Zwecke beziehen, zum Beispiel um berufliche Vorteile oder persönliche Zuneigung zu erlangen.

Anders als offene Gewalt und ungezügelter Jähzorn versucht die Verschlagenheit die gewohnte Ordnung aufrechtzuerhalten. Indem man hinterlistig im Dunkeln operiert und heimlich Fallen stellt, besteht für das Opfer keine Möglichkeit, sich gegen bösartige Machenschaften aufzulehnen. Weil bei der arglistigen Täuschung die eigenen Absichten und Fähigkeiten verdunkelt werden, stellt die Verschlagenheit als Gegenmittel die bevorzugte Waffe der Unterlegenen dar: derjenigen, die bei einem offenen Kampf kaum Chancen auf Erfolg hätten.

Ehrliche Beziehungen zwischen Menschen sind ohne Vertrauen nicht möglich. Deshalb ist jegliche Art des Vertrauensbruches verwerflich, sofern nicht das Vertrauensverhältnis selbst eine Ungerechtigkeit gegenüber Dritten darstellt; dies ist etwa bei einem Treueid gegenüber einem verbrecherischen Regime der Fall. Beim Verrat wird die angenommene Loyalität in besonders schwerer Weise verletzt. Als Verschwörung gilt es, wenn sich mehrere Personen zur Durchführung eines selbstsüchtigen, verwerflichen Plans zum Schaden anderer verbünden. Oft treten Hinterlist, Betrug, Verrat und Verschwörung in ganz alltäglichen Situationen auf, zwischen Freunden, Liebespartnern, in der Berufswelt, in Freizeitvereinen als fiese kleine Spielchen, die nichts anderem als der Eigensucht dienen.

Gewiefte zwischenmenschliche Taktiker besitzen ein ganzes Arsenal an Methoden, um sich zu verstellen, zu täuschen und die Wahrheit zu ihren Gunsten zurechtzubiegen. Sie geben sich nicht nur als jemand anderes aus, als sie in Wirklichkeit sind, sondern geben auch falsche Absichten, Ziele, Motive, Gefühle und Wünsche vor. Geschickt versuchen sie herauszufinden, was das Gegenüber sich wünscht, sodass sie selbst wie ein perfekter Schlüssel ins »Schloss der Erwartungen« anderer passen. Manipulative Menschen täuschen Gefühle vor, wo keine Gefühle sind, und verbergen Gefühle, wenn diese als unvorteilhaft erscheinen könnten. Durch gezielte emotionale Dramatik wissen sie, heftige Gefühle beim Gegenüber hervorzurufen. Sie täuschen falsche Handlungen vor, die so nie stattgefunden haben, oder streiten Handlungen ab, die geschehen sind, von denen das Gegenüber aber enttäuscht wäre. Sie lassen sich auf Dinge ein, die nicht ihren wirklichen Interessen und Impulsen entsprechen, nur um den anderen auf eine falsche Fährte zu locken. Sie legen Fallen und lassen durch gekonnte Finten ihre Gegner ins Messer laufen.

In einer Gesellschaft, die von solcherlei Lüge und Betrug durchdrungen ist, ist jegliche soziale Sicherheit dahin. *Homo homini lupus.* Um diesen Zustand zu verhindern, stellt der Rechtsstaat gewisse Regeln auf, deren Verletzung sozial sanktioniert wird. Dazu gehören etwa die Straftatbestände des Betrugs, der Verleumdung oder der Falschaussage vor Gericht. Grundsätzlich sind im Rechtsstaat Lügen allerdings nicht strafbar, außer wenn öffentliche Urkunden gefälscht werden. Und so lügen und betrügen wir, was das Zeug hält. Kinder lernen schon früh, sich zu verstellen und geheime Bündnisse zu schmieden. Dann ist da das Reinlegen und Täuschen im Geschäftsleben und in der Politik, wofür sich niemand verantwortlich fühlen will, wenn das Ganze irgendwann auffliegt. In der Ehe und in intimen Beziehungen wird geschwindelt und vertuscht; man möchte schließlich nicht beim Seitensprung erwischt werden und dadurch womöglich die Beziehung gefährden. In den Medien geht es um die laute Schlagzeile und den großen Effekt. Da darf man es mit der Wahrheit und der Ausgewogenheit nicht allzu genau nehmen.

Trotz des großen Leids, das aus ungerechten Handlungen hervorgehen kann, darf man es andererseits mit der Gerechtigkeit und der Wahrhaftigkeit auch nicht übertreiben. Es ist nicht notwendig, zwanghaft auf jegliche Art der List zu verzichten, um aufrichtig zu leben. Entscheidend ist, ob die List der Gerechtigkeit und der Liebe dient oder ob sie lediglich den Eigennutz im Auge hat und dabei Nachteile für andere in Kauf nimmt oder gar beabsichtigt. So wie es eine Art falsche Klugheit gibt, die nur dem Eigennutz dient, so gibt es auch ein übertriebenes Gerechtigkeitsstreben und eine angestrengte Wahrhaftigkeit. Wer wie Kleists unglücklicher Held Michael Kohlhaas nicht akzeptieren will, dass die Welt unvollkommen ist und dass die Gerechtigkeit nicht erzwungen werden kann, der läuft Gefahr, zum Gerechtigkeitsfanatiker zu werden und gerade dadurch die Wirklichkeit aus den Augen zu verlieren. Um wahrhaft gerecht zu sein, ist es erforderlich, auf eine höhere Gerechtigkeit zu vertrauen. Um aufrichtig zu leben, darf man nicht jede kleine Lüge auf die Goldwaage legen und den Buchstaben höher bewerten als den Sinn.

Jeglicher Zweck, auf den sich die Verschlagenheit richtet, beruht nach Thomas von Aquin auf einer falschen Besorgtheit um die zeitlichen Güter und um die Zukunft, indem die ängstliche Sorge um materiellen Besitz den Blick für das Wesentliche, nämlich die uneigennützige Liebe, versperrt. Letztlich entspringt das Laster der Verschlagenheit nach Thomas der Habsucht, weil sich der Mensch lediglich auf die »Klugheit des Fleisches« beruft. Habsucht und Geiz sind einzig daran interessiert, ängstlich den eigenen Besitz und das eigene Selbst zu bestätigen, zu sichern und zu bewahren.

Wer sich auf Täuschung, Hinterlist und Betrug einlässt, lädt Schuld auf sich und schneidet sich selbst von der Wahrheit und Wirklichkeit ab. Die Folgen von Falschheit und Hinterlist sind für das eigene Selbst sogar noch gravierender als für die vom Betrug betroffenen Menschen. Diesen wird zwar unrechtmäßig etwas weggenommen, womit sie einen Verlust verkraften müssen, doch sie selbst bleiben unschuldig und erleiden keine Verdüsterung des Gewissens, außer sie lassen sich durch Wut und Rache zu ähnlichen oder schlimmeren Ungerechtigkeiten hinreißen. Man kann zwar weit kommen mit Lügen, man kann ein Vermögen darauf aufbauen oder sich in hohe Ämter und günstige Beziehungen hineinmanipulieren. Doch mit Falschheit und Hinterlist kann man nicht beim eigenen Selbst ankommen. Um die Achtung vor sich selbst zu bewahren, wenn man die

Unwahrheit sagt oder tut, ist es erforderlich, sich auch über das eigene Selbst zu täuschen, sich also selbst zu belügen.

Somit sind wir bei der zweiten Art der Falschheit und Täuschung angelangt, derjenigen, die sich nach innen richtet. Innere Unwahrhaftigkeit, Unaufrichtigkeit und Selbstbetrug sind oft die Ursachen von äußerer Verschlagenheit und Lüge, und umgekehrt führen Lüge und Betrug zu verstärkter Selbsttäuschung. Eine erfolgreiche Täuschung erfordert, dass man sich innerlich dem falschen Bild anpasst, das nach außen gezeigt wird. Je stärker jemand sich selbst davon überzeugt, dass er diesem falschen Bild tatsächlich entspricht, desto eher setzt er gegen außen noch eine Lüge drauf. So entfremden wir uns immer mehr von unserem wahren Selbst und betrügen uns und andere um die Möglichkeit, uns so zu sehen, wie wir wirklich sind. Einzelne Lügen können langsam, aber sicher zur großen Lebenslüge führen. Wir basteln an einem Bild, wie andere uns sehen sollen und an das wir selbst gerne glauben möchten.

Zur Selbsttäuschung gehören auch gewisse weit verbreitete Lügen, mit denen wir unserem Egoismus schmeicheln und den Lastern zuarbeiten, wie etwa, so zu leben, als ob wir niemals sterben würden, unseren wirklichen Wert mit unseren Leistungen zu verwechseln oder zu glauben, dass wir völlig autonome Handlungszentren seien.

Derlei Selbsttäuschung erfordert viel Anstrengung. Man muss hart daran arbeiten, um sich und andere davon zu überzeugen, dass das erwünschte Bild der Wahrheit entspricht. Das Ich-Ideal erfordert es, die Selbstdarstellung ständig sorgsam zu überwachen. Daraus resultieren Ängste, denn schließlich gibt es immer Möglichkeiten zu versagen. Außerdem führt Unehrlichkeit sich selbst gegenüber dazu, dass man ein Opfer der selbstgeschaffenen Illusionen wird. Ohne Argwohn lässt man sich auf Personen ein, die einen schamlos ausnützen. Ohne daran denken zu wollen, dass die Beweggründe anderer Menschen eigensüchtig sein könnten, lässt man sich durch seine Wünsche und Sehnsüchte täuschen und mag sich die schöne Traumwelt nicht durch Misstrauen verderben. Von ihren erlittenen Enttäuschungen und Verletzungen erholen sich gutgläubige Personen oft nur schwer. Denn statt dass sich ihr Blick für die Merkmale jener Menschen schärft, denen sie trauen dürfen, und jener, vor deren Lügenhaftigkeit sie auf der Hut sein sollten, erschrecken sie derart über die Verdorbenheit einstmals bewunderter Menschen, dass sie sich angewidert zurückziehen und fortan gar niemanden mehr in ihr Herz hineinlassen mögen.

Es ist natürlich ungerecht, allzu vertrauensselige Menschen auszunutzen. Trotzdem haftet andererseits der blinden Vertrauensseligkeit auch eine gewisse Lasterhaftigkeit an. Wenn es zum Ich-Ideal eines Menschen gehört, ohne zu überlegen blindlings an das Gute im anderen glauben zu müssen, dann finden solche Menschen, wenn sie enttäuscht und verletzt werden, nicht selten eine heimliche Befriedigung und Lust darin, dass sie sich in der Opferrolle bequem einrichten; dies geschieht im Wissen darum, dass sie selbst immer »gerecht« gewesen sind und sich nichts vorzuwerfen haben. Selbstgerechtigkeit ist aber nichts anderes als versteckter Hochmut und somit eine der vielen Masken der Ungerechtigkeit.

Exkurs: Über das Gewissen

Das der Ungerechtigkeit und Falschheit konträre Laster ist das Fehlen eines Gewissens, ein mangelhaft entwickeltes Gefühl für Gut und Böse, für Richtig und Falsch, Wahr und Unwahr. Ebenso wie für die Tiere »gut« und »böse« nichts anderes sind als das sozial Angemessene oder Unangemessene, gibt es einige Menschen, die nach demselben Prinzip funktionieren. Für sie ist es richtig, das zu tun, was Gesetz, Sitte und Gewohnheit vorschreiben, und falsch, was davon abweicht. Im Idealfall sind die Gewohnheiten und Gesetze gerecht, doch oft sind sie es nicht. Wenn die Machthaber Schurken sind und die Gesetze verbrecherisch, dann besitzt ein Mensch, dessen Gewissen sich nur nach den sozialen Gepflogenheiten richtet, keine Möglichkeit, gerecht zu handeln.

Im Grunde besteht kein wesentlicher Unterschied zwischen jenen Individuen, deren Gewissen nach dem Prinzip der sozialen Gepflogenheit funktioniert, und den sogenannten »Psychopathen«, die angeblich gar kein Gewissen besitzen. Das Gewissen eines Psychopathen richtet sich nach Nützlichkeitsregeln. Er beurteilt die Handlungen danach, ob sie seinem Egoismus dienlich sind oder nicht. In einer korrupten Gesellschaft, der es nur um Eigennutz geht, besteht folglich auch kein Unterschied mehr zwischen Psychopathen und braven, angepassten Bürgern. Ohne Gewissen, ohne ein »eingebautes«, untrügliches Gefühl für Gut und Böse, Recht und Unrecht, kann es keine Gerechtigkeit geben.

Unsere Auffassung vom Gewissen ist stark von Martin Luther und Sigmund Freud geprägt (vgl. Schwemmer, *Gewissen)*. Für Luther ist das Gewissen ein Ort stärkster Affekte und Leidenschaften. Er erlebte in seinem Gewissen den »Zorn Gottes« über die Sündhaftigkeit und Schuldverfallenheit des Menschen. Auch bei Freud ist das Gewissen vor allem dazu da, Angst und Schuld einzuflößen, wenn internalisierte sittliche Gebote im Widerspruch zu unbewussten sexuellen Wünschen stehen. Im Gegensatz zu Luther ist das Gewissen (»Über-Ich«) bei Freud jedoch nicht Ausdruck göttlichen Wirkens, sondern der im Lauf der Erziehung verinnerlichten Autorität von Eltern und Gemeinschaft. Mit Luther und Freud wurden Gewissensbisse zum wesentlichen Merkmal des Gewissens erhoben.

Ursprünglich hatte das Gewissen allerdings eine viel breitere Bedeutung. Der Gewissensbegriff ist bereits im *Daimonion* der griechischen Antike angelegt. Damit wurde eine Art persönlicher Schutzgeist bezeichnet, der als Teil des Ichs über den Menschen und dessen Schicksal wacht. Sokrates erlebte sein *Daimonion* als eine innere Stimme göttlichen Ursprungs, die ihn in entscheidenden Augenblicken warnte und ihn von der Ausführung gefährlicher Handlungen abhielt. Damit ist das *Daimonion* eine Art Ergänzung zum *Logos,* der die Erkenntnis der Wahrheit ermöglicht und die Falschheit durchschaut, aber zu keiner bestimmten Handlung rät. Sokrates schätzte sein *Daimonion* so hoch ein, dass er ihm auch gehorchte, wenn er der rationalen Einsicht, dem Logos, widersprach. Thomas von Aquin erkannte im Gewissen zwei Aspekte, eine Gewissensanlage *(synteresis)* und den konkreten Gewissensakt *(conscientia)*. Die Gewissensanlage entspringt der Vernunft und stellt eine Art Ur-Bewusstsein für allgemeine sittliche Wahrheiten dar. Sie entspricht dem »Seelenfünklein« der christlichen Mystiker und ermöglicht es, das Böse abzuweisen und sich dem Guten zuzuwenden. Beim konkreten Gewissensakt verschmilzt die Gewissensanlage mit den von außen herangeführten Normen und Erfahrungen zu einem moralischen Urteil.

Im Gegensatz zu Freud verengte C.G. Jung das Gewissen nicht auf Schuldgefühle, sondern unterschied zwischen einem sittlich-moralischen und einem ethischen Gewissen. Das sittlich-moralische Gewissen richtet sich nach den verinnerlichten tradierten Glaubenssätzen der Gemeinschaft. Das ethische Gewissen wird dann erlebbar, wenn verschiedene moralische Forderungen gleichberechtigt nebeneinanderstehen und beim Individuum zu einem moralischen Dilemma führen, weil die einzelnen Normen ganz unterschiedliche Handlungen zur Folge haben. Dadurch entsteht eine Diskrepanz zwischen konventioneller Moral und dem Gewissen; Sitte und Gewohnheit können keine befriedigende Antwort mehr geben. In diesem Fall kann nur das ethische Gewissen weiterhelfen, das zu einem neuartigen, individuell begründeten Urteil führt und damit möglicherweise im Widerspruch zu den sozialen Gepflogenheiten steht. Dabei wird die Stimme des ethischen Gewissens, das sich auch gegen die traditionelle Moral durchzusetzen weiß, manchmal als derart mächtig erlebt, dass Jung von einer *Vox Dei*, einer »Gottesstimme«, spricht.

Damit das Gewissen richtig funktioniert, ist es notwendig, zusätzlich zu den verinnerlichten sozialen Geboten und Verboten auf die »innere Stimme« zu hören, eine Art grundlegendes Bewusstsein für Gut und Böse. Erst dieses Bewusstsein ermöglicht es, gerechte von ungerechten Handlungen zu unterscheiden. Ein »schlechtes Gewissen« gegenüber jemandem ist nicht immer der richtige Ratgeber für gerechtes Handeln, denn Gewissensbisse können auch dann auftreten, wenn sich jemand übermäßig stark mit der traditionellen sittlichen Moral und den internalisierten elterlichen Stimmen identifiziert, ohne auf die innere Stimme des ethischen Gewissens zu hören. Andererseits sind Gewissensbisse manchmal ein wichtiger Hinweise darauf, dass eine Gesinnungsänderung notwendig ist, wenn sich nämlich das ethische Gewissen zu Wort meldet.

Gerechtigkeit

Das Unrecht lässt sich weder durch zwanghaftes Befolgen von Gesetz und Sitte (denn diese können ungerecht sein) noch durch Vorheucheln eines untadeligen moralischen Lebensstils aus der Welt schaffen. Das einzige Heilmittel gegen die zahlreichen Varianten des Unrechts und der Falschheit sind Gerechtigkeit und Wahrhaftigkeit. Gerechtigkeit stellt eine Art übergeordnete Tugend dar, zu der verschiedene weitere Tugenden gehören.

Wohl keine der Kardinaltugenden hat in der Geistesgeschichte derart starke Aufmerksamkeit erhalten wie die Gerechtigkeit. Für Aristoteles ist die Gerechtigkeit »die vornehmste der Tugenden, und weder der Abendstern noch der Morgenstern sind derart wunderbar«. Eine wesentliche Voraussetzung für Gerechtigkeit ist die Überzeugung, das gesellschaftliche Zusammenleben unter den Menschen sollte nicht von einem willkürlichen Standpunkt ausgehen. Demgegenüber vertrat etwa Machiavelli die Meinung, ein Machthaber dürfe sich nicht durch moralische Gerechtigkeit einschränken lassen. Vielmehr handle es sich bei der »Tugend« eines Fürsten um die Kraft, aus seinen eigenen souveränen Bedürfnissen und Erfordernissen heraus zu handeln, damit das wankelmütige Schicksal möglichst zu seinen Gunsten beeinflusst werden könne. Eine solche Vorstellung von Tugend ist mit der Gerechtigkeit nicht zu vereinbaren, denn diese verträgt keine Willkür.

Die Gerechtigkeit erfordert es, dass der Mensch nicht einzig nach seinen eigenen Bedürfnissen handelt, sondern sich stets bewusst ist, dass jedes Geschöpf bestimmte Rechte besitzt, die eingehalten werden sollten. Gerechtigkeit ist somit etwas Zweites, dem als ein Erstes das Recht als etwas, das einem Individuum zusteht, vorausgeht. Die berühmte, auf die Rechtssammlung des römischen Kaisers Justinian I. zurückgehende Gerechtigkeitsformel »Jedem das Seine« bedeutet nichts anderes, als dass es bei der Gerechtigkeit um die Herstellung oder Erhaltung von Zuständen geht, auf die ein Anspruch besteht.

Die Gerechtigkeit ist jedoch nicht nur eine Idee, sondern auch eine innere Haltung oder Tugend, für die gelegentlich auch der Begriff Rechtschaffenheit verwendet wird. Nach Platons Verständnis ist es die Aufgabe der Gerechtigkeit, die drei Seelenteile des Menschen (Vernunft, Gemüt und Begehren) in ein richtiges Verhältnis zueinander zu ordnen. Aristoteles betonte dagegen, dass Gerechtigkeit stets in Bezug auf andere zu denken sei. Für beide bildete sie die oberste Tugend und die wichtigste Voraussetzung für ein glückliches Leben.

Tatsächlich bleiben jedoch beide Vorstellungen der Gerechtigkeit – die platonische als ordnende und ausgleichende Charaktereigenschaft wie auch die aristotelische Gerechtigkeit als auf das zwischenmenschliche Handeln bezogene Tugend – ohne einander unvollständig. Wer etwa rein aus dem triebhaften Begehren heraus lebt, dem wird es schwerfallen, im gesellschaftlichen Zusammenleben gerecht zu sein. Gerechtes Handeln ist nur möglich, wenn die psychische Struktur des handelnden Individuums harmonisch geordnet ist. Ein rechtschaffener Mensch ist deshalb in der Lage, gerecht zu handeln, weil seine Vernunft, sein Gefühlsleben und seine Triebe in wohlgeordneter Weise aufeinander bezogen sind.

Gerechtigkeit im sozialen Sinne bedeutet, jemandem etwas zu schulden und diese Schuldigkeit zu leisten. Als eine Charaktertugend ist für Thomas von Aquin Gerechtigkeit »der fortwährende und beständige Wille, jedem sein Recht zuzuteilen«. Wer einem anderen das ihm Zustehende vorenthält oder raubt, verwundet nicht nur sein Opfer, sondern auch sich selbst, denn Gerechtigkeit ist mit dem Richtigsein des Menschen untrennbar verbunden.

Weil die Gerechtigkeit eine sehr allgemeine, weit gefasste Tugend darstellt, ist es sinnvoll, genauer zu bestimmen, welche spezifischeren Tugenden auf die Gerechtigkeit bezogen sind. Thomas unterscheidet neun verschiedene Folgetugenden der Gerechtigkeit.

- Zunächst ist da die *Gottverbundenheit* oder *Religion.* Damit ist jene Tugend gemeint, durch die Gott (oder den Göttern) Gerechtigkeit und Ehre erwiesen wird. Sie verhilft dazu, »sich selbst freizuhalten vom Schmutz dieser Welt« und gegenüber Bedürftigen gütig und barmherzig zu sein. Neben äußeren religiösen Handlungen (z. B. Spenden oder

Gelübden) gehören für Thomas vor allem die Andacht und das Gebet als inneres Wirkgeschehen zur Gottverbundenheit. Häufige Folgen der Andacht sind Freude und Heiterkeit.

- Nach Gott als erster Ursache unseres Seins stehen wir an zweiter Stelle in der Schuld von Eltern und Vaterland. In diese sogenannte *Blutspflichtverbundenheit (pietas)* eingeschlossen sind alle Verwandten und Mitbürger. Hier legt die Liebe ein Bekenntnis gegenüber denjenigen Menschen ab, ohne die das meiste in unserem Leben nicht möglich wäre. Die Verehrung von Eltern und Gemeinschaft sollte nach Thomas nur dann aufgegeben werden, wenn dadurch der Dienst an Gott unmöglich gemacht wird.
- Auch Personen, die ein würdevolles Amt ausüben, wird eine gewisse *Ehrfürchtigkeit* geschuldet. Zu dieser gehört auch die Bereitschaft zur Ergebenheit und zum Gehorsam gegenüber »Höhergestellten« und dem Staat. Ist die Herrschaft jedoch ungerecht, so besteht nach Thomas keine Pflicht zum Gehorsam.
- Durch die Tugend der *Dankbarkeit* vergelten wir unseren Wohltätern die Wohltat. Dabei ist es nach Thomas angemessen, dass die Vergeltung der empfangenen Wohltat nicht bloß gleichkommt, sondern sie übertrifft. Wer allerdings von anderen Dankbarkeit einfordert, ist meist ungerecht.
- Hat jemand eine Ungerechtigkeit begangen, so ist es sinnvoll, dass diese durch entsprechende Strafen vergolten wird, die auf eine Besserung des Übeltäters ausgerichtet sind oder wenigstens auf eine Verhinderung zukünftigen Unrechts. Thomas bezeichnet diesen Schutz des Rechts als *Rechtschirmung*. Strafe darf niemals grausam oder rachsüchtig sein. Wer andere aus Hassgefühlen oder Verachtung heraus bestrafen möchte, schützt nicht das Recht, sondern schafft neues Unrecht.
- Weiter gehört die *Wahrhaftigkeit* notwendigerweise zur Gerechtigkeit, denn ohne Wahrhaftigkeit breiten sich Lüge und Verstellung aus. Der Wahrhaftigkeit ist eine gewisse Schlichtheit und Einfachheit eigen, die sie von der Doppelzüngigkeit unterscheidet.

- Auch die *Freundlichkeit* oder *Liebenswürdigkeit* gehört zur Gerechtigkeit, denn ebenso wie der Mensch ohne Wahrhaftigkeit nicht in Gesellschaft leben kann, so auch nicht ohne Freude. Somit verlangt die Gerechtigkeit nach Thomas, dass man anderen Menschen gegenüber freundlich und liebenswürdig ist, außer wenn die Nächstenliebe gelegentlich eine heilsame Betrübung erfordern sollte, zum Beispiel wenn man einen Freund liebevoll auf einen Charakterfehler hinweist, den er durchaus nicht sehen will.
- Obschon Gerechtigkeit bedeutet, dem anderen das zu geben, was ihm gehört, ist nach Thomas auch die *Freigebigkeit* ein Teil der Gerechtigkeit, bei der jemandem etwas gegeben wird, das ihm nicht gehört und worauf er kein Anrecht hat. Die Freigebigkeit geschieht nicht ausschließlich aus Freundschaft, sondern kann auch Unbekannten gelten. Sie ist Ausdruck einer Haltung, die Geld und materiellen Besitz nicht begehrt, womit sie im Gegensatz zu Habgier und Verschwendung steht, zwei Lastern, die zu den häufigsten Ursachen von Ungerechtigkeit gehören.
- Schließlich bildet die *Billigkeit* einen Teil der Gerechtigkeit. Weil es nicht möglich ist, irgendein Gesetz aufzustellen, das in gar keinem Fall versagen kann, erfordert die Gerechtigkeit, dass das Gesetz jeweils an den wechselnden Einzelfall angepasst wird. Schon im *Codex Iustinianus* steht deshalb geschrieben: »Zweifellos vergeht sich am Gesetz, wer sich an die Gesetzesworte hält und dem Willen des Gesetzgebers zuwider verfährt.«

Es läuft dem aktuellen Zeitgeist zuwider, wenn Religion und Ehrfurcht als unabdingbare Bestandteile der Gerechtigkeit angesehen werden. Heute wird Gerechtigkeit eher mit gesellschaftlicher Solidarität und *Fairness* zwischen gleichberechtigten Individuen in Verbindung gebracht. Die Vorstellung, dass die menschliche Gemeinschaft nur dann gerecht sein kann, wenn die Reichen die Ärmeren an ihrem Reichtum Anteil haben lassen, findet sich auch bei Thomas in der Forderung nach Freigebigkeit. Eine Kultur, die den Besitz und das Geld derart liebt, dass sie einerseits immer mehr davon haben will, andererseits die materiellen Schätze verschwendet, kann nicht gerecht sein. Doch Gerechtigkeit beschränkt sich nicht auf materiellen Ausgleich. Gerechtigkeit stellt die rechtmäßigen Verhältnisse her. Weil das einzelne Individuum für sich allein fast nichts vermag, weil es zu seinem Wachstum, Leben und Wohlergehen in hohem Maße andere Menschen benötigt, handelt es sich bei der Ehrfürchtigkeit und »Blutspflichtverbundenheit« nicht um »alte Zöpfe«, sondern um ganz wesentliche Bedingungen für gerechte zwischenmenschliche Verhältnisse.

Den Eltern verdanken wir nicht nur unser Leben, sondern unendlich viel mehr: emotionale und materielle Zuwendung und Unterstützung, die niemals angemessen »zurückgezahlt« werden kann, Interesse, Förderung, Ermutigung und – im besten Fall – bedingungslose Liebe. Selbst wer unter Rabeneltern aufwächst, schuldet ihnen die Existenz und meistens auch das materielle Überleben. Ohne die Gemeinschaft der Mitbürger und ohne einen funktionierenden Staat wäre vieles im Leben nicht möglich, etwa Schule und Ausbildung, Sicherheit, Freiheit und Wohlstand. Dabei kommt Personen in Leitungsfunktionen besondere Bedeutung zu, denn sie tragen eine größere Verantwortung. All diesen Menschen gegenüber steht jedes einzelne Individuum in der Schuld. Aus diesem Grund ist es nichts anderes als gerecht, ihnen die gebührende Anerkennung und Wertschätzung zu erweisen.

Unter der sogenannten »Blutspflichtverbundenheit« ist allerdings nicht eine Pflicht zu verstehen, dem Vaterland oder der Regierung bedingungslosen Gehorsam »bis aufs Blut« zu leisten. Eine solche, insbesondere im Nationalsozialismus vertretene Sichtweise stellt eine schreckliche Verdrehung der *pietas* dar. Der Begriff bezieht sich auf die Erbschaftslinie innerhalb der Familie und der größeren Gemeinschaft. Darin eingeschlosen sind auch die Vorfahren, die zum Glück der gegenwärtig Lebenden beigetragen haben. Deshalb ist »kindliche Pietät« (Konfuzius) auch ihnen gegenüber gerechtfertigt. Wenn allerdings Eltern gegenüber ihren Kindern ungerecht sind oder wenn der Staat von Schurken regiert wird, dann sind keine falsche Dankbarkeit und kein blinder Gehorsam erforderlich. Die Gerechtigkeit hängt von den wahren und wirklichen Verhältnissen ab. Auch Eltern, Verwandte und das Vaterland können Schuld auf sich laden.

Wenn es nun als gerecht erscheint, insbesondere die Eltern zu ehren und ihnen in Dankbarkeit verbunden zu sein, so ist es noch naheliegender, »Gott« gegenüber dankbar ergeben zu sein als Ursache und Urgrund des gesamten Seins, ohne das nicht nur wir selbst nicht wären, sondern ohne das überhaupt nichts wäre. Während die Eltern sich lediglich der natürlichen Gegebenheiten bedienen, die sie in der Welt vorfinden, hat »Gott« diese Gegebenheiten geschaffen und zur Verfügung gestellt. Von der kleinsten Zelle unseres Körpers bis hin zu den höchsten Seelenkräften gibt es absolut nichts, das wir aus uns selbst heraus vermögen. Diejenigen Dinge, die wir uns gerne als unser eigenes Verdienst anrechnen, wie etwa gewisse Einsichten, Leistungen oder Besitztümer, wären niemals möglich, könnten wir nicht ganz selbstverständlich auf all die Dinge zurückgreifen, die uns als Geschenk von einer unbekannten Quelle verliehen worden sind: auf unseren Körper, den Verstand, den freien Willen, unsere Lebenskräfte, die Luft zum Atmen und vieles mehr.

Man kann nun zwar glauben, diese Voraussetzungen für unser Dasein, wie Körper und Bewusstsein, seien nichts als blinde Produkte der Natur, der gegenüber in der Schuld zu stehen eine Absurdität wäre. Doch wie es möglich sein soll, dass die Natur aus dem unbelebten Nichts heraus all die unendlich komplizierten materiellen und psychischen Phänomene hervorbringt, zu denen beispielsweise auch das Gewissen gehört, ohne dass dabei ein irgendwie geartetes universelles Bewusstsein beteiligt ist, bleibt kaum erklärbar. Außerdem führt ausgerechnet ein Leben, das dem Dienst und der Anbetung Gottes gewidmet ist, zur Freude und Heiterkeit. Weshalb sollte eine blinde, unbeseelte Natur den Menschen derart einrichten, dass er gerade durch die Hingabe an etwas bloß Eingebildetes tiefe Erfüllung erlangte? Weil »Gott« aber nicht auf die gleiche Weise zugänglich ist wie zum Beispiel Eltern und Verwandte, ist die Hinwendung zur Spiritualität ein geheimnisvolleres Unterfangen als kindliche Pietät oder Dankbarkeit gegenüber Wohltätern. Sie scheitert meist schon daran, dass man heute fälschlicherweise meint, die Religion führe weg von einem erfüllten Leben in der Gegenwart.

Wie besonders der Psychoanalytiker Alfred Adler hervorhob, ist die psychische Gesundheit des Menschen aufs Engste mit der Erkenntnis verbunden, dass wir Teil eines größeren sozialen Ganzen sind. Wenn das »Gemeinschaftsgefühl« im Argen liegt, dann entstehen alle möglichen Störungen. Leider wählt man oft lieber den Weg über Gerichtsprozesse und Anwälte, um möglichst nicht »schuldig gesprochen« zu werden, statt anderen gegenüber die eigene Ungerechtigkeit anzusprechen und dafür um Verzeihung zu bitten. Weil man den Hochmut und die kurzfristige Lust dem längerfristigen Seelenfrieden vorzieht, ist das Bewusstsein, wie wichtig die Anerkennung von Schuld und die Wiedergutmachung sind, nicht immer vorhanden. »Da nun aber die Wahrung der Gerechtigkeit notwendig zum Heile ist«, wie Thomas schreibt, »so folgt, dass in der Notwendigkeit des Heils liegt, das wiederzuerstatten, was einem ungerecht weggenommen ist.«

Um eine gerechte Gesellschaft zu verwirklichen, reicht es nicht aus, das Recht zu schützen und im Einzelfall nach Maßgabe der Billigkeit zu urteilen. Vielmehr braucht es ein aufrichtiges Bemühen jedes Einzelnen, dankbar und ergeben gegenüber allen zu sein, denen wir etwas schulden, sich stets gegenüber seinen Mitmenschen wie auch gegenüber sich selbst um Wahrhaftigkeit zu bemühen, freigebig mit dem eigenen materiellen Besitz umzugehen sowie im Umgang freundlich und liebenswürdig zu sein. Es scheint, dass wir noch einen weiten Weg zurückzulegen haben.

Wahrhaftigkeit

Wahrhaftigkeit ist zwar nicht die einzige Tugend, die gerechtes Handeln ermöglicht, aber sie ist eine der wichtigsten. Wie wir gesehen haben, gibt es eine nach außen gerichtete Falschheit (z. B. Lüge, Betrug) und eine nach innen gerichtete Falschheit im Sinne der Unwahrhaftigkeit gegenüber sich selbst. Die Überwindung der Falschheit erfordert somit zwei verschiedene Arten von Tugenden: Ehrlichkeit und Aufrichtigkeit gegenüber anderen sowie Echtheit und Wahrhaftigkeit sich selbst gegenüber.

Die *Ehrlichkeit* achtet die Ehre anderer und ist zugleich Ausdruck der eigenen Ehre. Ein ehrenvoller Mensch greift nicht zu Lüge und Betrug, sondern vertraut darauf, dass auch das Gegenüber »ehr-würdig« ist. Deshalb sind List und Falschheit im zwischenmenschlichen Verkehr überflüssig und hinderlich, weil sie eine vertrauensvolle Beziehung verhindern oder beschädigen. *Aufrichtigkeit* gegenüber anderen ist das Gegenteil von Verlogenheit, Heuchelei und Nachgiebigkeit. Sie bleibt stets der Wahrheit treu, auch wenn diese unbequem ist oder zu persönlichen Nachteilen führt, etwa wenn das Gegenüber lieber seine eigene Meinung bestätigt findet, als ehrlichen Rat zu erhalten. Der größte Feind der Aufrichtigkeit ist die Angst vor Missbilligung.

Ein Mensch, der sich selbst nichts vormacht, zeichnet sich durch *Echtheit* und *Offenheit* aus. Der äußere Ausdruck entspricht dem inneren Sein. Nur eine große, in sich selbst vertrauende Seele ist zu solcher Authentizität fähig. Innere *Wahrhaftigkeit* ist das Ergebnis einer bewussten Anstrengung, in jeder Situation mutig die wirkliche Substanz über die bloße Erscheinung zu stellen. Diese Tugend charakterisiert Otto Friedrich Bollnow *(Wesen und Wandel der Tugenden)* als »die einem Widerstand abgenötigte Durchsichtigkeit eines Menschen für sich selbst«. Ein wahrhafter Mensch kann nicht lügen, weil er nicht irgendetwas anderes sein kann, als er ist. Er gründet in der Tiefe dessen, was er wirklich ist. Das erfordert, der ständigen ich-bezogenen Aktivität des Bewusstseins mit ihren Bewertungen einen Riegel vorzuschieben und alle Erfahrungen achtsam zuzulassen, mit einem offenen Geist, der keine Stellung bezieht. Dadurch wurzeln wir immer tiefer in unserem wirklichen Wesen.

Die Fähigkeit zur Echtheit bedeutet zwar, dass alles, was äußerlich gezeigt wird, dem wirklichen inneren Erleben entspricht. Umgekehrt bedeutet authentisch zu leben jedoch nicht, dass man alles, was man innerlich erlebt, ungefiltert nach außen kommuniziert. Wer etwa Wut und Ärger ungehindert ausdrückt, sobald diese Gefühle aufsteigen, mag zwar ein offenes Buch für seine Mitmenschen sein, ist aber weder besonders gerecht noch liebenswürdig. Echt sein bedeutet zunächst nur, dass man sich seiner ärgerlichen Gefühle bewusst ist und diese akzeptiert, ohne dass unbedingt die Notwendigkeit besteht, gleich entsprechend zu handeln. Diejenige Handlung, für die man sich schließlich nach vernünftiger Überlegung entscheidet, entspricht der erlebten Wirklichkeit. Eine authentische Person wird nicht so tun, als sei sie zufrieden und entspannt, wenn sie vor Ärger beinahe platzt. Aber sie wird ihren Ärger auf angemessene Weise ausdrücken, höflich, deutlich, ohne ungerecht zu sein.

Menschen, die eine hohe persönliche Integrität besitzen, richten ihre Handlungen an grundlegenden Werten aus, stehen fest zu ihren Überzeugungen, auch wenn es unbequem ist, behandeln andere mit Respekt und halten sich selbst von Heuchelei, Verstellung oder Lüge fern. In ihrem Leben lässt sich durch unterschiedliche Situationen hindurch eine Art roter Faden erkennen. Diese Menschen setzen sich für andere und für ihre Ideale ein. Sie besitzen Charakter und Zivilcourage.

Zur Entwicklung von Integrität ist es unerlässlich, die eigenen Gedanken, Gefühle, Wünsche, Worte und Handlungen achtsam zu beobachten, damit wir nicht uns selbst oder anderen etwas vormachen. Wer sich darin übt, gegenüber sich selbst jederzeit wahrhaftig zu sein, dem wird auch »rechtes Reden« und »rechtes Handeln« leichter fallen. Diese zwei Forderungen gehören zum Edlen Achtfachen Pfad des Buddhismus (vgl. Dalai Lama, *Die vier edlen Wahrheiten).* Rechte Rede meidet Lüge, Verleumdung, Beleidigung und Geschwätz. Sie ist heilsam statt unheilsam, nützlich statt unnütz, wahr statt falsch. Ein »Wort des guten Wandels« erfolgt nach buddhistischer Lehre zur rechten Zeit, ist wahr gesprochen, höflich, zweckmäßig und kommt aus liebevoller Gesinnung. Rechtes Handeln vermeidet Töten, Stehlen und sinnliche Ausschweifungen.

Wie alle Tugenden sind Gerechtigkeit und Wahrhaftigkeit nur dann verwirklicht, wenn sie zur Gewohnheit geworden sind. Die Entwicklung von rechter Rede und rechtem Handeln erfordert Ausdauer. Nur wer mit Verlässlichkeit und Beständigkeit gerecht ist, vermag ein Leben lang und unbeeinflusst durch äußere Hindernisse ein aufrichtiger Mensch zu sein. Erst diese Beständigkeit ermöglicht *Treue* in zwischenmenschlichen Beziehungen. Treue wird heute leider fast ausschließlich darauf reduziert, in Partnerschaften auf Seitensprünge zu verzichten. Doch Treue ist viel mehr als das. Ohne Treue ist keine längerfristige Beziehung möglich, die über eine bloße Zweckverbindung hinausgehen soll.

Treue bedeutet eine zuverlässige Beständigkeit in der persönlichen Verbindung zu einem anderen Menschen, wie dies besonders für Freundschaften, Ehe und Liebesbeziehungen, aber auch für Geschäftsbeziehungen sinnvoll ist. Erst sie ermöglicht eine persönliche Weiterentwicklung zwischen den Beziehungspartnern, denn ohne Treue besteht beständig die Gefahr, bei auftretenden Problemen die Beziehung abzubrechen. Dies mag zwar vorübergehend zu einer Erleichterung führen, verhindert aber längerfristig tiefe Beziehungen, persönliches Wachstum und Gerechtigkeit. Man sollte deshalb nicht leichtfertig Treue versprechen oder erwarten. Wenn man aber von einem treuevollen Verhältnis ausgeht, dann stellt es eine der größten Ungerechtigkeiten dar, dieses zu brechen.

3. Vom Hochmut zur Demut

»Es scheint«, schreibt La Rochefoucauld ironisch, »dass die Natur, welche die Organe unseres Körpers so weise zu unserem Glück eingerichtet hat, uns auch den Hochmut gegeben hat, um uns den Schmerz der Erkenntnis unserer Unvollkommenheit zu ersparen.« Hochmütige Menschen führen sich auf, als ob sie eine ganz besondere Behandlung verdienten, als ob sie »etwas Besseres« wären, weit erhaben über die breite Masse der Durchschnittlichen und Unscheinbaren. Solche Menschen spielen sich selbst und anderen ein grandioses Theater vor. Doch hinter der pompösen Kulisse verbirgt sich ein kleines Persönchen, das heimlich die Fäden zieht und nichts so sehr fürchtet, als dass das Publikum plötzlich sehen könnte, welch unbedeutender und gewöhnlicher Mensch da eigentlich vor ihm steht.

Hochmut und Stolz

Der Hochmut kommt in außerordentlich vielseitiger Gestalt daher und tummelt sich in den verschiedensten Lebensbereichen. Im akademischen Umfeld ist er ebenso zu Hause wie im Fitnessstudio, im Showbusiness ebenso wie in der Kirche, in großen Unternehmen ebenso wie in der kleinen Kneipe. Überall ähneln Hochmütige einander darin, dass sie sich mit anderen vergleichen und dabei den Schluss ziehen, hinsichtlich einer wichtigen Eigenschaft besser wegzukommen. Diese Eigenschaft kann Macht sein, Vermögen, gesellschaftlicher Glanz, Intelligenz, Anstand, Tugendhaftigkeit, Schönheit, Sex-Appeal, Beliebtheit, Verwegenheit, Körperkraft, ein bestimmtes Talent wie Singen oder Fußballspielen, beruflicher Einsatz oder sogar Nächstenliebe und Selbstlosigkeit.

Ursprünglich bezeichnete man mit *Hochmut* etwas ganz anderes, nämlich eine seelische Hochstimmung, auch als Seelengröße, Hochsinn oder Hochherzigkeit bekannt, die zusammen mit Anstand, Mäßigung, Ehre, Treue, Beständigkeit und Milde zu den am meisten geschätzten ritterlichen Idealen des Hochmittelalters zählte. Erst später wurde der Begriff mit der griechischen *hybris* und der lateinischen *superbia* bedeutungsgleich, einer charakterlichen Haltung, die Wert, Rang oder Fähigkeiten der eigenen Person übermäßig hoch veranschlagt und damit im Gegensatz zur Demut steht. Wir sprechen heute eher von *Arroganz, Überheblichkeit* oder *Anmaßung,* während früher *Hoffart* und *Dünkel* besonders gebräuchlich waren. Folge dieser Überbewertung des eigenen Seins oder Könnens ist eine soziale Distanzierung durch Rückgriff auf vielfältige Strategien. Macht sich der Hochmütige dabei auch noch lächerlich und lässt seine Unsicherheit durchscheinen, spricht man abwertend von einem »Schnösel«.

Anders als der Hochmütige kann sich der Stolze zwar durchaus auf wirkliche Vorzüge berufen, doch statt dass er sich dankbar darüber freut, benutzt er sie, um andere herabzusetzen, da auch er insgeheim fürchtet, nicht genügend Wert zu besitzen. Stolze Menschen halten sich selbst für zu großartig und erhaben, als dass ihr Wert durch die Anerkennung anderer, niedrigerer Individuen wachsen könnte. Sie sind deshalb nicht für Heuchelei und Schmeichelei anfällig und halten es für unter ihrer Würde, zu bitten, zu danken oder anzuerkennen. Sie geben sich vornehm, kalt und zurückweisend.

Ursprünglich besaß *stolz* die Bedeutung von »prächtig« oder »stattlich«. Auch heute noch gilt der Stolz im positiven Sinne als ein erhebendes Gefühl großer Zufriedenheit mit sich selbst und mit den eigenen Leistungen. Ohne diesen edlen, berechtigten Stolz ist keine gesunde Persönlichkeitsentwicklung möglich. Auch bei der *Selbstzufriedenheit* zeigt sich eine solche Doppelbedeutung: Es gibt Menschen, die zu Recht mit sich selbst zufrieden sind, ohne anmaßend zu sein, und es gibt die »Selbstzufriedenen«, die ihre wirklichen oder vermeintlichen Vorzüge dazu missbrauchen, sich über andere zu erheben.

Sowohl der Hochmut als auch der Stolz sind anmaßend, arrogant und überheblich. Im Falle des Hochmuts handelt es sich um eine unkluge Fehleinschätzung des eigenen Seins und Könnens, indem man sich besser, größer und fähiger wähnt, als man eigentlich ist. Beim Stolz werden zwar die eigenen Vorzüge richtig erkannt, doch sie werden auf unkluge und ungerechte Weise benutzt, um sich über andere zu erheben. Es ist allerdings oft schwer zu beurteilen, ob jemand zu Recht auf einen wirklichen Vorzug stolz ist oder ob er diesen nur hochmütig vorspielt.

Wenn sich die Laster der Arroganz auf bestimmte Tätigkeiten richten, dann kann es zur *Vermessenheit* kommen. Vermessenheit zeichnet sich durch eine falsche Einschätzung des eigenen Vermögens aus, ein bestimmtes Ziel zu erreichen, zum Beispiel einen schwierigen Wettkampf zu gewinnen oder die Zuneigung und Bewunderung eines besonders angesehenen Menschen zu erlangen. Die Hochmütigen sehen nicht ein, dass sie ein zu hoch gestecktes Ziel nicht erreichen können, sodass sie schließlich kläglich scheitern. Die Stolzen erreichen zwar oft ihre Ziele, doch in ihrer gnadenlosen Vermessenheit setzen sie die Latte immer höher, bis auch sie alles verlieren.

Seit alters her gilt der Hochmut als die schlimmste aller Sünden. Nach antikem Verständnis war *hybris* eine übermütige Auflehnung gegen die Götter und somit ein Frevel, der den gerechten Zorn der Götter nach sich zog, verkörpert durch die Rachegöttin Nemesis. Nach christlicher Lehre bildet die *superbia* den Ursprung aller Sünde, da die Sünde dem Wunsch nach einer einzigartigen Herausstellung und Vervollkommnung entspringt. Sie ist eine Anmaßung gegenüber Gott und beruht auf einer Verwechslung des Geschöpfs mit dem Schöpfer. Für Augustinus ist der Hochmut »die Begehr nach verkehrter Hoheit«. Nach Thomas von Aquin wünscht der hochmütige Mensch, »gegen die rechte Vernunft das Gemaß dessen, was er ist, zu überschreiten«. Als Träger des Hochmuts identifiziert Thomas den Willen. Weil sich die Hochmütigen an ihrer eigenen Überlegenheit erfreuen, besitzen sie einen Widerwillen gegen die Überlegenheit der Wahrheit.

Heute ist die religiöse Bedeutung weitgehend verblasst, wenn wir einen Menschen als arrogant oder anmaßend bezeichnen. Hochmütig und stolz sind diejenigen, die sich über andere Menschen stellen und auf sie hinabblicken. Mit der Nivellierung der sozialen Klassen erfasste der Hochmut alle Bevölkerungsschichen. Weil es kaum noch eine klar erkennbare soziale Rangordnung gibt, kann sich jeder und jede anmaßen, in irgendeiner Art über andere erhaben zu sein. Im modernen Individualismus entspringt der Hochmut einem Konflikt zwischen gleichberechtigten Personen, die hinsichtlich ihres persönlichen Selbstwertgefühls aneinandergeraten.

Die moderne Arroganz oder Anmaßung ist somit nur vor dem Hintergrund einer gesellschaftlichen Forderung nach Gleichheit möglich, zu der sie aber gleichzeitig im Widerspruch steht. Denn jeder möchte gerne etwas »gleicher« sein als der andere. Der Hochmut dient der Festlegung und fortwährenden Bestätigung der eigenen Identität, die sich in der modernen Gesellschaft nicht mehr durch Herkunft, Klassenzugehörigkeit und tradierte Rollen definieren kann. Durch bestimmte Verhaltensstrategien, etwa ein betont »cooles« Gehabe, wird versucht, sich selbst und die eigene Referenzgruppe als außergewöhnlichere Menschen darzustellen. Diese sollen klar erkennbar über die große Masse der Gleichen herausragen, auf die man mit Verachtung hinabblickt.

Trotz unterschiedlicher religiöser und sozialer Bedeutung handelt es sich beim Hochmut dennoch um ein einheitliches Phänomen, das sich durch verschiedene Varianten äußert. Dies zeigt sich deutlich an Thomas von Aquins Unterscheidung der vier Arten des Hochmuts. Nach Thomas zeigt sich der Hochmut (1) in der Ansicht, das Gute komme aus einem selbst, (2) im Glauben, das von Gott Gegebene erhalte man aufgrund eigener Verdienste, (3) durch Prahlerei, etwas zu besitzen, das man gar nicht hat, und (4) im Sonderanschein, den man sich selbst gibt: im Streben nach dem eigenen Vorrang unter Verachtung der anderen.

Die Ansicht, das höchste Gut komme aus einem selbst, ist in der individualistischen Gesellschaft weit verbreitet und bildet die Grundlage jeglichen Lasters. Nach dem Motto »Jeder ist seines Glückes Schmied«

verfolgen wir ständig irgendwelche Ziele und versuchen, Kontrolle über unsere Lebensbedingungen auszuüben. Wir wollen alle anfallenden Schwierigkeiten unter Aufbietung unseres Verstandes selbst lösen. Das geht zwar manchmal gut, doch längerfristig und bei besonders schwerwiegenden Dingen zahlen wir einen hohen Preis dafür: innere Anspannung, Sorgen, Schlaflosigkeit, psychische Erschöpfung, Krankheiten. Hinter dem Bedürfnis, selbst über unser Glück und Unglück zu bestimmen, steckt die alte *hybris*. Das kleine, von seinem Ursprung getrennte Ich will sich seine eigene schöne Welt bauen; es muss aber immer wieder enttäuscht feststellen, dass dauerhafte Freude und Seelenruhe aus eigener Anstrengung heraus nicht möglich sind. Um das Glück zu finden, müsste das kleine Ich erst einmal Pause machen und anerkennen, dass es viele Dinge nicht selbst zu lösen vermag. Es müsste zuerst Glauben und Demut aufbringen, die der stolze Mensch meist nicht aufzubringen gewillt ist; denn er mag die Illusion nicht aufgeben, schon alles selbst richten zu können.

Andererseits gibt es Menschen, die durchaus gewillt sind, daran zu glauben, dass sie nicht ganz allein für ihr Glück und Unglück verantwortlich sind. Doch statt dass sie sich dankbar am Guten erfreuen, das ihnen geschenkt wird, schmeicheln sie sich damit, dass es eine Auszeichnung für ihr außergewöhnliches Wesen oder ihre großen Verdienste darstelle. Sie halten sich für im besonderen Maße an der göttlichen Gnade teilhaftig, aber nicht aus staunender Freude heraus, sondern weil sie sich die Gnade Gottes als ihren gerechten Lohn anrechnen. Auch das ist *hybris:* der Irrtum, das Gute, das einem widerfahre, sei ein Zeichen für besondere göttliche Gunst, die anderen Menschen, die sich weniger bemühten, nicht zukomme.

Neben diesen beiden existenziellen Varianten des Hochmuts beziehen sich die zwei anderen Varianten eher auf zwischenmenschliche Verhältnisse. Vielfältig sind die Dinge, auf die wir stolz sind und mit denen wir prahlen, ohne sie wirklich zu besitzen. Wir brüsten uns gerne mit der Zuwendung von Seiten attraktiver Personen, bis wir enttäuscht feststellen, dass wir auf Dauer niemanden »besitzen« können. Wir tun uns gerne durch körperliche Schönheit, Stärke oder durch eine robuste Gesundheit hervor. Aber auch das ist nur leere Prahlerei, denn Attraktivität und Stärke werden vergehen, und auch die Gesundheit ist kein sicherer Besitz, obschon wir uns gerne einreden, unsere körperlichen Kräfte seien unbegrenzt. Vielleicht sind wir auch besonders stolz auf unseren Scharfsinn, mit dem wir gerne auftrumpfen. Doch letztlich bleibt Intelligenz ohne Weisheit nur leeres Geschwätz. Manche Menschen möchten glauben, dass sie emotional besonders widerstandsfähig sind; dann müssen aber auch sie erleben, dass sich Probleme einstellen, mit denen sie allein nicht mehr fertig werden. So zeigt sich, dass fast alles, wodurch wir uns als etwas Besonderes erleben, entweder gar nie in unserem Besitz war oder nur eine Leihgabe ist, die uns früher oder später wieder genommen wird.

Mit Prahlerei über vermeintlichen Besitz ist auch die vierte Variante des Hochmuts verbunden: das Streben nach Vorrang vor anderen durch den »Sonderanschein«, in den man sich einhüllt und aus dem heraus man verächtlich auf andere hinabschaut. Die Verachtung ist nicht immer deutlich als solche erkennbar. Die Idee der eigenen Erhabenheit kann auch scheinbar großzügige und liebenswürdige Taten veranlassen, etwa wenn sich wohlhabende Europäer an den dankbaren Äuglein der armen afrikanischen Kinder erfreuen, für die sie auf der Safarireise Geschenke mitbringen. Doch mehr noch als an den dankbaren Äuglein erfreuen sich die Wohltäter an ihrer eigenen Wohltätigkeit und an der beruhigenden Tatsache, dass sie über die Lebensverhältnisse verfügen, solche Geschenke zu machen.

Eine andere Strategie, sich einen Vorrang zu sichern, wählt derjenige, der versucht, andere offen herabzusetzen, sie zu kritisieren, sie zur Schnecke zu machen. »Es ist mehr Hochmut als Güte«, schreibt La Rochefoucauld, »wenn wir andern ihre Fehler vorwerfen, und wir tadeln sie nicht so sehr, um sie zu bessern, als um sie zu überzeugen, dass wir selbst keine Fehler haben.« Kritik an anderen zu üben ist leider eine außerordentlich weit verbreitete Art der zwischenmenschlichen Kommunikation, ganz besonders auch innerhalb von Familien. Die Herabsetzung anderer geschieht oft auch auf indirekte, ironische Art (»was für eine Leuchte du doch bist!«), oder man greift zum scheinbar humorvollen, in Wahrheit aber äußerst niederträchtigen Mittel der öffentlichen Beschämung, indem man sich am Familientisch, im Büro vor versammelter Runde, im Freundeskreis oder im Klassenzimmer genüsslich über sein Opfer lustig macht.

Eine weitere Strategie, nach Vorrang vor anderen zu streben, besteht in der Möglichkeit, sich selber aufzublähen, sich größer zu machen und dies ganz selbstverständlich zur Schau zu stellen. Dies lässt sich natürlich nicht von einem Tag auf den anderen erlernen, sondern ist das Ergebnis einer sorgsam eingeübten Lebenshaltung, die schon in der Kindheit beginnt und die einem von Eltern, Geschwistern, Kameraden und manchmal vom gesamten sozialen Umfeld eingebläut wird: Finde dich selbst am tollsten! Wisse alles besser! Nimm den größtmöglichen Raum ein! Zeige, dass du viel wichtiger bist als andere! Fordere von allen die dir gebührende Achtung! Mach allen deutlich, dass du aus einer der angesehensten Familien, aus der besten aller Nationen stammst!

Von diesen hochmütigen Lebensregeln aus ist es nur ein ganz kleiner Schritt hin zu Jähzorn und Gewalt: Lass niemals zu, dass jemand auf dich hinabblickt! Ahnde jegliche Respektlosigkeit sogleich mit kaltblütiger Rache! Wenn dich einer komisch anschaut, dann schlag zu, bevor du noch weiter provoziert wirst!

Schließlich gibt es noch die Möglichkeit des Rückzugs und der stolzen Abgrenzung, um sich gegenüber anderen Menschen einen Sonderanschein zuzulegen. Indem man sich rar macht, sich entzieht und sich bewusst ausschließt, lässt sich der Anschein erwecken, zu einem ganz kleinen, exklusiven Kreis von Personen zu gehören, die sich selbst völlig genügen und den Kontakt mit den Normalsterblichen weder wünschen noch benötigen. Dieses Sich-Entziehen und Sich-Abgrenzen verhindert es gleichzeitig, sich jemals eine Blöße zu geben. Je weniger man von sich zeigt, desto geschützter bleibt das kleine Ich, das sich ängstlich hinter den hohen Mauern des Stolzes versteckt. Sollte sich doch jemand anmaßen, irgendetwas von einem zu wollen, so reicht meist ein vornehmer Blick der

Empörung, um den Ahnungslosen einzuschüchtern. Treten persönliche Misserfolge auf, tragen natürlich andere die Schuld daran.

Bei jeder Art von Hochmut und Stolz ist es möglich, dass man tatsächlich an eine eigene Sonderstellung glaubt oder nur so tut, als hätte man sie inne. Im ersten Fall kann sich der Hochmut bis zum eigentlichen Größenwahn entwickeln, sodass sich jemand tatsächlich für den wiedergekommenen Christus oder die Reinkarnation Kleopatras hält. Im zweiten Fall tut man nur besonders wichtig; man weiß aber eigentlich, dass das Image, das man sich zugelegt hat, einer rigorosen Prüfung nicht standhält. Meistens schafft der Hochmütige es aber, sich mehr oder weniger erfolgreich selbst zu belügen und den Schein mit dem Sein zu verwechseln, sodass er zumindest zeitweise und solange alles rund läuft an die eigene Überlegenheit glaubt. Somit sind Hochmut und Stolz entweder auf Unvernunft und Verblendung oder auf Täuschung und Lüge angewiesen.

Was seit Freud als »Neurose« bezeichnet wird, ist im Grunde nichts anderes als hochmütige Selbstzentriertheit. Nach der Psychoanalytikerin Karen Horney sind neurotische Ansprüche durch eine »Suche nach Ruhm und Ehre« in der Verwirklichung eines idealen Ichs gekennzeichnet. Die Maßlosigkeit und Egozentrik des Neurotikers (der zu einem gewissen Grad in uns allen wohnt) zeigt sich deutlich in den rigiden Geboten und Verboten, nach denen er sein Erleben und Verhalten ausrichtet; dazu gehört etwa das Gebot, sich niemals von jemandem verletzen zu lassen.

Woran sich der Hochmut besonders gut erkennen lässt, ist der Ekel, der sich in Gegenwart hochmütiger Menschen einstellt. Wären wir selbst nicht so stolz, würde uns der Stolz der anderen nicht so berühren. Wir wüssten dann, dass es sich um einen unnatürlichen und letztlich gefährlichen Schutz dadurch handelt, dass ein schwaches Ich künstlich aufgebläht wird. Wir wüssten auch, dass hochmütige Menschen einen hohen Preis bezahlen. Denn der Hochmut macht es unmöglich, liebevolle Beziehungen einzugehen und wirkliche Zuneigung und Freundschaft zu erleben. Der Hochmütige schlägt alle in die Flucht außer die Abhängigen, Unsicheren und nach Anerkennung Dürstenden. Von diesen sind aber auch keine erfüllenden Beziehungen zu erwarten, da man sich mit diesen Menschen fürchterlich langweilt. Indem alle Beziehungen in den Dienst gestellt werden, den eigenen vermeintlichen Glanz zu reflektieren, bleibt letztlich kein einziger Mensch übrig (außer hoffentlich ein geduldiger Psychotherapeut!), bei dem man sich wirklich wohl fühlen könnte.

Eitelkeit und Ehrgeiz

Verwandt mit Hochmut und Stolz ist die *Eitelkeit* im Sinne einer übertriebenen Sorge um die eigenen Vorzüge. In der christlichen Theologie gilt die Eitelkeit deshalb als eine Hauptsünde, weil sie das menschliche Denken von Gott und vom eigentlich Wesentlichen und Unvergänglichen abwendet, hin zu sich selbst, zur eigenen Erscheinung und zur Vergänglichkeit. Nicht zufällig besitzt der lateinische Begriff *vanitas* neben »Eitelkeit« auch noch die ursprünglichere Bedeutung von »Vergänglichkeit«, »Nichtigkeit«, »Leere« und »Vergeblichkeit« (»alles ist eitel«).

Man kann deshalb zwischen einer objektiven Eitelkeit im Sinne der Vergänglichkeit und einer subjektiven Eitelkeit im Sinne eines Selbstgefühls unterscheiden, das sich auf wirkliche oder bloß eingebildete Vorzüge stützt und beständig nach Bewunderung verlangt für Dinge, die nicht den inneren Wert des Menschen ausmachen (z. B. Schönheit, Titel, Auszeichnungen, Reichtum, Gelehrsamkeit). Die subjektive Eitelkeit wird auch als Geltungssucht, Ruhmsucht oder leerer Ruhm *(vana gloria)* bezeichnet.

Im Gegensatz zu den Hochmütigen und Stolzen treten die Eitlen weniger fordernd auf, denn sie sind sich ihrer Vorzüge keineswegs sicher. Vielmehr lechzen sie begierig nach Anerkennung, aus Angst vor der eigenen Unzulänglichkeit. Fehlt es an Gelegenheiten, sich über sein eigenes Selbst und dessen Fähigkeiten zu erfreuen, kommt es zur Ausbildung jener diffusen Angst vor der eigenen Nichtswürdigkeit. Hochmut, falscher Stolz und Eitelkeit sind die Folge mangelnden Hochsinns, mangelnden berechtigten Stolzes und der Angst vor der eigenen Nichtigkeit.

»Während der Eitle äußere Ehrenzeichen leidenschaftlich begehrt, der Hochmütige sie rücksichtslos fordert, verschmäht sie der Stolze«, lesen wir in Kirchners *Wörterbuch der Philosophischen Grundbegriffe.* Doch nicht immer lassen sich in der Praxis die Menschen so klar einteilen. Ein Individuum kann sich bei bestimmten Gelegenheiten durchaus stolz zurückhalten, während es in anderen Situationen hochmütig fordert oder eitel um Anerkennung buhlt. Wer sich nach unten stolz abgrenzt, verzehrt sich oft nach oben in leidenschaftlicher Geltungssucht.

Eitelkeit ist ein heimtückisches Laster, weil sie oft lange Zeit oder sogar für immer unentdeckt bleibt. Sie kann sich vorzüglich hinter einem scheinbar tugendhaften Leben verbergen. Man führt einen tadellosen Lebenswandel, zeigt in allen Dingen Mäßigung, ist gerecht und freundlich, großzügig und geduldig, friedfertig und sozial engagiert, und doch stimmt irgendetwas nicht. Erst bei genauer Erforschung der inneren Beweggründe zeigt sich, dass es hier nicht darum geht, sich von der Herrschaft der versklavenden Leidenschaften zu lösen, um für ein befreites, freudiges Leben Platz zu machen. Vielmehr geht es um den Glanz und die Herrlichkeit des kleinen Ichs und um die Entwicklung einer perfekten, untadeligen Persönlichkeit, mit der man sich und anderen gefallen möchte. Euagrios vergleicht die Eitelkeit deshalb mit einem gefährlichen Felsen unter Wasser oder mit einem löchrigen Geldbeutel. »Die Ruhmsucht wächst auf mit den Tugenden und lässt nicht nach, bis sie deren Kraft gebrochen hat.«

Zu den Lastern des Übermaßes aus der Kategorie der Anmaßung und Selbstüberschätzung gehört auch der *Ehrgeiz.* Heute gilt Ehrgeiz als Tugend, was einiges über unseren Zeitgeist verrät. Wer nicht den nötigen »Biss« zeigt und nicht kompetitiv auf Ziele zusteuert, bleibt im Räderwerk stecken. Doch im Grunde haben großartige Leistungen kaum etwas mit Ehrgeiz zu tun. Der Name verrät, dass es sich beim Ehrgeiz um ein Laster handelt: Geiz (Althochdeutsch *gite)* bedeutet nichts anderes als Gier. Der Ehrgeizige ist gierig nach Ehre.

Wie der Ruhmsüchtige lechzt der Ehrgeizige nach äußerlichen Zeichen der Ehre. Je mehr der Ehrgeiz befriedigt ist, je mehr sich Vermögen oder gesellschaftlicher Status vermehren, desto mehr wächst er an, bis einem jedes ehrlose Mittel recht ist, um sich die Ehre zu erkaufen. Einen sogenannt »gesunden Ehrgeiz« gibt es genauso wenig wie eine gesunde Ungerechtigkeit oder eine gesunde Dummheit. Herausragende Leistungen werden nicht durch Ehrgeiz erzielt, sondern durch Talent, Lernbegierde, Hochsinn, Ausdauer und Freude. Der Ehrgeiz verzehrt seinen Urheber und verleitet zu unfreundlichem, unehrenhaftem Handeln.

Die Gier nach Anerkennung und Bedeutung ist in Zeiten des Individualismus weit verbreitet. Weil häufig kein Verlass mehr ist auf den Zusammenhalt und die gegenseitige Wertschätzung in Familie und Gemeinschaft, kann sich der einzelne Mensch der Zuneigung durch andere nicht mehr sicher sein und sucht deshalb verzweifelt nach Anerkennung und Bedeutung in der Partnerschaft, in sexuellen Beziehungen, im Beruf und in der Öffentlichkeit. Doch weil die Kontakte flüchtig und die Beziehungen oft befristet sind, droht die Anerkennung stets wieder verloren zu gehen.

Die Geltungssucht ist außerordentlich anstrengend. Schon nur eine Diät einzuhalten erfordert mehr Willenstärke, als die meisten Menschen besitzen. Die Konkurrenz ist gnadenlos. Eine junge Frau ist ständig von noch schöneren, noch begehrenswerteren jungen Frauen umgeben, und als alternde Frau kann man mit den jüngeren sowieso nicht mehr mithalten. Als Mann benötigt man enorme Durchsetzungskraft, kaltblütige Überlegenheit, witzige Spontaneität, einen fitten Body und ein rasch anwachsendes Bankkonto, um an der Spitze mithalten zu können. Wenn man dazugehören will, darf man keine Minute die Zügel schleifen lassen. Permanent müssen die hart erarbeiteten Vorzüge demonstrativ vorgeführt werden, denn die anderen sollen schließlich sehen, dass man es zu etwas gebracht hat.

Und doch bleibt man unzufrieden. Die Arbeit an der eigenen Selbstvergötterung ist eine Sisyphusaufgabe. Die Anstrengungen reichen nie ganz aus, um dem Ideal gerecht zu werden. Immer nagt da die Angst vor der Blamage und der eigenen Nichtigkeit an einem. Wenn man meint, es endlich geschafft zu haben, stellt man erschreckt fest, dass die Anerkennung, die man bereits erhält, nicht ausreicht, um sich ausruhen zu können. Außerdem tun sich weitere Schwierigkeiten auf, mit denen man nicht gerechnet hat. So legen einem gehässige und neidische Menschen Steine in den Weg und gefährden das bisher Erreichte, indem sie durch bösartige Vorwürfe das sorgsam aufgebaute Selbstbild erschüttern oder, intrigierend, einen Ehrverlust heraufbeschwören.

Die Eitelkeit benötigt nun weitere Verbündete im Kampf um Anerkennung, Erfolg und Ehre. Thomas von Aquin spricht von den »Töchtern der Ruhmsucht«, zu denen er die Unfolgsamkeit, die Prahlerei, die Heuchelei, die Zanksucht, die Rechthaberei, die Zwietracht und das überbieterische Wesen zählt. Mit diesen Eigenschaften ausgerüstet, macht man es möglichen Widersachern bedeutend schwerer, sich einem in den Weg zu stellen, und andere ruhmsüchtige Menschen kann man im ehrgeizigen Rennen nach oben leichter hinter sich lassen.

Früher oder später tut sich jedoch meist jener Abgrund der Nichtigkeit auf, den geltungssüchtige Menschen mehr fürchten als alles andere. Weil die eigene Gier nach Beachtung und Wichtigkeit die anderen beleidigt, ziehen sich diese immer mehr zurück. Zuletzt droht der Eitle zu vereinsamen. Diejenigen, die man mag, sind verschwunden, und andere Geltungssüchtige kann man nicht ausstehen. Der Körper lässt sich nicht mehr beliebig formen. Die Kräfte im sportlichen Wettkampf lassen nach. Jüngere, hellere Köpfe drängen nach oben. Schließlich macht die enttäuschte Eitelkeit dem Selbstmitleid und der Verzweiflung Platz, die den eigenen Ehrgeiz schon immer angetrieben haben. Je älter man wird, desto näher rückt der Abgrund von Zerfall und Tod.

Selbstverachtung und falsche Bescheidenheit

Hochmütige, stolze, ruhmsüchtige und ehrgeizige Menschen verachten jene, die sich selbst verachten, sich abwerten, sich unterwerfen, sich vernachlässigen und sich nicht um Anerkennung und Ehre bemühen, weil sie ohnehin zu den Verlierern zählen. Die dem Hochmut und der Eitelkeit entgegengesetzten Laster gleichen den erfolglosen Kindern einer angesehenen Familie, die es einfach zu nichts bringen, weil sie sich nichts zutrauen, nichts können oder nicht den geringsten Willen zeigen. Wie Schatten, die der stolze Hochmut und die ehrgeizige Eitelkeit werfen, fristen Selbstverachtung und Selbsterniedrigung ein trübes Dasein unter den Lastern des Mangels.

Es besteht ein himmelweiter Unterschied zwischen aufrichtiger Bescheidenheit und unterwürfiger Selbstabwertung. Bescheidenheit und Demut befreien und lösen ruhige, zufriedene Gefühle aus. Unterwürfigkeit dagegen führt zu zähneknirschender Anspannung, zu selbstzermarternder Scham und dem Gefühl tiefster Frustration. Wer sich nie zutraut, offen zu seiner Meinung zu stehen, seine Wünsche zu äußern, für seine Bedürfnisse einzustehen oder sich bei Ungerechtigkeiten zur Wehr zu setzen, erstickt den natürlichen Impuls des Ichs, seine eigenen Grenzen zu wahren.

Oft finden sich in der Lebensgeschichte von Menschen, die an dieser Art von Selbstzurücknahme leiden, besondere Umstände, die es früher unmöglich gemacht haben, dass sie sich frei entfalten durften. Dazu gehören etwa ständige elterliche Ermahnungen, nicht so unverschämt und egoistisch zu sein, Armut oder sonstige Schande der Herkunftsfamilie oder auch Ausgrenzung in der Schule oder im Freundeskreis. Statt dass die Ungerechtigkeit und Unwahrheit solcher Botschaften oder Lebensumstände erkannt würden und sich die heranwachsende Person davon befreien könnte, werden die negativen Zuschreibungen leider verinnerlicht und zum festen Bestandteil der Identität. Gleichzeitig entwirft man ein Ideal-Bild von sich, wie man eigentlich sein sollte, weiß aber, dass man diesem Ideal nie entsprechen wird. Die abwertenden Glaubenssätze (»ich bin dumm, unfähig, hässlich, schüchtern« usw.) machen es unmöglich, die Kluft zwischen dem, was man zu sein meint, und dem, was man sein möchte, zu überbrücken.

Weil die Person sich unfähig fühlt, die Selbstverachtung abzulegen, hofft sie, dass andere dies für sie erledigen werden, insbesondere ein Liebespartner. Da jedoch die Selbstsicht von Abwertung und Vernachlässigung geprägt ist, ziehen unterwürfige Menschen oft Partner an, die ihnen zwar auf den ersten Blick als mächtige Erlöser erscheinen, sie aber schließlich auch entwerten. Tatsächlich vertragen es Personen, die an einer zwanghaften Selbstabwertung leiden, nur schlecht, wenn ihnen potenzielle Partner freundlich, warm, unterstützend und liebevoll begegnen, denn diese erscheinen ihnen dann nicht mehr als attraktives, erlösendes Gegenstück zu ihnen selbst, sondern als zu schlapp und zu weich. Passend dazu schreibt La Rochefoucauld: »Wir lieben eher die, die uns hassen, als jene, die uns mehr lieben, als wir wollen.«

Dass Selbstverachtung und Hochmut zwei gegensätzliche Ausprägungen der gleichen Problematik darstellen, zeigt sich daran, wie leicht arrogante Selbstüberschätzung und aufdringliche Selbstdarstellung in ihr Gegenteil kippen können. Wir spüren schmerzlich den »verletzten Stolz«, ein Gefühl von Scham, Demütigung und Erniedrigung, wenn uns die Maske des Hochmuts und der Eitelkeit heruntergerissen wird. Oft tritt dann auch Wut auf über die Person, die Ursache der Demütigung ist, oder über das Schicksal, das uns wieder eins auswischt. Die Wut ist Ausdruck eines fehlgeleiteten Versuchs, die eigene Selbsterniedrigung und den Selbsthass zu verhindern, denn dahinter lauert die Angst vor der eigenen Nichtigkeit. Statt sich dieser Angst demütig zu stellen, nimmt man nach einiger Zeit meist einen neuen Anlauf und versucht, den verletzten Stolz wieder aufzurichten, indem man das Ereignis leugnet, es als Missverständnis umdeutet, sich rechtfertigt, den anderen die Schuld gibt, sich rächt oder in ein neues Betätigungsgebiet zur Förderung von Hochmut und Eitelkeit hinüberwechselt.

»Und verwendet der Hochmut auch tausend Masken, niemals ist er besser verkleidet und täuschender als unter der Maske der Demut«, schreibt La Rochefoucauld. Die Demut hat nicht zuletzt deshalb keinen besonders guten Ruf, weil ein demutsvolles Gehabe und eine aufdringliche Bescheidenheit oft nichts anderes verraten als die eitle Forderung: Schaut her, wie uneigennützig und genügsam ich bin! Menschen, die sich selbst zu Wesen höherer Ordnung emporstilisieren, möchten gern den Anschein erwecken, als wären sie über alle eigennützigen Regungen erhaben, als hätten sie einen Grad an Vollkommenheit erreicht, der sie auf eine Stufe hebt zusammen mit Mutter Teresa oder Gandhi.

Worte der Bescheidenheit und ein demutsvoller Blick bedeuten noch lange nicht, dass es sich um echte und aufrichtige Demut handelt. Hinter vorgespielter Genügsamkeit lauern Stolz und Eitelkeit mit ihren bekannten hässlichen Fratzen. Dass es sich um eine bloß geheuchelte Tugend handelt, zeigt sich an der versteckten Erwartungshaltung, welche die falsche Bescheidenheit begleitet. Sei es, dass man sich für seinen uneigennützigen Dienst an den Mitmenschen nach eitler Bewunderung sehnt, sei es, dass man sich über die breite Masse der Selbstsüchtigen, Lasterhaften oder Gottlosen erheben will – immer findet sich da die Hoffnung, entweder von anderen Menschen oder dereinst im Himmel mit allen wohlverdienten Ehren überhäuft zu werden.

Selbst wenn jemand bescheiden feststellt, Ehre und Lob wären ihm nicht wichtig, ein kleines Wort des Dankes würde schon vollends genügen, verrät gerade dieser als Bescheidenheit getarnte enttäuschte Wunsch nach Anerkennung nichts anderes, als dass sich dieser Mensch in seinem Hochmut darin gefällt, innerlich auf all die Undankbaren hinabzublicken. Wahre Demut erwartet weder Lohn noch Dank, denn sie geschieht aus Freude und Liebe, die sich selbst Lohn genug sind. Auch der Vorwurf gegenüber anderen, doch gefälligst etwas demütiger und bescheidener zu sein, verrät nichts anderes als den eigenen Stolz.

Falsche Bescheidenheit und geheuchelte Demut können sich rasch in Aggressivität und Zynismus verwandeln, etwa wenn man sich spöttisch über Zeichen verdienten oder unverdienten Ruhmes lustig macht. Das kann so weit gehen, dass man alles Großartige und Ausgezeichnete abwertet und dass man allem, was über das Unscheinbare oder Durchschnittliche hinausgeht, mit Argwohn begegnet. Wir tun so, als bedeute uns Anerkennung überhaupt nichts, als wären wir gegenüber der eigenen Wirkung auf andere, unserer körperlichen Attraktivität oder Zeichen des Erfolgs völlig gleichgültig. Wir verbünden uns mit dem Unbedeutenden und werten all jene ab, die es im Leben zu mehr gebracht haben als wir. Doch dahinter nagen schmerzlich der unbefriedigte Ehrgeiz und die unbequeme Ahnung, dass wir es niemals schaffen werden, unsere hochmütigen Ansprüche zu erfüllen.

Demut und Seelengröße

Die Frage, welche Tugend von den Lastern des Hochmuts und der Eitelkeit befreit, ist zunächst nicht so eindeutig zu beantworten: Wir stoßen zwar rasch auf die Demut, wenden uns aber sogleich wieder von ihr ab, weil wir wissen, dass sich der Hochmut oft und gerne hinter der Maske von Demut und Bescheidenheit verbirgt. Außerdem wird Demut in besonderem Maße als eine christliche Tugend wahrgenommen, die heutzutage wenig populär ist, droht sie doch in Selbstkasteiung und Unterwürfigkeit hineinzuführen. Wie weit scheint die Demut von gesunder Selbstakzeptanz und der Fähigkeit glücklicher Menschen entfernt, frei von falschen Hemmungen, sich mit erhobener Brust ihres Daseins zu erfreuen!

Doch tatsächlich sind Duckmäusertum und Unterwürfigkeit meilenweit von wahrer Demut entfernt, denn solch eine zwanghafte Selbsterniedrigung ist nichts anderes als der ins Gegenteil verkehrte Hochmut. Wirkliche Demut dagegen ist natürlich und entspannt. Demütige Menschen blasen sich nicht unnötig auf, sondern sind stets bereit, die Möglichkeit anzunehmen, dass sie sich irren könnten. Sie wissen, dass sie die meisten Gaben, die sie besitzen, als unverdientes Geschenk erhalten haben, und sind nicht zu eingebildet, um den Anteil anderer an ihren Verdiensten dankbar anzuerkennen. Sie begehen nicht den Irrtum zu glauben, dass sie ein größeres Stück des Kuchens verdienten als andere, nur weil sie sich mehr anstrengen oder besser aussehen.

Wirkliche Demut ist deshalb in keiner Weise mit Seelengröße unvereinbar, sondern bildet die ideale Ergänzung dazu. Bei der Hochsinnigkeit oder Hochherzigkeit geht es um die großen und wichtigen Dinge des Lebens. Hochsinnige Menschen betrachten große Ehren als ihrer würdig, aber sie werden nie überheblich und meiden völlig Schmeichelei und

Heuchelei, denn in allem setzen sie das Große und Wahrhaftige vor das rein Nützliche und Bequeme. Ruhig und sicher vertrauen sie darauf, dass sie ihre Ziele erreichen werden. »Weil der Hochsinnige die äußeren Glücksgüter nicht als etwas Großes einschätzt«, schreibt Thomas von Aquin, »so erhebt er sich nicht sehr, wenn sie da sind, und wird nicht zu Boden geworfen bei ihrem Verlust.« In einem Zeitalter, in dem die Durchschnittlichkeit regiert und die Masse nach bloß äußerlichen Zeichen der Ehre strebt, hat die Großsinnigkeit einen schweren Stand. Sie ist fast noch schwerer zu finden als die Demut.

Demut und Seelengröße sind auch deshalb keine Gegensätze, weil sie von unterschiedlichen Betrachtungsweisen ausgehen: Die Großsinnigkeit bewirkt, dass der Mensch sich aufgrund der ihm verliehenen Gaben großer Dinge für würdig hält. Sie schätzt andere dann gering ein, wenn sie scheinbar keinerlei Gaben besitzen oder diese nicht nutzen. Die Demut dagegen bewirkt, dass der Mensch sich selbst in Anbetracht der eigenen Unzulänglichkeiten geringschätzt. Sie schätzt andere wegen der ihnen verliehenen Gaben hoch ein.

Die Seelengröße verhindert es, dass die Demut in Selbstverachtung und Unterwürfigkeit abgleitet, während die Demut es verhindert, dass sich die Seelengröße zu Hochmut und Stolz aufbläht. Nur ein hochsinniger demütiger Mensch ist völlig frei sowohl von den Leidenschaften der Überheblichkeit wie auch vom Laster der Selbsterniedrigung. Er erkennt seine eigene Würde wie auch die Würde anderer an, ohne sich selbst oder andere zu überhöhen.

Nach Thomas von Aquin mäßigt und zügelt die Demut (oder Bescheidenheit) das Gemüt, damit es nicht maßlos ins Hochragende strebt, während die Seelengröße (oder Hochsinnigkeit) das Gemüt gegen die Verzweiflung festigt und uns ermuntert, das Große gemäß der rechten Vernunft zu verfolgen.

Wir wenden uns zunächst der Demut oder Bescheidenheit zu. Gelegentlich wird zwischen diesen beiden Begriffen unterschieden, indem die Bescheidenheit eher auf äußere Dinge wie Worte, Taten oder die Pflege des Körpers und der Erscheinung bezogen wird. Die Demut soll sich danach auf innere Dinge richten, insbesondere auf die Erkenntnis, dass man nicht das Zentrum des Universums ist. Da aber auch die Demut mit äußeren Merkmalen in Verbindung steht und sich äußere und innere Formen der Bescheidenheit gegenseitig bedingen, ist eine Unterscheidung zwischen den beiden Begriffen nicht notwendig. Der lateinische Begriff *humilitas* macht den Bezug zur Erde *(humus)* und zu unserer körperlich-irdischen Existenz deutlich, die uns immer wieder Demut lehrt.

Nach christlicher Auffassung macht die Demut den Menschen leer von der Aufgeblasenheit des Hochmuts. Sie macht uns ergeben und stets bereit, den Einstrom der göttlichen Gnade aufzunehmen. Demut im christlichen Sinne hat die Unterwerfung des Menschen gegenüber Gott im Auge, um dessen willen der Mensch sich auch anderen Menschen gegenüber »dienmütig« unterwirft. Sie setzt die richtigen, realistischen Verhältnisse wieder ein, dass nämlich der Mensch ein Geschöpf ist, das in seiner ganzen Existenz von der Quelle, die es erschaffen hat, abhängig und dieser untergeordnet ist. Aus spiritueller Sicht ist Demut nichts anderes als Objektivität in Bezug auf das Verhältnis zwischen Schöpfer und Geschöpf. Euagrios empfiehlt deshalb den Mönchen gegen den Hochmut folgende demütige Erkenntnis: »Dein Mitbruder mag unansehnlich und mittelmäßig sein; aber derselbe Schöpfer hat dich und ihn gebildet.«

Die Demut verhilft dazu, sich so zu sehen, wie man wirklich ist, ohne sich ständig größer machen zu müssen. Um wirklich groß zu sein, dürfen wir nicht vor unserer Kleinheit fliehen. Die Demut macht es möglich, von unten her ein sicheres Fundament zu bauen, auf dem wir realistisch und entsprechend unseren tatsächlichen Fähigkeiten und Begrenzungen wachsen können. Dazu gehört die Bereitschaft, die verschiedenen Masken, in die sich die Persönlichkeit gerne hüllt, abzulegen, die falschen Ideale, an denen wir uns ständig ausrichten, fallen zu lassen und uns auch den Schattenseiten und den abgelehnten Selbstanteilen zuzuwenden. Demütig müssen wir lernen, uns so zu sehen, wie wir sind, und nicht so, wie wir gerne sein möchten.

Der menschliche Verstand macht sich oft unangemessene und unrealistische Vorstellungen von seinen Kräften und Möglichkeiten. Im Gegensatz dazu weiß der Körper sehr viel präziser, wann wir an unsere Grenzen gelangen. Zur Demut gehört auch, sich seines Körpers bewusst zu sein und dessen Signale wahrzunehmen und zu befolgen. Es ist wichtig, die physischen Grenzen zu respektieren und nicht mehr auf uns zu nehmen, als wir bewältigen können. Demut führt weg vom ständigen Planen und Problemlösen des Verstandes und führt hin zum sinnlichen Spüren und zum Achtgeben auf die Botschaften des Leibes. Diese bringen uns sowohl mit unserer Lebendigkeit wie auch mit unserer Endlichkeit in Berührung.

Zur Demut gehört, all unsere Gefühle zuzulassen und anzunehmen, auch die negativen und schmerzhaften. Indem wir ganz im Kontakt sind mit dem, was ist, verhelfen wir den Gefühlen dazu, sich über uns zu ergießen, wenn es notwendig ist, ohne sie festzuhalten, zu unterdrücken oder zu manipulieren. Gefühle sind wie belebendes Wasser, das unsere innere Gemütslandschaft durchtränkt. Wenn wir sie von uns fernhalten, trocknet das Gemüt aus; doch wenn wir sie festhalten und ständig von neuem aufwühlen, versumpft unser Innenleben. Im Umgang mit den Gefühlen können wir eine allgemeine Lebenshaltung üben, die zur Demut hinführt: Statt uns mit bestimmten Vorstellungen zu identifizieren, wie etwas sein sollte, öffnen wir uns für das, was ist, damit das Große und Wahre in uns hineinfließen kann.

Wer demütig ist, läuft nicht Gefahr, sich selbst zu überfordern oder Versprechungen zu machen, die nicht eingehalten werden können. Es zeugt auch von Demut, nicht Dinge zu tun, die wir eigentlich gar nicht tun wollen, nur um einem Bedürfnis nach Erfolg oder Anerkennung gerecht zu werden. Allerdings darf diese Haltung nicht als Rechtfertigung für den eigenen Egoismus benutzt werden; dies ist etwa der Fall, wenn es bequemer ist, unangenehme Arbeiten auf andere abzuschieben, als diese selbst zu erledigen. Wer demütig ist, freut sich nicht daran, auf Kosten anderer einen Vorteil herauszuholen. Vielmehr führt die Demut zur Befreiung aus egoistischen, selbstsüchtigen Bestrebungen. So empfiehlt

Paulus (Phil 2,3): »Tut nichts zum eigenen Vorteil, kümmert euch nicht um die Meinung der Leute. Haltet vielmehr in Demut einander in Ehren, einer achte den andern höher als sich selbst!«

Eigennutz abzulegen macht es möglich, anderen Menschen freiwillig und mit Freuden zu dienen, nicht aus feiger Unterwürfigkeit, sondern aus Achtung und Liebe. Wir müssen uns nicht mehr mit anderen vergleichen und nicht mehr abwägen, wer den größeren Nutzen davonträgt. Den eigenen Nutzen dürfen wir getrost vergessen, wenn wir zufrieden und mit dem erfüllt sind, was wir sind und haben. Die Demut macht es auch leichter, anderen zu vergeben. Wir müssen nicht mehr stolz an unserer Version der Wahrheit festhalten und benötigen keine Nahrung für den Hochmut, indem wir uns trotzig im Recht wissen wollen. »Die Demut gibt jedem, auch dem einsam Verzweifelnden, das stärkste Verhältnis zum Mitmenschen, und zwar sofort«, schreibt Kafka, »allerdings nur bei völliger und dauernder Demut.«

Trotz all dieser Vorzüge der Demut ist sie eine der am meisten verkannten Tugenden. Kürzlich wurden Jugendliche in Deutschland von einem Radiosender danach befragt, was sie von der Demut hielten. Die Ergebnisse zeigten ein durchwegs negatives Bild. Praktisch alle Jugendlichen lehnten die Demut ab und hielten demütige Menschen für zu schwach und zu nachgiebig, ohne Selbstvertrauen und Durchsetzungskraft. Diese Sichtweise der Demut ist heute weit verbreitet. Man verwechselt die Demut mit mangelndem Mut, für sich selbst einzustehen.

Die Gründe dafür, dass man nicht mehr weiß, was Demut bedeutet, und ihre großen Vorzüge nicht mehr kennt, liegen zum Teil in einer starken gesellschaftlichen Ausbreitung von Hochmut und Eitelkeit. Wir stehen heute vor dem Paradoxon, dass in einer eigentlich egalitären, demokratischen Gesellschaft Hochmut, Stolz, Eitelkeit und Ehrgeiz von vielen irrtümlicherweise für Tugenden gehalten werden. Der kapitalistische Kampf aller gegen alle hat dazu geführt, dass als »Weichei« gilt, wer seine eigenen Bedürfnisse zurücknimmt und liebenswürdig zu anderen ist. »Cool« sein gilt als erstrebenswert, sich stolz abzugrenzen und mit seiner

Verachtung für Schwächlinge nicht zurückzuhalten. Da hat die Demut keinen Platz. Diese wird allerdings nicht erst heute unterschätzt, sondern stieß auch schon in der Antike auf Ablehnung. *Humilitas* galt als Ausdruck einer servilen, sklavischen Haltung. Doch mit dem Christentum bekam die Demut einen ganz neuen Sinn durch den Glauben, dass Gott sich erniedrigt, Mensch zu werden, um die Menschen zu erlösen.

Nicht immer bedeutet Demut, dass man sich mit seiner Kleinheit abfindet. Manchmal erfordert sie es auch, dass man seine eigene Größe akzeptiert und die Tatsache, dass das Schicksal etwas Besonderes für einen bereithält, so wie Moses, der sich anfänglich heftig dagegen wehrte, von Gott auserwählt worden zu sein, um sein Volk in die Freiheit zu führen. Schließlich hörte er demütig und gehorsam auf die göttliche Stimme. Doch auch sein anfänglicher Widerwille dagegen, ein Prophet zu sein, zeugt von Demut, und vielleicht wurde Moses gerade deshalb auserwählt.

Es ist nicht leicht, Demut zu erlernen. Das Perfide am Hochmut und an der Eitelkeit ist nämlich, dass diese Laster einen immer wieder einholen, solange man auf irgendein Ziel hinsteuert, von dem man sich einen Gewinn erhofft, selbst wenn das die Entwicklung von Demut ist. Demut zu erlernen erfordert gerade den Verzicht, irgendeinen Vorteil für sich selbst erzielen zu wollen. *Ad majorem Dei gloriam*, das Motto des Jesuitenordens, ist auch die Formel der Demut: nicht für meinen eigenen Ruhm tue ich es, sondern zur höheren Ehre Gottes.

»Dass Ströme und Meere Könige aller Bäche sind, kommt daher, dass sie sich gut unten halten können«, steht im 66. Spruch des alten chinesischen Weisheitsbuches *Tao Te King*. Das gleiche Prinzip soll auch für denjenigen Menschen gelten, der berufen ist, andere zu führen: »Wenn er über seinen Leuten stehen will, so stellt er sich in seinem Reden unter sie. Wenn er seinen Leuten voran sein will, so stellt er sich in seiner Person hintan.« Die Demut verhindert es, dass jemandem Unrecht angetan wird: »Er weilt in der Höhe, und die Leute werden durch ihn nicht belastet. Er weilt am ersten Platze, und die Leute werden von ihm nicht verletzt«. Leben in Demut ist zugleich ein Leben in Frieden: »Weil er nicht streitet, kann niemand auf der Welt mit ihm streiten.«

Exkurs: Die zwölf Stufen der Demut

Selbstlosigkeit zu erlernen ist eine lebenslange Herausforderung. Der Begründer des abendländischen Mönchstums, Benedikt von Nursia, beschreibt im siebten Kapitel seiner *Regel* zwölf Stufen der Demut, die er mit der Leiter vergleicht, die Jakob im Traum erschienen ist und woran Engel auf- und niedersteigen (Gen 28,12). Benedikt deutet dieses Auf- und Niedersteigen nicht anders, »als dass man durch Selbsterhebung abwärts sinkt und durch Demut aufwärts steigt«. Die beiden Seiten der Leiter stehen nach Benedikt für den Leib beziehungsweise für die Seele: Interessanterweise verkörpern die unteren Sprossen die Seite zum Seelischen hin, während die obersten Sprossen dem Leiblichen entsprechen. Die ersten Schritte in der Entwicklung der Demut beziehen sich somit auf die richtige spirituelle Verankerung. Je höher wir steigen, desto mehr verkörpert sich die Demut auch bis hinab ins Leibliche.

1. Gottesfurcht: Auf der ersten Stufe soll der Mönch jederzeit daran denken, was Gott befohlen hat, insbesondere sich vor der bösen Begierde hüten. Damit sind all die Laster und Leidenschaften gemeint, welche die Seele verdunkeln und von Gottes Gegenwart trennen. Die Gottesfurcht ist somit nichts anders als unbedingte Liebe zu Gott, wozu die Stärke notwendig ist, stets das Gute zu tun und das Böse zu meiden.

2. Willenlosigkeit: Auf der zweiten Stufe soll man den eigenen Willen nicht lieben und sich nicht in der Befriedigung seiner Wünsche gefallen. Statt eifrig immer neue Ziele zu verfolgen, die nur dem eigenen Stolz dienen, ermöglicht das Loslassen der aktiven Willenstätigkeit eine Öffnung für das reale Leben, das größer und schöner ist, als sich das kleine Ich erträumen könnte.

3. Gehorsam: Gehorsam im spirituellen Sinn bedeutet die Fähigkeit, auf die innere Stimme zu horchen. Der Gehorsam ermöglicht es, dass dasjenige, das klein ist, sich demjenigen unterordnet, das groß ist. Dadurch wird der Hochmut unmöglich gemacht, denn dieser beruht auf einer Verwechslung des Kleinen mit dem Großen. Wir öffnen uns für die hilfreiche Führung durch andere Menschen, die auf dem Pfad der Demut vielleicht schon weiter vorangeschritten sind.

4. Geduld: Die vierte Stufe der Demut ermöglicht es, widrige Umstände geduldig anzunehmen, sie als notwendige Prüfungen zu verstehen und sogar still und selbstbeherrscht auszuharren, wenn einem Unrecht getan wurde. Ohne zu ermatten oder uns zu entziehen, entwickeln wir die Fähigkeit zur geduldigen Akzeptanz, indem wir versuchen, den Wert aller Ereignisse zu ergründen, auch der unangenehmen und schmerzhaften.

5. Wahrhaftigkeit: Benedikt empfiehlt den Mönchen, »alle schlimmen Gedanken, die im Herzen aufsteigen, und das im Verborgenen begangene Böse« demütig ihrem Abt zu bekennen. Statt dass wir uns selbst etwas vormachen und anderen etwas vorspielen, sind wir bereit, ehrlich unsere Unzulänglichkeiten anzuschauen und uns stets zu fragen, ob wir Unrecht getan haben. Indem wir unsere Mängel einer Person des Vertrauens offen mitteilen, verstecken wir uns nicht, sondern entwickeln den Mut zur Authentizität und Integrität.

6. Bescheidenheit: Auf der sechsten Stufe der Demut begegnet uns das, was der Begriff der Bescheidenheit im Kern bedeutet, nämlich dass wir uns mit dem »Allerniedrigsten und Geringsten« zufriedengeben. Benedikt hatte hier nicht eine ängstliche Selbstbeschränkung im Sinn. Es geht vielmehr darum, seinen maßlosen Egoismus zurückzunehmen und sich nicht zu scheuen, auch kleine, glanzlose Arbeiten ohne Aussicht auf Ruhm zufrieden und heiter auszuführen. Auch niedrige Arbeiten können Spaß machen. Auch einfache Lebensverhältnisse können beglücken. So stellt sich langsam die Fähigkeit zur heiteren Genügsamkeit ein.

7. Selbstlosigkeit: Hier entwickelt sich die Fähigkeit, seine ganze ichbezogene Persönlichkeit mit ihrem Anspruch auf Durchsetzung, Kontrolle und Macht loszulassen. Das Ich verzichtet auf jegliche Anspruchshaltung sowie auf Verteidigung. Benedikt spricht von der tiefen Überzeugung des Herzens, der Letzte und Geringste unter den Menschen zu sein. Es geht hier nicht darum, alte Muster der Selbstabwertung zu verfestigen, sondern sich von einschränkenden Selbst-Definitionen zu lösen, nicht zuletzt auch von der irrigen Meinung, keine Liebe zu verdienen.

8. Lernbereitschaft: Die achte Stufe der Demut hat wieder mit dem Gehorsam zu tun, jetzt aber im Zusammenleben mit anderen Menschen und gegenüber Höherstehenden. Im Leben eines Mönches bezieht sich das nach Benedikt auf die gemeinsame Klosterregel und auf das Beispiel der älteren Brüder. Es geht um die Fähigkeit und den Willen, von denjenigen zu lernen, die mehr wissen und erlebt haben als ich, die weiser und demütiger sind. Dies schließt auch die Bereitschaft ein, sich für neue und zunächst vielleicht ungewohnte Dinge zu öffnen, anstatt alles immer besser zu wissen und nur das hören und lernen zu wollen, was man ohnehin schon weiß.

9. Schweigen: Auf der neunten Stufe empfiehlt Benedikt den Mönchen, ihre Zunge zu bezähmen und nicht zu reden, bis man ihnen eine Frage stellt. Wer soll denn da noch fragen, wenn alle schweigen, mag man sich vielleicht wundern! Ich verstehe diese Haltung des Schweigens einerseits als spirituelle Übung, sich von der ständig kommentierenden und alles besser wissenden Stimme des urteilenden Verstandes zu distanzieren und still zu werden, um die leise Stimme des Herzens besser zu hören. Zugleich führt das Schweigen im zwischenmenschlichen Verkehr dazu, dass man sich mit Urteilen erst einmal zurückhält, um möglichst unvoreingenommen hinzuhören. Wenn ich mich nicht wehre und wenn ich niemanden bewerte, dann muss oft auch gar nichts mehr gesagt werden. Aus dem Schweigen heraus kann dann etwas ganz anderes gesagt werden, als wenn man gleich losreden würde. Schweigen ermöglicht die wohlbedachte, demutsvolle Rede (siehe Stufe 11).

10. Ernsthaftigkeit: Immer mehr führen die Stufen der Demut bis hinein in die körperliche Existenz. Auf der zehnten Stufe rät Benedikt den Mönchen, nicht schnell und gern zum Lachen bereit zu sein. Hier entsteht vielleicht der größte Widerstand gegen Benedikts Anleitungen. Lachen ist doch nichts Schlechtes. Lachen ist gesund! Trotzdem ist Benedikts Zurückhaltung gegenüber dem Lachen nicht unberechtigt, denn nicht wenige Gelegenheiten, bei denen wir lachen, gehen auf Kosten anderer. Jemand schaut komisch drein, wirkt unbeholfen, stellt eine dumme Frage, führt sich tölpelhaft auf. Das finden wir zum Schreien. Die meisten Witze kommen nicht ohne eine Kategorie dummer Menschen aus, zu denen niemand gehören will. Man muss leider ernüchtert feststellen, dass ein großer Teil unseres Humors ungerecht und dumm ist, und vielfach lachen wir am lautesten, wenn wir betrunken sind. Das Lärmende, Grölende und

Johlende des dummen Humors ist mit der Demut nicht vereinbar. Nur eine ruhige, ernsthafte Haltung macht es möglich, dass die Demut auch bis in den Körper hinein vordringen kann. Aus der stillen Ernsthaftigkeit und Tiefsinnigkeit heraus kann dann aber durchaus Humor entstehen, und es darf auch lautes, herzhaftes Lachen ertönen. Es ist dies ein ganz anderer, feinfühligerer Humor, Ausdruck einer heiteren Seele und eines gelösten Leibes.

11. Ruhige Rede: Die elfte Stufe der Demut knüpft daran an und beschäftigt sich mit der Ruhe im Körper, insbesondere in der Stimme. Benedikt empfiehlt eine ruhige, bescheidene Rede und dass man nur wenig und wohlbedacht sprechen soll. Statt loszulärmen, drauflos zu plappern und pausenlos zu schnattern, verbreitet der demütige Mensch mit seiner Rede eine Stimmung um sich herum, die andere in die Stille und in die Demut einlädt. Der bekannte Benediktinermönch Anselm Grün beschreibt in seinem Buch *Herzensruhe,* wie er in den siebziger Jahren oft Vorträgen von Karlfried Graf Dürckheim lauschte und wie es dadurch in ihm ganz ruhig wurde. »Nach einigen Vorträgen kannte ich mehr oder weniger den Inhalt. Ich konnte mir denken, was er da in etwa sagen werde. Aber das war nicht so wichtig. Von seinem Sprechen ging etwas aus, das in mir Ruhe erzeugte.«

12. Verneigung: Schließlich verwandelt die Demut auf der zwölften Stufe auch die Körperhaltung und die Bewegungen. Weil aus der ursprünglichen Gottesfurcht nun Gottesliebe geworden ist, die sich nicht anders äußern kann als demutsvoll, muss sich der Körper nicht mehr verkrampfen und anders darstellen, als er eigentlich ist. Es ist vielleicht nicht notwendig, dass man ständig demutsvoll das Haupt neigt, wie Benedikt den Mönchen rät, denn die Demut ist durchaus mit einem aufrechten Gang vereinbar. Als bewusste Geste und Übung kann aber das Verneigen des Hauptes noch tiefer in die Demut hineinführen. Indem ich mich vor allem, was größer ist als ich, verneige, kann ich alles geduldig annehmen und bin vollkommen zufrieden. Das Sich-Verneigen in Demut als innere Grundhaltung des gesamten Lebens führt mit der Zeit zu einer vollkommenen Entspannung im Körper, die zugleich von Energie und Lebendigkeit erfüllt ist.

Der Geringschätzung der *humilitas* steht in der Antike die Hochschätzung der *magnanimitas*, der Seelengröße, Hochsinnigkeit oder Hochherzigkeit, gegenüber. Aristoteles bezeichnet die Hochsinnigkeit als eine Krone der Tugenden und setzt sie in Beziehung zur berechtigten Ehre. In diesem Sinne lässt sich die Seelengröße als Vollkommenheit des Charakters definieren, die in einer beständigen Ausrichtung des Gemüts auf das Große, Edle und Erhabene besteht. Wer niederen Sinnes ist, schätzt sich nach Aristoteles zu gering ein; der Hochmütige schätzt sich zu hoch ein. Beide befinden sich im Irrtum über ihren wahren Wert. Der Hochsinnige dagegen schätzt sich richtig ein; er hält sich zu Recht großer Ehren für würdig.

Die Seelengröße ist nicht gleichbedeutend mit dem Großmut oder der Großherzigkeit, die ich in Kapitel 4 bespreche. Diese richten sich darauf, das Große und Edle zu schenken, während die Seelengröße darauf abzielt, das Große und Edle zu unternehmen. Allerdings ist der Hochsinnige gerne bereit, sich großherzig zu zeigen, scheut sich aber, selber Wohltaten zu empfangen. Nach Aristoteles lassen den Hochsinnigen eine Anerkennung, die ihm wegen einer Kleinigkeit zuteil wird, sowie eine Verunglimpfung völlig gleichgültig, weil sie seiner nicht würdig sind. Er benimmt sich maßvoll gegenüber Reichtum, Macht und Ehre und freut sich weder übermäßig an Glücksfällen noch lässt er sich im Unglück übermäßig betrüben. Vom Stolzen und Hochmütigen unterscheidet sich der Hochsinnige darin, dass er tatsächlich tugendhaft ist. Die Hochmütigen und Stolzen möchten gerne dem Hochgesinnten ähnlich sein, doch sie schaffen es nicht, die Werke der Tugend zu verrichten, weil sie voller Selbstsucht sind.

»Der Hochgesinnte bringt sich nicht für Kleines in Gefahr und ist nicht waghalsig«, schreibt Aristoteles in der *Nikomachischen Ethik*. »Dagegen setzt er sich um Großes der Gefahr aus, und tut er es, so schont er seines Lebens nicht, da es ihm zu schlecht ist, um jeden Preis zu leben.« Der Hochherzige schätzt die Wahrheit höher als die Meinungen anderer und ist stets bereit, freimütig und offen zu reden, weil er nicht auf die Person achtet. Es ist sowieso nicht seine Art, viel von den Menschen zu reden, weder von sich selbst noch von anderen. Es ist ihm gleichgültig, ob er gelobt oder getadelt werde, und weil er nicht viel von anderen spricht, so sagt er auch nichts Schlechtes über sie, nicht einmal über seine Feinde. Niemals jammert er über Unannehmlichkeiten, denn es geht ihm nicht um Vorteil und Nutzen, sondern allein um den Besitz des wahrhaft Großen und Schönen. Aristoteles bemerkt, dass »der Gang des Hochgesinnten langsam, seine Stirne tief, seine Rede ruhig sein müsse«, denn lautes Sprechen und hastiges Gehen kämen daher, dass einem ein hoher Standpunkt fehle.

Wenn hier vom Hochgesinnten stets in der männlichen Form die Rede ist, so entspricht dies völlig der antiken Überzeugung, dass nur freie Männer Seelengröße aufweisen könnten. Denn Frauen, Sklaven und Kinder, so nahm man an, besäßen ihrer abhängigen gesellschaftlichen Stellung wegen nicht die notwendigen Voraussetzungen dafür. Diese Sichtweise hat sich zum Glück deutlich verändert, sodass heute Frauen als genauso hochherzig gelten können wie Männer. Von einem Kind erwarten wir aber auch heute noch keine Seelengröße, da hierzu die den Erwachsenen vorbehaltenen Möglichkeiten der freien Lebensgestaltung notwendig sind.

Menschen mit Seelengröße schauen auf die wirklich wichtigen Dinge im Leben, auf das Gute, das Schöne und das Wahre. Sie suchen nicht den belanglosen Eigennutzen. Das macht sie gegen alles Falsche und Oberflächliche immun. »Hochgemutheit schließt in sich eine unbeugsame Festigkeit des Hoffens, eine geradezu herausfordernde Zuversichtlichkeit und die gänzliche Ruhe eines furchtlosen Herzens«, schreibt Josef Pieper. »Der Hochgemute unterwirft sich nicht der Verwirrung des Gemütes, nicht irgendeinem Menschen, nicht dem Schicksal – nur Gott.« Genau diese radikale Unterwerfung unter Gott zeichnet auch die Demut aus. Der Hochsinnige ist somit zugleich demütig und unterscheidet sich dadurch vom Hochmütigen, vom Kleinmütigen und vom Ehrgeizigen. Der Hochmütige unterwirft sich nichts und niemandem und fordert von allen anderen Unterwerfung. Der Kleinmütige hat den Sinn für das Große verloren und schleppt sich im Leben ohne Interessen und ohne Ideale voran. Der Ehrgeizige ist auf seine kleinen persönlichen Ambitionen fixiert und verliert dadurch den Sinn für das Wesentliche.

Die Demut bewahrt vor falscher Überhöhung, die Seelengröße vor falscher Erniedrigung. Demut braucht der Mensch, um sich nicht zu überfordern; Seelengröße braucht er, um sich nicht zu unterfordern. In diesem Sinne verkörpert die Hochsinnigkeit ein gesundes und produktives Gefühl für den eigenen Wert und die eigenen Fähigkeiten. Sie befähigt zu großen Leistungen, die zu berechtigtem Stolz führen. Menschen mit Seelengröße glauben nicht nur an ihr eigenes Potenzial, sondern wissen, dass jeder Mensch einzigartig ist und besondere Talente hat. Jeder hat seine Aufgabe zu erfüllen. Wichtiger als irgendeiner Norm gerecht zu werden ist es, seine persönlichen Anlagen zu entwickeln und anderen dabei zu helfen, dies ebenfalls zu tun.

Der Begriff Seelengröße umfasst verschiedene Konzepte, die in der Psychologie seit einiger Zeit Beachtung finden, ohne dass man sie bisher auf ein gemeinsames, umfassenderes Konzept zurückgeführt hätte. Es geht dabei unter anderem um die folgenden Eigenschaften:

- *Selbstwert.* Darunter versteht die Psychologie die emotionale Bewertung, die wir in Bezug auf uns selbst vornehmen. Wer ständig ein niedriges Selbstwertgefühl hat, unterschätzt seine Fähigkeiten. Ein zu hohes Selbstwertgefühl kann zu Überheblichkeit führen und bei anderen Menschen Ablehnung hervorrufen. Für die Entwicklung eines stabilen gesunden Selbstwertgefühls, das hochherzige Menschen aufweisen, ist es notwendig, dass das heranwachsende Kind sich als Verursacher von Handlungen erlebt, die zu positiven Gefühlen führen; zudem muss es soziale Wertschätzung und Anerkennung erhalten, sich mit wichtigen Bezugspersonen identifizieren können, die selbstsicher sind und von denen es Zuneigung erhält, und es muss ein gutes Gleichgewicht zwischen einer engen emotionalen Bindung und ausreichenden Möglichkeiten bestehen, Freiheiten zu erkunden (vgl. Mruk, *Self-esteem and positive psychology*).
- *Optimismus.* Hochherzige Menschen zeichnen sich durch Optimismus im Sinn einer allgemeinen Überzeugung aus, dass sich die Dinge zum

Guten entwickeln werden. Optimisten sehen die Ursachen für Erfolgserlebnisse in dauerhaften persönlichen Merkmalen, die viele verschiedene Situationen beeinflussen können. Umgekehrt führen sie Rückschläge auf vorübergehende und ganz spezifische äußere Merkmale zurück, die nicht viel mit ihnen selbst zu tun haben. Dagegen führen Pessimisten Misserfolge auf sich selbst zurück und betrachten deren Ursachen als allgemein und dauerhaft. Optimisten können Stress besser bewältigen als Pessimisten und sind somit erfolgreicher, außer wenn ihr Optimismus so unrealistisch wird, dass sie sich leichtsinnig in Gefahr begeben (vgl. Peterson, *The future of optimism).*

- *Hoffnung.* Hoffnung ist die Erwartung zukünftiger Erlösung aus widrigen Umständen, obschon der Ausgang noch ungewiss ist. Weil es oft von persönlichen Einstellungen und Handlungen abhängt, wie sich die Dinge entwickeln werden, sind hochsinnige Menschen zu Recht hoffnungsvoll; denn sie schätzen die Möglichkeiten, ihre wichtigsten Lebensziele zu erreichen, als sehr gut ein und sind außerdem hoch motiviert, diese Ziele auch anzustreben. Selbst wenn persönliche Möglichkeiten zur Beeinflussung weitgehend fehlen, besitzen Menschen mit Seelengröße einen starken Glauben an einen tieferen Sinn in allen Ereignissen, der sie vor Hoffnungslosigkeit bewahrt (vgl. Snyder, *The psychology of hope).*
- *Selbstwirksamkeitserwartung.* Damit wird die eigene Erwartung bezeichnet, gewünschte Handlungen erfolgreich ausführen zu können. Menschen, die daran glauben, sogar in schwierigen Situationen selbst etwas Positives bewirken zu können, besitzen demnach eine hohe Selbstwirksamkeitserwartung. Eine wichtige Komponente der Selbstwirksamkeitserwartung ist der Glaube, dass die Geschehnisse grundsätzlich beeinflussbar sind, statt dass sie allein vom Schicksal oder von mächtigeren Personen abhängen (sogenannte *Kontrollüberzeugung).* Während sich die Selbstwirksamkeitserwartung auf spezifische Situationen bezieht, kann das *Selbstvertrauen* (und damit zusammenhängend auch der Selbstwert) als ein allgemeines, situationsübergreifendes Merkmal aufgefasst werden (vgl. Bandura, *Self-efficacy).*

- *Zielorientierung.* Die Fähigkeit, seine Träume und Wünsche umzusetzen, indem man sich sinnvolle Ziele setzt und sich diesen durch entsprechende Handlungen annähert, kann als Merkmal von hochherzigen Menschen betrachtet werden. Einer erfolgreichen Zielerreichung stehen jedoch oft irrationale Überzeugungen, eine passive Erwartungshaltung oder Angst vor Misserfolgen im Wege. Hochsinnige Menschen weisen dagegen genügend Realismus, Energie und Mut auf, um ihren Zielen trotz äußeren Widerständen treu zu bleiben (vgl. Dweck, *Mindset*).

Es ließen sich noch weitere Konzepte finden, die als typische Merkmale von Hochsinnigkeit gelten können (z. B. Mut, produktive Bewältigungsstrategien, Authentizität und Resilienz). Die Tugend der Seelengröße vereinigt diese einander verwandten Konzepte miteinander und zeigt ihren gemeinsamen Nenner auf: eine Ausrichtung des Lebens auf das wahrhaft Große und Edle hin und der Glaube daran, dass man dessen würdig ist. Diese Haltung macht es notwendig, zwischen einem ängstlichen »kleinen Ich« und einem mutigen »wahren Selbst« zu unterscheiden, zwei Dimensionen, die in jedem Menschen vorhanden sind. Während kleinmütige Menschen sich ganz mit dem kleinen Ich identifizieren und Hochmütige versuchen, das kleine Ich künstlich aufzublähen, haben Menschen mit Seelengröße begriffen, dass sie sich mit etwas Größerem verbinden können, das ihnen dabei hilft, die Begrenzungen des kleinen Ichs zumindest zeitweise zu überschreiten.

4. Vom Neid zur Dankbarkeit

Neid und Eifersucht können in gewisser Weise als zu dem im vorangehenden Kapitel erforschten Hochmut konträre Laster angesehen werden, denn auch sie führen zu Gefühlen von Minderwertigkeit und Selbstverachtung. Im Gegensatz zum Hochmut gelingt es der Fantasie im Fall des Neides und der Eifersucht nicht, sich zur Illusion der eigenen Überlegenheit emporzuschwingen. Das kleine Ich bleibt in seiner Selbstverachtung stecken, erfüllt von Vorstellungen des Ungenügens und des Mangels.

Damit Neid auftritt, muss der soziale Vergleich ungünstig ausfallen: Die Person oder Gruppe, mit der ein Neider sich vergleicht, kommt besser weg als er selbst. Das entspricht wiederum dem Hochmut und dem Stolz, nur mit umgekehrten Vorzeichen: Die Laster der Arroganz entstehen durch einen sozialen Vergleich, der günstig ausfällt; beim Neid und bei der Eifersucht dagegen kommt man in der Vorstellung schlechter weg. Beide Gruppen von Lastern sind somit eng miteinander verbunden, da sie unterschiedliche Ausprägungen eines mangelhaften Selbstwerts verkörpern. Hochmut und Stolz gehören zur grandiosen Seite des Narzissmus, Neid und Eifersucht zur inferioren Seite.

Der Neid kleidet sich gerne in das Deckmäntelchen der moralischen Entrüstung. Man empört sich nicht deshalb über die Lasterhaftigkeit anderer Menschen, weil man sich aufrichtig um ihr Wohlergehen sorgt oder weil man selbst ein so leuchtendes Beispiel für Tugendhaftigkeit abgibt, sondern um dem verzehrenden Neid oder der nagenden Eifersucht Luft zu verschaffen. »Moralische Entrüstung ist Eifersucht mit einem Heiligenschein«, schreibt H. G. Wells.

Neid

Der neidische Mensch ist nicht mit sich selbst einverstanden. Er leidet an einer unerträglichen Spaltung zwischen dem, was er gerne sein möchte, und dem, was er zu sein meint. Seine »Scheelsucht«, wie der Neid früher genannt wurde, richtet sich auf eine andere Person oder eine Gruppe. Der Neider vergleicht sich mit anderen Menschen hinsichtlich eines bestimmten Merkmals. Er schielt heimlich und süchtig auf andere, die scheinbar glücklicher, schöner, erfolgreicher oder beliebter sind als er.

Hinter dem Neid verbirgt sich stets ein weiteres Laster, das überhaupt erst dazu führt, dass man den Vergleich anstellt. Das kann etwa eine auf den Körper, das Aussehen bezogene Eitelkeit sein wie bei Schneewittchens böser Stiefmutter, die nicht ertragen konnte, dass Schneewittchen schöner war als sie. Es kann unbefriedigte Geltungssucht sein wie bei Kain, der seinen Bruder Abel aus Neid darüber erschlug, dass Gott dessen Opfer bevorzugte; oder Ehrgeiz, wenn andere beruflich schneller vorankommen, Wollust, wenn sie sexuell erfolgreicher sind, oder Habsucht, wenn der Nachbar ein größeres Haus, ein teureres Auto besitzt. Wir sind nicht nur neidisch auf das Gute, das andere besitzen, sondern missgönnen ihnen auch noch ihre schlechten Eigenschaften, ihre Laster und Leidenschaften, die sie scheinbar erfolgreicher und schamloser ausleben als wir. Der Schweizer Politologe und Gesundheitsökonom Gerhard Kocher witzelte treffend: »Die heutige Jugend ist völlig verdorben. Das löst bei uns Älteren begreiflicherweise einen kolossalen Neid aus – was haben wir nicht alles verpasst!«

Der neidische Mensch veranstaltet in seiner Fantasie einen Wettstreit, den er verliert. Dabei erlebt er eine ungeheure Kränkung, nicht nur, weil er das Gefühl hat, stets zu kurz zu kommen, sondern auch, weil er sich für seinen verzehrenden Neid zutiefst verachtet. Das typische Mordwerkzeug des Neides ist das Gift, denn der Neid selbst ist wie ein Gift, das sich still und leise ausbreitet. Niemand mag seinen Neid öffentlich kundtun. Man versteckt ihn lieber in einem dunkeln Winkel des Seelenlebens. Treffend bezeichnete Nietzsche in *Menschliches, Allzu-*

menschliches den Neid und die Eifersucht als »die Schamteile der menschlichen Seele«.

Wenn es nicht gelingt, dem Neid rechtzeitig Einhalt zu gebieten, entwickelt er eine unheimliche Kraft. Das kann so weit gehen, dass sich aus dem Gefühl, vom Schicksal in den Schatten gestellt zu werden, zunächst Schadenfreude und schließlich ein unbändiger Hass auf all jene entwickelt, die scheinbar auf der Sonnenseite des Lebens stehen. Dass es dem anderen wohl ergeht, ist unerträglich geworden. Statt anderen ihr Glück zu gönnen, wünscht man ihnen jetzt alle möglichen Übel. So finden sich zwei Stufen des Neides: Der weniger schlimme Neid beruht auf dem Gefühl des eigenen Unglücks angesichts des Glücks anderer. Der schlimmere Neid beruht auf dem Gefühl des eigenen Glücks angesichts des Unglücks anderer. Der Begriff Missgunst bezeichnet die weniger schlimme Form des Neides. Bei der schlimmeren Form sprechen wir von Schadenfreude.

Der Begriff des Neides geht auf eine Gesinnung zurück, bei der man mit dem Feind im Kampf wetteifert und ihm schaden will. Feindseligkeit ist somit ein wesentliches Merkmal des Neides und führt in gefährliche Nähe zu Hass, Jähzorn und Rachsucht. Grund für die Feindseligkeit ist eine »Betrübnis über das Gut beim Nächsten, von dem man rechnet, es schlage einem zu eigenem Übel aus und richte sich auf die Schmälerung des eigenen Gut« (Thomas von Aquin). Während nicht wenige Laster mit einer gewissen Lustbefriedigung einhergehen, fehlt die Lust beim Neid völlig. Der neidische Mensch quält vor allem sich selbst. »Keine Leidenschaft ist für die Seele des Menschen verderblicher als der Neid«, schrieb der Kirchenvater Basilius der Große, weil der Neid »zwar andere sehr wenig betrübt, aber für den, der damit behaftet ist, eigentlich das Grundübel ist«.

Weil sich der Neider durch einen Vorzug oder Besitz des Beneideten gekränkt fühlt, ist er manchmal versucht, diesen Vorzug oder Besitz aus der Welt zu schaffen. So kann der Neid – ganz besonders auch deshalb, weil er meistens verschwiegen wird – für den Beneideten sehr wohl gefährlich werden, sofern er den Neider zu feindseligem Handeln veranlasst. »Der Hass ist ein aktives Missvergnügen, der Neid ein passives«, schreibt Goethe; »deshalb darf man sich nicht wundern, wenn der Neid so schnell in Hass übergeht.«

Auch beim Neid muss man zwischen einer kurzfristigen Emotion und einer chronischen, zerstörerischen Leidenschaft unterscheiden. Neid als vorübergehendes Gefühl tritt bei vielen Menschen auf, wenn sie sich mit anderen vergleichen, und muss nicht unbedingt zur Ausbildung des entsprechenden Lasters führen, sofern es gelingt, Gefühle des Neides zu erkennen, anzunehmen und loszulassen. Der Neid ist eine gemischte Emotion, die sich aus Empfindungen der Bewunderung und Ablehnung zusammensetzt. Damit wir eine andere Person beneiden können, muss sie gewisse wünschenswerte Eigenschaften aufweisen.

Wird allerdings der Neid zu einer gewohnten Haltung, dann erscheint das eigene Dasein dem neidischen Menschen als wertlos und armselig. Je weniger er sich selbst achtet, desto größer ist sein Neid, der durch die Fantasie angetrieben wird und im schlimmsten Fall das gesamte Denken in den Bann schlägt. Weil der Neid von der Vorstellungskraft getragen wird, ist es nicht notwendig, dass zwischen Neider und Beneidetem eine persönliche Beziehung besteht. Der Kleinverdiener kann auf den Bankier neidisch sein, den er nur aus der Zeitung kennt. Die unbekannte Sekretärin kann einen bekannten Popstar beneiden, ohne dass zwischen beiden irgendeine Verbindung besteht, außer ein bestimmtes Merkmal (wie etwa Wohlstand oder Beliebtheit), das der neidische Mensch für den Vergleich heranzieht. So durchdringt der Neid die ganze Gesellschaft, insbesondere unsere egalitäre, konkurrierende Gesellschaft, in der jeder nach oben strebt und sich andauernd mit anderen vergleicht. »Der Neid ist das Seelengift der vertikal mobilen Gesellschaft«, konstatiert Heiko Ernst treffend.

Längerfristig führt der Neid zu schwerwiegenden Folgen im Denken, Fühlen und Handeln der neidischen Person. Thomas von Aquin bezeichnet als »Sprösslinge des Neides« den Hass, die Ohrenbläserei, die Verleumdung, die Schadenfreude und die Missgunst. Dass man anderen nichts Gutes gönnen mag, wenn man sie beneidet, steckt schon in der

Definition des Neides, sodass die Missgunst die etwas weniger schlimme Form des Neides darstellt, bei der das Glück anderer das eigene Glück vermeintlich schmälert. Es ist nur ein kleiner Schritt von der Missgunst zur Schadenfreude, die bereits der schlimmeren Form des Neides zugehört, bei der das Unglück anderer das eigene Glück vermeintlich erhöht. Ohrenbläserei und Verleumdung stellen zwei Varianten ungerechter Handlungen dar, die darauf abzielen, die Beziehungen der beneideten Person mit ihrer Umwelt zu vergiften. Wir nennen das heute »Mobbing«. Man flüstert anderen schlechte Dinge über die beneidete Person ein, macht sich über sie lustig, wertet deren Erfolge ab, verweist auf fehlende Verdienste, sucht kritisch nach Fehlern, malt ihre ungünstigen Eigenschaften in drastischen Farben oder verbreitet falsche Gerüchte.

Hass gegenüber der beneideten Person kann zu den schlimmsten Verhaltensweisen Anlass geben – bis hin zu Erpressung, Entführung, Vergewaltigung, Totschlag oder Mord. Je mehr man den Beneideten quält, desto stärker hasst man ihn, weil er das Schlechteste in einem selbst hervorbringt und damit indirekt die Selbstachtung immer mehr zerstört. Richtet sich der Neid auf eine Gruppe von Menschen oder ganze Völker, dann müssen diese als Sündenböcke herhalten, als Projektionsfläche für die eigenen abgelehnten Eigenschaften und als »Blitzableiter« für angestaute Frustrationen. Neid gegenüber privilegierten Klassen oder anderen Völkern kann Revolutionen und Kriege hervorrufen.

Auch auf Seiten der beneideten Person entfaltet der Neid schädliche Wirkungen. Oft vergeht eine geraume Zeit, bis jemand merkt, dass er oder sie zur Zielscheibe des Neides geworden ist. Wenn sie mit dem Neider eng verbunden ist, so versucht die beneidete Person zunächst meist, ihre eigenen Leistungen zu schmälern, ihre Erfolge zu verstecken und ihre Talente herunterzuspielen. Das reicht bis hin zur völligen Verleugnung dessen, worauf sie eigentlich stolz sein darf. Oder man strengt sich weniger an und vernachlässigt die eigenen Interessen, um ja keinen Neid auszulösen.

So entfaltet der Neid eine immer zerstörerischere Wirkung auf Neider und Beneideten sowie die Beziehung zwischen ihnen, da die beneidete

Person nicht mehr sie selbst sein darf, weil sie sonst beneidet wird, und die neidische Person bemüht ist, ihren Neid zu verstecken, für den sie sich schämt. Es kommt zu Nörgeleien, Sticheleien, und die gegenseitige Befriedigung von Bedürfnissen wird verhindert. Nicht selten hat der Beneidete irgendwann einmal genug und fängt an, den Spieß umzudrehen. Statt die Qualitäten zu verstecken, um die er beneidet wird, benutzt er sie jetzt, um den Neider zu demütigen. Doch im Umgang mit neidischen Menschen ist es besser, sich auf die eigene Lebenslust und die eigene Mitte zu konzentrieren. Manchmal ist es notwendig, sich von der neidischen Person entschieden zu distanzieren, wie dies schon im Alten Testament empfohlen wird: »Iss nicht das Brot eines Missgünstigen, und begehre nicht seine Leckerbissen. (...) Den Bissen, den du gegessen hast, musst du erbrechen, und deine schönen Worte hast du vergeudet.« (Spr 23,6–8)

Wie viele andere Laster führt der Neid immer stärker in die Einsamkeit hinein. Der nagende Zweifel am eigenen Wert macht es nicht leicht, sich anderen Menschen offen zu nähern. Missgunst Schadenfreude bleiben meist nicht von der Umwelt unbemerkt. Zum Schluss sind nur noch die anderen Neider übrig, die durch Missgunst gegenüber den angeblich Privilegierten und durch geteilte Lust an den Misserfolgen der Beneideten mehr schlecht als recht zusammengehalten werden. Ganz zuletzt nagt der neidische Mensch allein an seinem bitteren Knochen.

Exkurs: Gibt es einen gerechten Neid?

Gelegentlich wird die Ansicht vertreten, dass der Neid auch Vorteile besitze, weil er angeblich zu Gerechtigkeit und Gleichheit unter den Menschen beitrage, insbesondere hinsichtlich der Vermögensverhältnisse. Außerdem könne die Angst vor dem Neid der weniger Begüterten diejenigen, die mehr besitzen, dazu veranlassen, ihr Hab und Gut zu teilen, so wie man früher versuchte, den Neid der Götter mit Opfergaben zu besänftigen. Und schließlich rufe der eigene Neid ein Verlangen nach sozialer Gleichheit hervor, um denjenigen etwas wegzunehmen, die mehr besäßen als man selbst.

Die Vorstellung, der Neid beruhe auf wahrgenommener Ungerechtigkeit und führe zu einem sozialen Ausgleich, verwechselt jedoch Empörung über Ungerechtigkeit mit Neid. Tatsächlich entsteht nicht Neid, wenn man persönlich von einem Unrecht betroffen ist, wie etwa Arglist oder Diebstahl, sondern Missvergnügen, Unmut, Empörung, Ärger, Groll oder vielleicht auch Verbitterung. Außerdem ist es möglich, wenn auch leider selten, dass jemand sich über eine soziale Ungerechtigkeit empört, auch wenn er selbst eigentlich davon profitiert, wie zum Beispiel im Fall jener weißen Südafrikaner, die sich für die Abschaffung der Apartheid eingesetzt hatten. Es wäre seltsam zu behaupten, dass auch hier gerechter Neid im Spiel sei.

Es ist nicht Neid, wenn man gerne gute Dinge besäße, die jemand anders hat. Sogar eine ganz schmerzliche Sehnsucht ist nicht das Gleiche wie Neid. Bei einem starken Wunsch kann zwar möglicherweise zugleich auch Neid mitschwingen, aber das muss nicht zwangsläufig so sein. Wer glaubt, der Neid erfülle eine positive Funktion, weil er dazu führe, sich anzustrengen, um die Dinge zum Besseren zu verändern, verwechselt Neid mit Sehnsucht. Neid ist immer schädlich, wenn er nicht verwandelt wird. Es ist deshalb unsinnig, einen angeblich »gerechten« Neid als Triebfeder für soziale Gerechtigkeit zu betrachten.

Ebenso wenig ist ein sogenannter »ehrgeizig-stimulierender« Neid etwas Wünschenswertes. Angeblich führt diese Form des Neides dazu, dass man bestrebt sei, sich im Vergleich mit anderen ständig zu verbessern. Im Unterschied dazu gehe es bei einem feindseligen oder schädigenden Neid nur darum, den Rivalen aus dem Feld zu schlagen. Die Idee, dass Ehrgeiz eine produktive, stimulierende Kraft darstellt, ist zwar weit verbreitet, aber dennoch falsch. Zwar kann der Ehrgeiz zu ganz gewaltigen Anstrengungen führen, ein bestimmtes Ziel zu erreichen, doch hierzu ist ihm jedes Mittel recht. Dem Ehrgeizigen geht es nicht um eine Entwicklung der eigenen Gaben, sondern um den eitlen Drang nach Ehre. Außerdem besteht beim Neid immer die Gefahr, dass die weniger schlimme Missgunst über das Glück anderer in schädigenden Neid umschlägt, der sich am Unglück anderer erfreut. Solange der Neid nicht verwandelt wird, trägt er nichts dazu bei, sich selbst zu verbessern, sondern will nur den Beneideten übertrumpfen.

Es ist zwar denkbar, dass jemand sein Hab und Gut mit anderen teilt, weil er sich vor dem Neid oder dem offenen Hass derjenigen fürchtet, die weniger besitzen als er. Eine solche Situation tritt meist dann ein, wenn die Privilegien bestimmter Personen derart ungerecht und der öffentliche Ruf nach ausgleichender Gerechtigkeit derart unüberhörbar geworden sind, dass den Begüterten ernsthafte Gefahr droht, ihre Ehre, ihr Hab und Gut oder gar ihr Leben zu verlieren. So sind ehemalige Manager plötzlich bereit, einen ansehnlichen Teil ihrer Abfindungsentschädigung zurückzuerstatten, wenn die öffentliche Empörung über die Höhe der Summe und über die Mangelhaftigkeit ihrer Leistungen droht, sie auf immer zu gesellschaftlichen Unpersonen zu machen. Dass privilegierte Menschen bereit sind zu teilen, wenn sie sich vor dem Neid der weniger Privilegierten fürchten, ist nicht überraschend. Es ist jedoch falsch, jegliche Gerechtigkeit auf eine solche Angst vor dem Neid der anderen zurückzuführen. Ein Teilen aus Angst führt nicht zu dauerhafter Gerechtigkeit. Sobald nämlich die Angst vorüber ist, nachdem die größte Empörung nachgelassen hat, geht die Ungerechtigkeit meist still und leise weiter.
Auch die Ansicht, der eigene schädigende Neid führe zu sozialer Gerechtigkeit, hat Schwächen. Freuds Beobachtung, dass die Erfahrung des Neides das Bedürfnis nach einem sozialen Ausgleich hervorruft (nach dem Motto: wenn ich nicht der Erste sein darf, dann soll es auch sonst niemand sein), ist zwar nicht abwegig. So wäre es nicht verwunderlich, wenn eine eingehende Analyse des Seelenlebens vieler sogenannter Revolutionäre das Ergebnis erbrächte, dass ihr Kampf um soziale Gleichheit und Entmachtung der Privilegierten auf einem tief wurzelnden, bis in die Kindheit zurückreichenden Neid beruhte. Die Entwicklung in kommunistischen Staaten scheint zu belegen, dass es den Klassenkämpfern mit ihren angeblich hehren Idealen von sozialer Gerechtigkeit und Gleichheit nicht besonders schwerfiel, nach dem errungenen Sieg eine noch wesentlich ungerechtere Gesellschaft einzurichten, in der nun sie selbst und ihr engster Kreis zu den Privilegierten gehörten. Somit kann zwar der Wunsch nach sozialer Gerechtigkeit durchaus auf heimlichem Neid beruhen, doch entsteht in solchen Fällen nie wirkliche Gerechtigkeit, sondern höchstens eine neue Form des Unrechts.

Es gibt keine guten Gründe für die Annahme eines »positiven« oder »gerechten« Neides, und der Neid führt nicht zu dauerhafter sozialer Gerechtigkeit. Neid kann zwar vorübergehend einen gewissen sozialen Ausgleich der Güter bewirken, entweder aus Angst vor dem Neid anderer oder aus eigenem Neid gegenüber den Privilegierten. Doch der Neid sucht nicht den gütlichen, den gerechten Ausgleich, denn die Neider sind niemals zufrieden. Weil sie bei sich selbst immer eine Mangelsituation zu erkennen glauben, kann es den anderen nie schlecht genug gehen, damit der Neid endlich befriedigt ist. Wirkliche Gerechtigkeit gibt es nur, wenn statt des Neides die Dankbarkeit regiert.

Eifersucht

Die raffinierteste Definition der Eifersucht stammt von Grillparzer: »Eifersucht ist eine Leidenschaft, die mit Eifer sucht, was Leiden schafft.« Wie beim Neid ist auch der von der Leidenschaft Betroffene der hauptsächlich Leidtragende, da er sich selbst seelische Qualen auferlegt. Noch stärker als beim Neid wird aber auch die Person, derentwegen man eifersüchtig ist, zur Zielscheibe von Angriffen. Der Begriff *Eifersucht* bedeutete ursprünglich »bittere Krankheit« oder »Seuche der Erbitterung«. Als Emotion erleben wir Eifersucht, wenn wir meinen, seitens einer Drittperson nicht genügend Aufmerksamkeit oder Zuneigung zu erhalten, während scheinbar eine andere Person, von der wir ausgestochen werden, in einem höheren Maße durch die Drittperson begünstigt wird.

Eifersucht kann derart absurde Formen annehmen, dass jemand auf ein Haustier eifersüchtig ist, auf ein Hobby oder auf den Fernsehapparat, wenn der Mensch, den man gerne besitzen möchte, diesen Dingen scheinbar mehr Aufmerksamkeit schenkt als einem selbst. Normalerweise besteht aber eine Eifersuchtssituation aus drei beteiligten Personen, von denen eine der Eifersüchtige, eine der Begehrte und eine der Rivale ist. Dabei fürchtet der Eifersüchtige, den Begehrten an den Rivalen zu verlieren. Diese Konstellation existiert oft nur in den Augen des Eifersüchtigen, da die anderen beiden die Situation möglicherweise ganz anders einschätzen oder es in Wirklichkeit vielleicht gar keinen Dritten gibt.

Aktionen eifersüchtiger Menschen zeigen drei verschiedene Muster (vgl. Kast, *Neid und Eifersucht)*: Erstens ist es möglich, dass der Eifersüchtige sich innerlich zurückzieht, mit Niedergeschlagenheit, Enttäuschung, unproduktivem Tatendrang, körperlichen Symptomen oder sogar Suizidimpulsen reagiert. Mit diesem Muster einher gehen manchmal auch ... Fantasien, wie man sich für den tatsächlich erlittenen oder den bloß imaginierten Verrat rächen könnte. Ein anderes Reaktionsmuster von Eifersüchtigen ist durch Zwangsausübung und Kontrolle gekennzeichnet, wobei es hier auch zu körperlichen Übergriffen kommen kann. Man will Gewissheit und sucht nach Beweisen, überwacht und spioniert, dringt auf ein Geständnis, sucht verzweifelt nach verräterischen Zeichen oder macht in der Öffentlichkeit eine Szene. Schließlich findet sich manchmal auch ein Reaktionsmuster, bei dem sich der Eifersüchtige mit dem (vermeintlichen) Rivalen identifiziert und mit ihm konkurriert, sodass Situationen inszeniert werden, in denen der Eifersüchtige verzweifelt versucht, seine Überlegenheit, an die er selbst eigentlich nicht recht glaubt, voller Hochmut zu demonstrieren.

Manchmal endet die Eifersucht leider tödlich. Dabei sind junge Ehefrauen im gebärfähigen Alter besonders gefährdet, von ihren betrogenen Partnern umgebracht zu werden. Umgekehrt töten Frauen ihren Partner nur höchst selten. Allerdings ist Eifersucht bei Frauen ein weitaus häufigeres Mordmotiv als bei Männern, wie eine Untersuchung von Richard Felson an der Penn State University zeigte. Frauen richten eifersüchtige Aggressionen eher gegen den Partner, während Männer typischerweise den Rivalen angreifen.

»Der Schmerz der Eifersucht ist deshalb so bitter, weil die Eitelkeit sich gegen ihn sträubt«, schreibt Stendhal. Der Eitle würde gerne glauben, dass niemand begehrenswerter sei als er selbst. Doch die Eifersucht beweist das Gegenteil, dass er nämlich keineswegs mit sich zufrieden, sondern vielmehr neidisch ist. Sowohl die Eifersucht wie auch der Neid beruhen auf der Vorstellung eines Mangels bei sich selbst. Empfände man keinerlei Neid gegenüber dem Rivalen, könnte auch keine Eifersucht entstehen, da der Rivale seine Bedrohlichkeit verloren hätte. So erkennt man die Eifersüchtigen »an Zügen des Misstrauens, des Lauerns, des Messens und der steten Furcht, dass man verkürzt werde« (Adler).

Zwar erscheint die geliebte Person dem Eifersüchtigen als nicht ersetzbar, während der Rivale eine beliebige andere Person sein kann, die man nicht einmal persönlich kennen muss oder die es vielleicht gar nicht gibt. Trotzdem kann man auch auf einen Unbekannten oder einen bloß imaginären Dritten neidisch sein, denn der Eifersüchtige stattet diesen in seiner Fantasie mit all jenen begehrenswerten Eigenschaften aus, die er bei sich selbst schmerzlich vermisst. Oft ist die Eifersucht gerade dann am größten, wenn der vermeintliche Rivale gar nicht bekannt ist, da es nun besonders leichtfällt, sich auszumalen, welch überlegene Eigenschaften dieser Unbekannte besitzt.

Wenn die Eifersucht ausschließlich in der eigenen Vorstellung existiert, dann handelt es sich um eine misstrauisch-ängstliche Eifersucht – im Gegensatz zu einer reaktiven Eifersucht, die sich auf reale Tatsachen stützt. Die reaktive Eifersucht, die dann auftritt, wenn der Partner tatsächlich fremdgegangen ist, stellt eigentlich gar kein Laster dar, sondern ist eine sinnvolle Reaktion auf eine reale Bedrohung der Beziehung. Das völlige Fehlen von Eifersucht, selbst wenn die Beziehung durch Drittpersonen bedroht ist, erscheint eher als ein Zeichen von Gleichgültigkeit oder Resignation. Natürlich kann auch die reaktive Eifersucht Ausmaße annehmen, die sie in die Nähe einer unkontrollierbaren Leidenschaft rücken lassen, aber es ist doch in erster Linie die misstrauisch-ängstliche Eifersucht ohne reale Grundlage, um die es hier im Sinne eines Lasters geht.

Psychologische Untersuchungen haben ergeben, dass die reaktive Eifersucht eher auftritt, wenn die Partnerschaft als besonders wertvoll erlebt wird, während die misstrauisch-ängstliche Eifersucht nicht mit der

Qualität der Partnerbeziehung zusammenhängt, sondern mit Persönlichkeitseigenschaften des Eifersüchtigen, insbesondere Unsicherheit und einem geringen Selbstwertgefühl (Rydell & Bringle). Auch die Gefühlslage unterscheidet sich, je nachdem, ob es sich um einen bloßen Verdacht oder um eine wirkliche Bedrohung der Partnerschaft handelt. Wenn man den Partner der Untreue verdächtigt, ohne dass diese bewiesen ist, treten Wut, Selbstzweifel und Angst auf. War der Partner wirklich untreu, so spürt man meistens Trauer (Schmitt, *Logographie der Eifersucht)*.

Der misstrauisch-ängstliche Eifersüchtige ist nicht nur – wegen dessen vermeintlichen Qualitäten – auf den Rivalen neidisch, sondern denkt zugleich, dass er die Anerkennung oder Liebe derjenigen Person, die er gerne besitzen möchte, eigentlich gar nicht verdient, da er sich auch ihr gegenüber unterlegen fühlt. Ein klassisches Rezept für Eifersucht ist die Paarbildung zweier Menschen aus der gleichen Gruppe, etwa einer Schulklasse, von denen die eine Person zu den Beliebten und Attraktiven, die andere zu den wenig Beachteten gehört. Wenn die zweite der beiden nicht über besondere Quellen verfügt, aus denen sie ihren Selbstwert speist, so wird sie ihrem Glück nicht trauen, dass sich die erste für sie interessiert. Immer bleibt ein Gefühl zurück, eigentlich nicht attraktiv genug für sie zu sein. Sobald nun der Partner sich aus vielleicht ganz harmlosen Gründen einer anderen Person zuwendet, entsteht die größte Eifersucht. So geht es bei der Eifersucht immer auch um den sozialen Status der drei beteiligten Personen. Eifersucht entsteht nur dort, wo der Eifersüchtige denkt, sein eigener Status sei niedriger als derjenige des Rivalen *und* derjenige der begehrten Person.

So gestattet die Fantasie nur dann, eifersüchtig zu sein, wenn die Person, die man besitzen möchte, bei einem anderen auf diejenigen begehrenswerten Eigenschaften stoßen könnte, die der Eifersüchtige bei sich selbst vermisst. Selbst wenn jeglicher Anhaltspunkt fehlt, dass die Beziehung durch einen Rivalen gefährdet sein könnte, können sich Eifersüchtige den vermeintlichen Betrug in allen Einzelheiten ausmalen. Dabei fühlen sie sich ausgeschlossen, abgewertet und entwürdigt. »Eifersucht, die Begleiterin der Liebe, hat dagegen brennende Eile, alles zu glauben, was nicht erfreut«, lesen wir bei Petrarca. »Nicht durch Tatsachen allein, schon durch Schatten und Träume lässt sie sich schrecken.«

Misstrauisch-ängstliche Eifersucht entsteht manchmal auch dann, wenn eigene Impulse, aus der Beziehung auszubrechen, verleugnet werden. Zwar würde der Eifersüchtige die Möglichkeit weit von sich weisen, dass er selbst es sein könnte, der sich nach einem Seitensprung sehnt, und dass er nur deshalb so sehr fürchtet, hintergangen zu werden, weil er diesen heimlichen Wunsch verspürt. Aber die zwanghafte gedankliche Beschäftigung des Eifersüchtigen mit der möglichen Untreue des Partners klärt sich nur dann auf, wenn berücksichtigt wird, dass der Eifersüchtige dem Partner nicht gönnen mag, was er selbst sich unter großer Kraftanstrengung verbietet. Nichts verabscheuen wir mehr in Beziehungen, als am Ende »der Dumme« zu sein.

Eifersucht hängt meistens auch mit früheren Verletzungen und Benachteiligungen zusammen. Eine Studie der beiden amerikanischen Psychologinnen Rauer und Volling ergab, dass junge Erwachsene, die von ihren Eltern rückblickend ähnlich viel Aufmerksamkeit erhalten hatten wie ihre Geschwister, über ein stärkeres Selbstvertrauen verfügten und weniger Stress in Beziehungen erlebten. Wer sich gegenüber seinen Geschwistern jedoch benachteiligt gefühlt hatte, zeigte im Erwachsenenalter größere Eifersucht, ein stärker beeinträchtigtes Selbstwertgefühl und größere Schwierigkeiten in der Partnerschaft. Erstaunlicherweise zeigten sich im Erwachsenenalter nicht nur Beeinträchtigungen bei den benachteiligten Geschwistern, sondern auch bei jenen, die sich selbst als bevorzugt empfunden hatten. So scheinen ganz allgemein Geschwisterrivalität und ein frühkindlicher Konkurrenzkampf im späteren Leben zu einem erhöhten Risiko für Eifersüchteleien beizutragen.

Die Eifersucht ist ein beliebtes Forschungsfeld der sogenannten Evolutionspsychologen. In einer Untersuchung von David Buss wurden Probanden gebeten, sich zwei Szenarien vorzustellen, in denen sie von ihrem Partner hintergangen würden: entweder eine rein sexuelle Affäre ohne emotionale Verwicklungen oder aber eine sich andeutende Liebesbeziehung zwischen dem eigenen Partner und einer anderen Person ohne bisherigen sexuellen Kontakt. Weibliche Teilnehmer fürchteten sich stärker vor emotionaler Untreue, während die meisten Männer einen sexuellen Betrug schlimmer fanden.

Buss erklärte diesen Befund dadurch, dass Frauen aus evolutionsbiologischer Perspektive darauf angewiesen sind, Männer an sich zu binden, die ihnen emotional nahestehen und ihnen zuverlässig Ressourcen (wie etwa Schutz oder Nahrung) zur Verfügung stellen, damit die eigenen Kinder möglichst gut versorgt werden. Aus diesem Grund würde für Frauen eine emotionale Untreue ihres Partners viel schwerer wiegen als eine sexuelle Affäre. Männer dagegen besitzen nach Buss die besten Chancen, ihre eigenen Gene weiterzugeben, wenn sie möglichst viele Frauen befruchten. Deshalb richteten Männer ihr Augenmerk hauptsächlich auf die emotionale Untreue ihrer Partnerinnen.

Diese evolutionsbiologische Erklärung der Eifersucht kommt jedoch von zwei Seiten her ins Wanken. Zum einen zeigen Studien in heute noch existierenden Jäger-Sammler-Gesellschaften, dass sich die Männer dort teilweise fast gar nicht um die Versorgung ihrer Kinder bemühen, sodass es auch für unsere weiblichen Vorfahren wenig Anlass und Möglichkeiten gegeben hätte, den Mann emotional an die Familie zu binden. Außerdem weisen neuere Untersuchungen von David DeSteno darauf hin, dass sich bei der von Buss durchgeführten Studie die Ergebnisse veränderten, wenn die Teilnehmer während ihrer Befragung zum Thema Eifersucht abgelenkt wurden (z. B. indem sie bestimmte Zahlen im Gedächtnis behalten mussten). Dadurch erhoffte man sich spontanere und echtere Aussagen. Tatsächlich fand sich nun plötzlich kein Unterschied mehr zwischen Frauen und Männern. Möglicherweise spiegeln die Befunde der Evolutionsbiologen zur Eifersucht doch letztlich nichts anderes als den Einfluss gesellschaftlicher Normen wider, die sich bei längerem Nachdenken im Antwortmuster niederschlagen.

Dankbarkeit und Großherzigkeit

Angesichts der selbstzerstörerischen Kraft des Neides und des gewalttätigen Potenzials, das in der Eifersucht steckt, stellt sich die dringende Frage, welche Tugenden diese Laster zu verwandeln und aufzulösen vermögen. Bekanntlich ist das Gegenteil der Missgunst die Gunst. Um Gunst handelt es sich, wenn eine höher gestellte Person einer niedriger gestellten eine Wohltat erweist, ihr zum Beispiel Vertrauen und Zuneigung, Titel und Ämter oder materielle Güter schenkt. Gunst ist zwar vor allem in aristokratischen Gesellschaftsformen von Bedeutung, doch auch in egalitären Systemen gibt es Mächtigere und Wohlhabendere, die kraft ihrer Vorrangstellung weniger Begüterten eine Gunst erweisen können.

Gunst ist insofern ein interessantes Gegenstück zum Neid, als dass der neidische Mensch sich als unterlegen und minderwertig erlebt. Der für die Gunst charakteristische soziale Vorrang des Gebenden steht in starkem Kontrast zur Unterlegenheit und verhindert so die Entstehung von Gefühlen der Minderwertigkeit. Wenn es einer neidischen Person auf irgendeine Art gelänge, sich selbst neu als eine großzügige Gönnerin zu definieren, die andere mit ihrer Gunst überhäuft – nicht im Sinn einer übertriebenen Verwöhnung, sondern als angemessene Zuteilung von Wohltaten –, dann verschwände der Neid und wiche einem Gefühl von Zufriedenheit und Erfüllung.

Eine Gunst zu erweisen ist eigentlich nur ein besonderer Aspekt von Großherzigkeit oder Güte. Ein großherziger Mensch fühlt sich vom Schicksal begünstigt und von den Göttern geliebt, sogar dann, wenn objektive Mängel bestehen. Seine Güte bewirkt, dass er andere unterstützt und ihnen beisteht, wenn er selbst gar keine höhere soziale Position, gar keinen größeren Wohlstand als sie aufweist. Somit scheint die Tugend der Großherzigkeit im besonderen Maße geeignet, Neid und Eifersucht zu überwinden. Ein großherziger, gütiger Mensch ist völlig frei von Neid und Eifersucht, weil er allen anderen Geschöpfen Glück und Wohlergehen wünscht und selbst reichlich an der Fülle teilhat.

Wie gelingt es einem großherzigen Menschen, sich als besonders begünstigt zu erleben, sogar wenn andere vielleicht reicher, schöner, gesünder oder sozial angesehener sind? Der Grund für die innere Fülle und die Herzensgröße gütiger Menschen ist ihre Dankbarkeit. Großherzige Menschen schauen nicht auf das, was sie nicht besitzen oder nicht sind, sondern sind zutiefst für alles Gute dankbar, das ihnen geschenkt wird, egal woher dies kommt und wer es schenkt. Dankbarkeit ist eine erhabene Geisteshaltung, die das wirksamste Heilmittel darstellt, um mit allen Situationen des Lebens zurechtzukommen. Ein dankbarer Mensch vergisst nie, was ihm Gutes widerfährt. Er zehrt davon, wenn die Zeiten einmal schlecht werden, und er blüht auf, wenn er sich die vielen kleinen und großen Geschenke vergegenwärtigt, die das Leben ihm täglich bereitet (vgl. Emmons, *Thanks!*).

So finden wir, dass es die Tugenden der Dankbarkeit und der Großherzigkeit sind, die den Neid und die Eifersucht überwinden. Großherzigkeit und Güte erwachsen aus der inneren Zufriedenheit eines dankbaren Daseins. Ohne Dankbarkeit ist keine Güte möglich, denn wer sich als ein zu kurz Gekommener erlebt, schielt neidisch auf die anderen, statt sie großherzig an seiner Fülle teilhaben zu lassen. Wir wenden uns deshalb zunächst der Dankbarkeit zu.

Der Weg von Neid und Eifersucht zur Dankbarkeit ist gar nicht so lang, wie man meinen könnte. Wie wir gesehen haben, gehört es zum Neid, dass man ihn zu unterdrücken oder zu leugnen versucht, weil er die eigene Eitelkeit kränkt. Deshalb versuchen neidische Menschen, der beneideten Person aus dem Weg zu gehen, sie zu entwerten, sich selbst zu überhöhen oder vielleicht auch die beneidete Person zu idealisieren. Dies tun sie in der Hoffnung, dass diese in unerreichbare höhere Sphären entrückt wird und gleichsam außer Konkurrenz gerät.

Durch solche Abwehrversuche lässt sich der Neid aber meistens nicht aus der Welt schaffen. Um den Neid wirklich aufzulösen, ist es unumgänglich, sich ehrlich einzugestehen, dass man neidisch ist. Indem man bei sich selbst erforscht, um welche Eigenschaften oder Güter man andere am meisten beneidet, lässt sich herausfinden, in welchen Bereichen das

Selbstwertgefühl am stärksten angegriffen ist. Eine schonungslose Analyse des eigenen Neides kann dazu beitragen, sich mit der Zeit immer mehr vom Neid zu lösen und eine Haltung der Dankbarkeit einzunehmen. Der Weg von einem missgünstigen Dasein zur Dankbarkeit führt über die Akzeptanz eigener Gefühle des Neides oder der Eifersucht.

»Beneide niemanden, denn du weißt nicht, ob der Beneidete im Stillen nicht etwas verbirgt, was du bei einem Tausche nicht übernehmen möchtest«, empfiehlt der schwedische Dichter August Strindberg. In diesem Satz steckt die Erkenntnis, dass jeder Mensch einzigartig ist, seine eigenen Gaben besitzt und seine eigene Last zu tragen hat. Wenn wir jemanden beneiden, so versuchen wir damit, dem zu entfliehen, was wir selbst sind, und unseren angeblichen Mangel gegen das vermeintliche Glück des anderen zu tauschen. Ein solcher Tauschhandel ist aber nicht möglich, denn wenn er möglich wäre, dann gäbe es uns selbst nicht mehr – wir wären zu einer anderen Person mit anderen Gaben und anderen Lasten geworden.

So zeigt sich denn bei genauerem Hinsehen, dass eigentlich niemand auf Erden nur gänzlich begünstigt ist und niemand völlig leer und armselig ausgeht, sondern dass Glück und Unglück, Fülle und Mangel sehr viel mit der Akzeptanz des eigenes Daseins und des eigenen Selbst zu tun haben. Was außerdem noch deutlich wird, ist die Tatsache, dass ein dankbarer Mensch viel weniger auf das schaut, was er hat, und viel mehr auf das, was er ist, während neidische Menschen ihr Dasein hauptsächlich über Haben oder Nicht-Haben definieren. – »Ich *hatte* nie eine glückliche Kindheit… Warum *haben* andere mehr Glück als ich?… Nie *hatte* ich eine befriedigende Liebesbeziehung!« Immer schaut der Neidische darauf, was er nicht hat und was andere haben. Auch der Eifersüchtige will *haben*, nämlich einen anderen Menschen, und er ist in ständiger Angst, diesen Besitz wieder zu verlieren.

Ein dankbarer Mensch ist zwar auch für das dankbar, was er hat, aber viel mehr noch ist er dankbar dafür, dass er überhaupt existiert. Im Gegensatz zu den Undankbaren und Neidischen, die mit ihrem Tunnelblick nur darauf schielen, was sie nicht haben, sind sich dankbare Menschen durchaus bewusst, dass auch sie nicht alles besitzen und dass nicht alles, was sie besitzen, wünschenswert ist. Auch sie erleben Enttäuschungen, auch sie haben mit Entbehrungen und Krankheiten zu kämpfen, doch das hält sie nicht davon ab, für ihr Dasein Freude zu empfinden und Dankbarkeit für das Gute, das sie trotz Entbehrungen erlebt haben und noch erleben werden. Für nichts auf der Welt möchten sie mit anderen tauschen, denn sie ahnen, dass auch die Schwierigkeiten, denen sie ausgesetzt sind, irgendwie zu ihnen gehören und dass sie ihnen dazu verhelfen, dasjenige einzigartige Wesen zu sein, das sie sind. Sie wollen nicht immer mehr, sie wollen auch nicht mehr als die anderen, sie wollen nur immer mehr und immer besser sie selbst sein.

Diesen Gegensatz zwischen einer Haltung des Habens und einer Haltung des Seins hat Erich Fromm exemplarisch herausgearbeitet. In einer Gesellschaft wie der unseren, in der es weit stärker ums Haben als ums Sein geht, gilt nichts, wer nichts hat. Eine solche Orientierung am Haben führt zu Leistungsdruck, Konkurrenz, Angst vor Misserfolgen, Stolz und Eitelkeit, Neid und Eifersucht, Gier und Geiz. Dagegen reduziert das Sein den Menschen auf das Wesentliche. Statt darauf zu achten, was sie haben oder noch nicht haben, sammeln Menschen, die sich am Sein orientieren, »Schätze im Himmel, wo weder Motte noch Rost sie zerfressen, wo keine Diebe einbrechen und stehlen« (Mt 6,20). Ein Leben, das sich am Sein statt am Haben ausrichtet, betrachtet das Dasein stets vom Standpunkt der Ewigkeit aus – im Wissen darum, dass jeglicher Besitz wieder verloren geht, es sei denn, der Besitz kann im eigenen Herzen aufbewahrt werden.

Wenn der Besitz einen Platz im Herzen eingenommen hat, dann ist er zu einem Teil unseres Seins geworden und nährt das Gefühl der inneren Zufriedenheit und der Dankbarkeit. Die Dankbarkeit führt zu äußerst positiven Veränderungen in zwischenmenschlichen Beziehungen: Statt an anderen Menschen zu leiden und das Gefühl zu haben, durch sie in der eigenen Bedürfnisbefriedigung frustriert zu werden, nimmt der Dankbare andere als Quelle der Freude und als Ursache seiner Zufriedenheit wahr. Er wünscht deshalb, anderen Menschen Gutes zu tun, sie zu beschenken und ihnen mit Großherzigkeit zu begegnen. Auf diese Weise vermehrt Dankbarkeit die Güte im zwischenmenschlichen Verkehr.

Neben der Dankbarkeit gegenüber bestimmten Menschen gibt es auch eine spirituelle Dankbarkeit gegenüber Gott oder den Göttern, dem Universum, dem Schicksal, dem Dasein oder dem Leben. Diese überpersönliche Dankbarkeit stellt sich ein, wenn man es sich zur Gewohnheit macht, sich die vielen wertvollen Gaben, die einem täglich geschenkt werden, bewusst zu vergegenwärtigen. Nach Emmons entwickelt sich Dankbarkeit in zwei Schritten: Zunächst geht es darum, sich das Gute im eigenen Leben bewusst zu machen und das Leben überhaupt zu bejahen. Darauf folgt die Erkenntnis, dass die Quelle dieses Guten außerhalb der eigenen Person liegt, seien dies andere Geschöpfe oder die Kraft, die alle Geschöpfe und alles Leben hervorbringt und erhält. So führt die Dankbarkeit immer über die eigene Individualität hinaus und verbindet uns mit etwas Größerem.

Dankbarkeit enthält eine Ahnung davon, dass unser Leben und Erleben in etwas Geheimnisvolles und Wunderbares eingebettet sind, das unsere alltäglichen Augen nicht zu schauen vermögen. In seltenen Augenblicken werden wir jedoch von geradezu unendlicher Dankbarkeit überwältigt, etwa bei besonderen Stimmungen in der Natur oder Begegnungen mit außergewöhnlichen Menschen. Solche Erlebnisse gehen dann oft mit körperlichen Empfindungen der Wärme, der Weite oder der kribbelnden Lebendigkeit einher. Die Dankbarkeit wird bei solch außergewöhnlichen Erlebnissen meist von einem seltsamen Gefühl der Ehrfurcht begleitet und von einer Empfindung des Verbundenseins mit dem Wunderbaren. So führt sie in ihrer größten Intensität an die Transzendenz heran und an das Mysterium des Daseins, mit dem wir in solchen magischen Momenten im Einverständnis sind.

Doch die Dankbarkeit muss nicht unbedingt Folge von solch außerordentlichen Erlebnissen sein. Ein einfacher Wechsel der Perspektive genügt, damit sie ihre produktiven Wirkungen entfalten kann. Sie kann deshalb auch sofort und ohne irgendwelche anderen Veränderungen im Leben eingeübt werden. Es gibt viele Möglichkeiten, die Geisteshaltung der Dankbarkeit zu erlernen, zum Beispiel indem man sich einmal bewusst die größten Segnungen im Leben vergegenwärtigt, jemandem einen Brief schreibt, in dem man tiefe Dankbarkeit ausdrückt. Oder man macht sich Gefühle des Mangels und der Frustration bewusst und ersetzt sie durch Gedanken an diejenigen Dinge, die einen mit Freude erfüllen, man macht sich klar, welche positiven Erfahrungen sogar in schwierigen Erlebnissen zu finden sind, oder denkt einfach an jemanden, dem man zutiefst dankbar ist. Und dann gibt es noch diesen alten herrlichen Film *It's a Wonderful Life* (deutsch: *Ist das Leben nicht schön?)* von Frank Capra, in dem ein Engel (Lionel Barrymore) einem verzweifelten, vor dem Suizid stehenden Geschäftsmann (James Stewart) zur Erfahrung verhilft, wie das Leben verlaufen wäre, wenn er nie das Licht der Welt erblickt hätte.

Die Dankbarkeit über das eigene Dasein führt zum Wunsch, anderen Menschen mit Nächstenliebe, mit Mitgefühl, Freundschaft, Sympathie und ohne Vorurteile oder Egoismus zu begegnen. Je mehr man sich durch die Dankbarkeit verwandeln lässt, desto stärker wächst der Impuls, gütig und großherzig zu sein. Man erlebt sich als jemanden, der vom Leben reichlich beschenkt wird, weshalb man auch andere beschenken möchte.

Großherzigkeit ist nicht das Gleiche wie Hochherzigkeit, die wir als zum Hochmut konträre Tugend kennengelernt haben. Ein hochherziger Mensch ist sich seiner Gaben bewusst, stellt sein Licht nicht unter den Scheffel, schämt sich nicht, sich seiner persönlichen Einzigartigkeit zu erfreuen, und begegnet anderen Menschen frei und gelassen aus einer Haltung der Selbstakzeptanz heraus. Er trägt sein Herz gewissermaßen hoch in der Brust.

Ein Großherziger hat ein großes Herz, in dem für viele Platz ist. Er möchte sich verschenken, will andere an seiner inneren Zufriedenheit teilhaben lassen und wünscht, dass alle Wesen glücklich sein mögen. Großherzige Menschen begegnen anderen liebevoll, nicht weil sie sich irgendeinen Lohn oder einen Vorteil davon versprechen, sondern einzig für das Wohl der anderen. Die Liebe, die dadurch entsteht, wird im Christentum *agape* oder selbstlose, göttliche Liebe genannt. Der Buddhismus nennt sie *metta* (Pali) beziehungsweise *maitri* (Sanskrit) – »liebende Güte« oder »Allgüte«. Mit dieser gelang es dem Buddha angeblich, einen wütenden Elefanten zu besänftigen.

Im Jahre 1909 wurde vom amerikanischen Psychologen Edward B. Titchener das Kunstwort *empathy* geschaffen, um den deutschen Begriff »Einfühlungsvermögen« wiederzugeben, der von Freud und anderen Psychoanalytikern verwendet wurde. Empathie ist eine wichtige Voraussetzung für Großherzigkeit und Güte. Zur Empathie im Sinne einer zwischenmenschlichen Fähigkeit gehören (nach Spreng u. a.):

- das korrekte Entschlüsseln nonverbaler Botschaften des Gegenübers,
- das Mit- und Nachempfinden der gleichen Emotionen (Mitgefühl, Gefühlsansteckung),
- das Erleben ähnlicher Gedanken, Erinnerungen und körperlicher Reaktionen,
- das Auslösen unterstützender und helfender Handlungsimpulse.

Um anderen Menschen großherzig zu begegnen, müssen wir uns zunächst einmal in sie hineinversetzen, ihre Perspektive einnehmen und ihre Erlebniswelt miterleben können. Aus dieser Fähigkeit zum Mitgefühl wächst dann natürlicherweise der Wunsch zu geben, jedoch nur, wenn man nicht von Neid und Eifersucht erfüllt ist.

Menschen, die eine gute Empathiefähigkeit besitzen, weisen bessere persönliche Beziehungen auf, können sich und andere besser motivieren und lernen schneller als Personen, die weniger empathisch sind. Empathie ist ein wichtiger Bereich der sozialen und emotionalen Intelligenz und lässt sich bis zu einem gewissen Grad trainieren. Allerdings nützt ein Empathie-Training nur wenig, wenn die Person sich selbst als mangelhaft erlebt und sich wenig dankbar fühlt. Dann ist es notwendig, zunächst sich selbst gegenüber eine mitfühlende Haltung einzunehmen. Um sich vom Selbstmitleid zu lösen, das einen in der Opferrolle und im Gefühl, stets zu kurz zu kommen, gefangen hält, braucht es fürsorgliche Selbstzuwendung (engl. *self-compassion).*

Eine Haltung der Selbstzuwendung bedeutet zunächst, gütig und großherzig zu sich selber zu sein, sich selbst mit Verständnis und Wohlwollen zu begegnen, sich seine Mängel, Fehler und Misserfolge verzeihen zu können, statt sich selbstkritisch zu verurteilen. Dabei kann es helfen, wenn man sich stets vergegenwärtigt, dass die persönlichen Erfahrungen in die allgemeine menschliche Existenz eingebettet sind und dass es nichts gibt, das man selbst erlebt, das nicht auch von anderen Menschen erlebt worden ist und verstanden werden kann. Auf diese Weise löst man sich aus einer ungünstigen Selbstzentrierung und öffnet sich für andere.

Schließlich gehört zur positiven Selbstzuwendung auch eine Haltung der Achtsamkeit, in der man konzentriert und entspannt zugleich ist. Statt von Gefühlen überwältigt zu werden, sie krampfhaft zu unterdrücken oder zu ignorieren, bedeutet eine achtsame Haltung gegenüber dem eigenen Erleben, dass man seine Gefühle annimmt, sie stehen lässt, ihnen den Raum und die Zeit gibt, die sie benötigen, und gleichzeitig davon Abstand nimmt, sofort handeln zu müssen. Dadurch verwandelt sich das innere Erleben wie von selbst, und man gewöhnt sich zunehmend besser daran, dass alles, was man erlebt, irgendwie seine Berechtigung hat.

Diese Art der Empathie mit sich selbst kann dazu beitragen, sich aus Ängsten und Niedergeschlagenheit zu befreien und ein Gefühl der inneren Zufriedenheit und Dankbarkeit zu entwickeln, das schließlich Güte und Großherzigkeit ermöglicht. Statt Neid und Eifersucht zu kultivieren, die einen auffressen, sät man nun bewusst die Samen des Mitgefühls sich und anderen gegenüber. Eine mitfühlende Haltung gegenüber den eigenen Bedürfnissen macht es auch möglich, dass man sich auf gesunde Weise abgrenzt und nicht ja sagt, wenn man eigentlich nein sagen möchte. Dadurch gewinnt man an innerer Kraft, um anderen einfühlsam und unterstützend zu begegnen. Indem wir anderen Gutes tun, wachsen Zufriedenheit und Dankbarkeit.

Wir können uns bewusst angewöhnen, abends vor dem Schlafengehen alle Situationen im Geist durchzugehen, in denen wir während des Tages anderen Menschen gegenüber in Worten, Taten oder Gedanken lieblos begegnet sind. Je mehr wir es uns zur täglichen Gewohnheit machen, großherzig und gütig zu handeln und nichts Gutes als selbstverständlich zu betrachten, sondern uns dankbar daran zu erfreuen, desto rascher schwinden Neid, Eifersucht und Zwietracht aus dem Leben.

5. Vom Jähzorn zur Sanftmut

»Mann auf Motorhaube geladen – Zwei Autofahrer gerieten in Streit. Beim Wegfahren drehte einer der Streithähne durch und fuhr seinen Kontrahenten um.« Schlagzeilen über jähzorniges Verhalten und alltägliche Gewalt füllen die Zeitungen. »Brutal, kaltblütig, gnadenlos: Wächst eine junge Generation ohne Empathie und Respekt heran?« Junge Täter schlagen und treten auf Passanten ein, die rein zufällig ihren Weg kreuzen. Wenn die Opfer schwerverletzt am Boden liegen, werden sie weiter gequält. Dann verschwinden die feigen Schläger, hämisch lachend. Sie wollten »Frustration abreagieren«, weil ihnen der Zugang zu einer Diskothek verwehrt worden sei, geben sie später als Tatmotiv zu Protokoll. Oft werden solche Szenen mit dem Handy gefilmt und weiterverbreitet. Es geht hier um mehr als Jähzorn. Hier zeigen sich Brutalität und Grausamkeit.

Jähzorn und Gewalt

Als *Jähzorn* bezeichnet man einen aggressiven Gefühlsausbruch, der plötzlich und unvermittelt (»jäh«) aus kleinstem Anlass gegenüber Personen oder Dingen auftritt. Das Übermaß dieses Lasters zeigt sich darin, dass man zürnt, »wem man nicht soll, worüber man nicht soll, mehr, schneller und länger, als man soll«, wie Aristoteles in seiner *Nikomachischen Ethik* schreibt. Jähzornige, tobsüchtige Menschen handeln nicht aus bösem Vorsatz heraus, sondern vergessen in stürmischen Momenten sich selbst, sogar gegenüber denjenigen, die sie eigentlich lieben. Später bereuen sie oft ihre unbedachten Reaktionen. Dann kommt es zum Umschlag der Gezeiten: »Wenn der Zorn verebbt, flutet die Reue« (Gerhard Uhlenbruck).

Neben den »Cholerikern«, die über alles und jeden in Aufwallung geraten, sich aber auch wieder rasch beruhigen, gibt es auch jähzornige Menschen, die ihre Erregung eher zurückhalten, lange zürnen und nur schwer zu versöhnen sind. Aristoteles nennt sie die »Bitteren«. Sie beruhigen sich erst, wenn es zur Vergeltung kommt. Solange keine Rache genommen wurde, stehen sie unter dem Druck des Zorns, der unter der Oberfläche wütet. Die »Zornigkeit« als Leidenschaft gebiert nach Thomas von Aquin sechs Töchter: Streiterei, Aufwallung im Gemüt, Beschimpfung, Lärmerei, Abstoßung und Gotteslästerung.

Ärger, Wut oder Zorn als emotionale Erregung gehen mit unterschiedlich starken körperlichen Reaktionen einher, etwa einem Brennen im Bauch, Muskelkontraktionen, Hitzewallungen oder einer Beschleunigung des Herzschlags. Während Zorn gegen eine bestimmte Person oder Gruppe gerichtet ist, kann sich die Wut ungerichtet nach allen Seiten hin äußern. Der Wut kann man zuweilen noch ausweichen, doch dem Zorn entgeht keiner.

Der Ärger kann als Vorstufe von Zorn oder Wut betrachtet werden oder auch als leichtere, alltäglichere Variante davon. Es fehlt ihm, wie Wolfgang Sofsky schreibt, »die Energie zur rabiaten Tat«. Ärger gegenüber anderen tritt auf, wenn wir uns respektlos behandelt fühlen. Das kann durchaus berechtigt oder auch nur eingebildet sein. Wenn etwas nicht nach unseren Erwartungen und Ansprüchen läuft, bekommen wir »einen dicken Hals« und mögen nicht mehr »schlucken«. Eine gewisse Ähnlichkeit mit den Emotionen des Zorns, der Wut und des Ärgers weist die Empörung auf, eine emotionale Erregtheit, die anlässlich eines Verstoßes gegen die Sittlichkeit empfunden wird. »Die Empörung ist der Zorn der Gerechtigkeit«, schreibt Prudhomme.

Nach Thomas von Aquin geht es immer auf bewusste Geringschätzung zurück, wenn Zorn entsteht. Wenn jemand uns etwas Übles antut, wir aber glauben, dass diese Kränkung entweder unabsichtlich oder in höchster Erregung geschah, geraten wir weniger in Zorn. Wir erzürnen aber »im höchsten Grade gegen die, von denen wir glauben, sie hätten uns mit Fleiß geschadet«.

Der Jähzorn ist stets in der Nähe der Dummheit und Unbedachtsamkeit zu finden. In seinen Sinngedichten schrieb der Dichter Friedrich von Logau im 17. Jahrhundert: »Wo Zorn nimt überhand, da steigt ein Nebel auff, / Der den Verstand verblend und wehr ihm seinen Lauff.« Aristoteles bemerkte, dass der Jähzornige sich von der Klugheit und der Vernunft entfernt, jedoch nicht vollständig: »Es lässt sich nämlich beobachten, dass der Zorn im gewissen Grad auf die Stimme sachlicher Reflexion hinhört, aber sie nicht richtig hört. Es ist wie bei den voreiligen Dienern: noch ehe sie alles gehört haben, was man ihnen sagt, rennen sie davon und bringen dann den Auftrag durcheinander.« Der Verstand bleibt auch beim Zorn noch ein Stückchen mitbeteiligt, aber er macht nicht die richtigen Überlegungen, zieht nicht die richtigen Schlüsse, sondern wird von aggressiver Energie überflutet und lässt sich von der ungestümen Leidenschaft fortreißen.

Nun muss nicht jeder Akt der Gewalt unbedingt von einem jähzornigen Menschen begangen werden. *Aggression* und *Gewalt* sind nicht das Gleiche wie Jähzorn. Gewaltsam oder aggressiv sind Taten, bei denen die Absicht besteht, Menschen oder Tieren zu schaden oder zerstörend auf Gegenstände einzuwirken. Nicht alle gewaltsamen Taten brechen plötzlich und unerwartet aus wie der Jähzorn. Viele Arten körperlicher Gewalt oder sprachlicher Verletzungen geschehen überlegt, sind langfristig geplant und kommen unter starker Beteiligung des Verstandes zustande.

So lassen sich neben offenen physischen Formen der Aggression gegenüber Lebewesen (z. B. Töten, Schlagen, Bedrohen) oder unbelebten Objekten (z. B. Sachbeschädigung, Vandalismus) sowie offenen verbalen und körpersprachlichen Formen der Aggression (z. B. Beschimpfen, Beleidigen, Auslachen, Anschreien, vulgäre Gesten) auch noch verdeckte und indirekte Formen der Aggression feststellen. Verdeckte Aggression zeigt sich ausschließlich in der eigenen Fantasie; indirekte Aggression dagegen schädigt eine Person nicht selbst, sondern beschädigt etwas, das in ihrem Besitz ist, oder intrigiert gegen sie, schikaniert sie, spricht schlecht über sie, legt ihr Steine in den Weg oder flößt ihr Schuldgefühle ein.

In vielen Fällen von Aggression besteht ein Konflikt zwischen den beteiligten Personen oder Gruppen, meistens weil beide Seiten einen Besitzanspruch auf irgendetwas erheben oder auch wegen unvereinbarer Ziele. Statt dass man versucht, sich gütlich zu einigen und den Konflikt friedlich beizulegen, versucht zumindest eine der beiden Konfliktparteien, ihre Interessen mit Gewalt durchzusetzen und der anderen Partei eine Lösung aufzuzwingen. Im Kleinen kommt es so zu Streitigkeiten zwischen Freunden, zu Auseinandersetzungen in der Partnerschaft oder zu Wortgefechten zwischen Eltern und Kindern. Im Großen entstehen Unterdrückung, Verfolgung oder Krieg.

In der Nähe des aggressiven Verhaltens anzusiedeln ist auch die gewohnheitsmäßige *Unfreundlichkeit* oder *Unverträglichkeit.* Sie findet sich bei missmutigen, unflätigen Menschen, mit denen schwer umzugehen ist. Schroff und undiplomatisch sprechen sie Dinge aus, die nicht nur die sozialen Konventionen, sondern auch die ausgleichende Gerechtigkeit verletzen. Sie meinen fälschlicherweise, dass uneingeschränkte Offenheit das einzige Mittel sei, um anderen Menschen echt und unverstellt zu begegnen. Sie selber ertragen aber solche Offenheit ausgesprochen schlecht, was darauf hinweist, dass es sich bei dieser schroffen, verdrießlichen Ehrlichkeit um eine Form der Aggression handelt, die von den Tätern selbst sehr wohl als solche erkannt wird, wenn sie ein Opfer davon werden.

Exkurs: Zu den Ursachen aggressiven Verhaltens

Verschiedenste psychologische Theorien versuchen zu erklären, weshalb Menschen aggressives Verhalten zeigen. Dies reicht von einfachen biologischen Erklärungen (angeborene aggressive Triebe) über lerntheoretische Ansätze (Konditionierung, Modelllernen) bis zur inzwischen wieder stark relativierten Hypothese, wonach einer aggressiven Handlung stets eine Frustration von Bedürfnissen vorausgehe. Grundlegend ist die Frage, ob der Mensch gewissermaßen »von Natur aus« aggressiv ist und sich höchstens durch Schuld und Strafe »zivilisieren« lässt oder ob der natürliche Urzustand des Menschen ein friedlicher und freundlicher war und er sich erst im Laufe der Entwicklung gewaltsames Verhalten angeeignet hat.

Eine andere Frage ist es, ob die Neigung zu Gewalt in jüngster Zeit zugenommen hat. Wächst eine junge Generation ohne Empathie und Respekt heran? Das Kriminologische Forschungsinstitut Niedersachsen (Baier u. a) führte in den Jahren 2007 und 2008 eine repräsentative Befragung mit insgesamt 44 610 Jugendlichen, die in die neunte Klasse gingen, aus verschiedenen Regionen Deutschlands durch. Einbezogen wurden auch Daten aus früheren Befragungen, um Entwicklungstrends zu untersuchen. In den zwölf Monaten vor der Befragung waren 17 Prozent der befragten Schülerinnen und Schüler mindestens einmal Opfer einer Gewalttat geworden. Häufiger als Gewalt in der Schule waren innerfamiliäre Opfererfahrungen. Seit 1998 sind die Zahlen zur Jugendgewalt in den meisten Gebieten gleichbleibend oder sogar rückläufig. Parallel dazu hat die Akzeptanz von Gewalt zur Durchsetzung von Interessen unter Jugendlichen seit 1998 deutlich abgenommen.
Die Daten zeigen sowohl aus Opfer- wie aus Tätersicht, dass Jugendliche mit Migrationshintergrund häufiger Gewalttaten begehen als deutsche Jugendliche. Jugendliche aus dem ehemaligen Jugoslawien erreichen den höchsten Wert, gefolgt von jungen Türken. Am anderen Ende der Skala stehen Jugendliche aus Asien und deutsche Jugendliche. Bei muslimischen Jugendlichen steigt mit zunehmender Religiosität die Gewaltbereitschaft, während sie bei christlichen Jugendlichen mit zunehmender Religiosität sinkt.
Von zentraler Bedeutung ist dabei, dass junge Migranten – insbesondere Jugendliche aus der Türkei, dem früheren Jugoslawien und aus arabischen oder afrikanischen Ländern – weit häufiger als deutsche Jugendliche Opfer innerfamiliärer Gewalt werden. Die Erfahrung innerfamiliärer Gewalt erhöht zum einen die Gewaltbereitschaft der Betroffenen deutlich. Zum anderen treten bei diesen Jugendlichen vier Belastungsfaktoren häufiger auf, die ihrerseits Gewaltbereitschaft fördern, nämlich Alkohol- und Drogenkonsum, die Akzeptanz gewaltorientierter Männlichkeitsnormen (sogenannte »Macho-Kultur«), das Schuleschwänzen und die Nutzung gewalthaltiger Medieninhalte. Der stärkste Einfluss auf Jugendgewalt geht von der Zahl der delinquenten Freunde aus, mit denen die Jugendlichen in ihrem sozialen Netzwerk verbunden sind.

Die Verbesserung von Bildungschancen Jugendlicher wirkt sich präventiv auf die Gewaltbereitschaft aus. Je größer in einem bestimmten Gebiet der Anteil jugendlicher Migranten ausfällt, die den Realabschluss oder das Abitur anstreben, umso niedriger fällt die Gewaltrate aus.
Was wir als »zivilisierten Umgang« bezeichnen, der Verzicht auf Gewalt und das friedliche Lösen von Konflikten, ist keine Selbstverständlichkeit, sondern muss vorgelebt und vermittelt werden. Wer in einer Familie aufwächst, in der aggressives Verhalten normal ist, hat es deutlich schwerer, Empathie, Respekt und Hilfsbereitschaft für andere sowie Frustrationstoleranz, eine gesunde Impulskontrolle und konstruktive Strategien zur Konfliktlösung zu entwickeln. Wenn dann noch die Gewaltbereitschaft als wünschenswerter Bestandteil der kulturellen Identität gerechtfertigt wird, braucht es besondere Charakterstärken, um nicht überall Feinde zu wittern und nicht den Hass zum Leitmotiv des persönlichen Erlebens zu erheben.

Feindschaft, Hass, Rachsucht, Grausamkeit

Feindschaft und Hass liegen nahe beieinander. Der Begriff *Feindschaft* ist mit dem althochdeutschen Wort für *hassen* verwandt *(fien)*, während das Wort *Hass* (von *hetzen)* auf die Bedeutung »feindlich verfolgen« zurückgeht. Im Gegensatz zu einem Gegner, den man nicht hasst, sondern respektiert, wird der Feind auch mit unfairen Mitteln bekämpft. Hass ist eine Emotion scharfer und tiefgreifender Ablehnung, Abneigung, Abwendung und Verachtung. Wer hasst, verabscheut nicht nur einen Menschen, sondern möchte ihm auch schaden. Hass entspringt oft anderen Lastern, insbesondere dem Neid, dem gekränkten Ehrgeiz oder der Eifersucht. Wir sprechen zwar manchmal vom Hass gegenüber gewissen Dingen (etwa dem »Hass gegen das Böse«), doch handelt es sich dabei höchstens um Abneigung oder Abscheu, da man diese Dinge nicht wirklich zerstören kann. Wenn wir jemanden hassen, messen wir dieser Person eine hohe Wichtigkeit bei, im Gegensatz etwa zur Verachtung. »Mein Hass ist gealtert – nun ist er Verachtung«, schreibt Stanisław Jerzy Lec.

Als Gegensatz zum Hass wird oft die Liebe angesehen, bei der eine ähnliche Intensität der Gefühle möglich ist. Ohne vorangehende Liebe kann Hass nämlich gar nicht auftreten. Wie Thomas von Aquin feststellt, besteht die Liebe in einer Übereinstimmung des Liebenden mit dem Geliebten, während man sich beim Hass in einem Widerstreit mit dem Geliebten befindet. In Widerstreit kann aber nur gelangen, was zuvor übereinstimmend war. Aus diesem Grund geht dem Hass stets die Liebe voraus.

Ähnlich wie bei der Eifersucht lässt sich beim Hass auch eine reaktive und eine charakterbedingte Variante unterscheiden. Nach Erich Fromm *(Die Antwort der Liebe)* ist der reaktive Hass das Ergebnis einer tiefen Verletzung, der man ohnmächtig gegenübersteht, zum Beispiel als Folge eines Angriffs auf das eigene Leben, die eigene Sicherheit, die persönlichen Ideale oder auf eine geliebte Person. Nach Fromm setzt der reaktive Hass immer voraus, dass man eine positive Einstellung zum Leben, zu anderen Menschen oder zu Idealen hat.

Der charakterbedingte Hass wird nach Fromm zwar auf die gleiche Art ausgelöst wie der reaktive Hass, doch die einsetzende Hassreaktion stellt lediglich ein Symptom eines innewohnenden Charaktermerkmals dar. Als Hauptunterschied zum reaktiven Hass betrachtet Fromm eine erkennbare Feindseligkeit, die allen Hassausbrüchen zugrunde liegt. Ein Mensch mit charakterbedingtem Hass zeigt nach Fromm »eine besondere Art von Befriedigung und Spaß, wenn er hasst, die dem reaktiven Hass fehlt«.

Um eine Nation für einen Aggressionskrieg zu mobilisieren, benutzt der Unrechtsstaat das Potenzial an charakterbedingtem Hass in der Bevölkerung, indem die Nation, auf die man es abgesehen hat, als Feind und Aggressor dargestellt wird, wie dies etwa bei Hitlers Überfall auf Polen geschah. In gleicher Weise müssen auch bestimmte Bevölkerungsgruppen als Sündenböcke herhalten. So lässt sich beim Nationalsozialismus das Phänomen des »flottierenden Hasses« (Frenkel-Brunswik) beobachten, der sich nicht auf die Person richtet, die ihn eigentlich verursacht hat, sondern auf Minderheiten, die sich aufgrund ihrer schwachen gesellschaftlichen Position besonders gut als Opfer eignen.

Solange man jemanden hasst, ist Vergebung nicht möglich. Wer hasst, will *Rache* für die (vermeintlich) erlittene Verletzung. Rache soll einen Ausgleich für das erlebte Unrecht bewirken. Im christlichen Kulturkreis betrachten wir die Rache heute als einen durch heftige Leidenschaften gesteuerten, über das Ziel hinausschießenden und deshalb unerwünschten Vergeltungsakt, der letztlich nur neue Gewalt nach sich zieht. Rache ist für uns »unstreitig ein unedler und selbst niedriger Affekt« (Schiller).

In den meisten vorchristlichen Gesellschaften galt die Rache dagegen als rechtmäßiges Mittel, den sozialen Frieden wiederherzustellen. Der Missetäter verlor durch das begangene Unrecht den Rechtsschutz und wurde der Rache preisgegeben. Weil aber der Rächende seine Berechtigung zur Rache und deren Umfang selber festlegen konnte, ergaben sich oft neue Ungerechtigkeiten, was zu einer fortschreitenden rechtlichen Reglementierung führte. Für bestimmte Personen, die dem Geschädigten nahestanden – etwa Verwandte, Freunde oder solche, die ihm Gastfreundschaft angeboten hatten –, bestand sogar eine Pflicht zur Rache, die auch erblich war. Gerade wenn man sich etwa an Kindern rächte, um das vom Vater begangene Unrecht zu sühnen, löste dies oft Gegenrache aus, sodass es mitunter zu langandauernden, generationenübergreifenden gewaltsamen Verwicklungen kam. Treibendes Motiv war nicht der Schaden selbst, sondern der Verlust der Ehre, die durch die Rachehandlung wiederhergestellt werden sollte.

Aufkeimender Hass und der Wunsch nach Rache sind verständlich, wenn jemand in grober Weise ungerecht behandelt wurde. Im besten Fall verwandeln sich diese berechtigten Emotionen jedoch, schwächen sich nach einiger Zeit ab und machen der Einsicht Platz, dass Rache nur neue Gewalt erzeugt und der Hass es unmöglich macht, die eigene Mitte und den verlorenen inneren Frieden wiederzufinden. Wenn sich der Hass dagegen verselbstständigt und der Wunsch nach Rache unstillbar wird, dann läuft die in ihrem Recht verletzte Person Gefahr, dem Laster der *Rachgier* oder der *Rachsucht* zu erliegen. Dem Übeltäter das erlittene Unrecht zurückzuzahlen wird zum alles beherrschenden Ziel. Angestachelt durch die Wut und ohne Rücksicht auf Verluste erhebt man sich nun selbst über Recht, Gesetz und Menschlichkeit. »Wo Zorn und Rache heiraten, da wird die Grausamkeit geboren«, lautet ein russisches Sprichwort.

Grausamkeit oder *Brutalität* (abgeleitet vom lateinischen *brutus* für »roh«) gilt als »Roheit in der Zufügung der Strafen« (Thomas von Aquin) und als Ausdruck barbarischer Rücksichtslosigkeit im Gegensatz zur zivilisierten Ehrenhaftigkeit, die im feindlichen Kampf den Gegner achtet und sich an bestimmte Regeln hält. So sahen etwa die Römer sich selbst als zivilisierte Nation im Unterschied zu den hereinbrechenden germanischen Horden, deren Brutalität sie anwiderte. Umgekehrt waren die Germanen vom grausamen Umgang der siegreichen Römer mit ihnen als unterworfenem Volk zutiefst schockiert.

Das ungehindertste Wüten der Grausamkeit zeigt sich im Krieg. Da der Hass von allen Lastern am stärksten der Liebe entgegengesetzt ist, muss der Krieg als Folge des Hasses als das wohl größte Übel angesehen werden, zu dem Menschen fähig sind. Allerdings ist nicht jeder Krieg unbedingt Ausdruck kollektiven Hasses. In jüngster Zeit wurde kontrovers diskutiert, ob es unter gewissen Umständen gerechtfertigte Gründe für einen Angriffskrieg gebe. Schon Thomas von Aquin beschäftigte sich mit der Frage, ob es – abgesehen von einem reinen Verteidigungskrieg – so etwas wie einen »gerechten Krieg« gebe. Er bejahte dies unter drei Voraussetzungen:

Erstens darf der Krieg nicht von einer Privatperson ausgelöst werden, sondern muss von der Staatsmacht in Bewegung gesetzt werden, der es obliegt, das Gemeinwesen zu schützen. Zweitens müssen diejenigen, die bekriegt werden, die Bekriegung wegen einer Schuld verdienen, zum Beispiel weil sie etwas zu Unrecht Weggenommenes nicht zurückerstatten. Und drittens muss die Absicht der Kriegsführenden »rechtschaffen« sein, das heißt sie müssen mit dem Krieg Gutes fördern oder Übles verhindern wollen, sowohl was die Ursache des Krieges wie auch dessen weiteren Verlauf anbelangt. Unvereinbar mit dieser Voraussetzung sind somit Kriege, die aus Gier, Rachsucht, Hass, Unversöhnlichkeit, Brutalität,

Herrschsucht oder dem versteckten Wunsch heraus, sich einen Vorteil zu verschaffen, geführt werden.

Nun wäre es aber falsch bei der Grausamkeit nur an Krieg und an das Schlachtfeld zu denken und an wild wütende Barbaren. Die schlimmste Grausamkeit zeigen oft jene Menschen, die mit unerbittlicher Härte Prinzipien und Ideale hochhalten und sie gegen alle Vernunft und Humanität durchsetzen. Solche Brutalität zeigten etwa die französischen Revolutionäre mit ihrem Terrorregime. Das charakteristische Merkmal dieser Art von Grausamkeit ist die fanatische Durchsetzung unmenschlicher Prinzipien im Dienste einer höheren Ordnung, die alles »Barbarische« ausmerzen und vernichten will. In wahnhafter Verblendung, dass die eigene Ideologie jedem einzelnen Individuum aufgezwungen werden müsse, um die Menschheit zu erretten, wird jegliche Regung der Versöhnung gnadenlos unterdrückt.

Paradoxerweise entsteht die größte Brutalität dort, wo das Triebhafte als verwerflich, böse und schmutzig ausgegrenzt wird und sich der Verstand in höchster Verkennung seiner Grenzen aufmacht, die Leidenschaften mit allen verfügbaren Mitteln unter sein Joch zu zwingen. Ursache des Hasses auf bestimmte Bevölkerungsgruppen und daraus entstehende Gewaltverbrechen – sogenannte *hate crimes* – ist praktisch immer der Hass auf sich selbst und die eigene Triebhaftigkeit, die nach außen auf diejenigen projiziert wird, die als anders und gefährlich erscheinen. Der Mensch benötigt die aggressiven und sexuellen Triebe genauso wie die klare Ausrichtung auf die Vernunft. Höchst unvernünftig ist es aber, alles Triebhafte als Ausdruck unzivilisierten Barbartentums zu bekämpfen.

Menschen mit grausamen Charakterzügen sind nach Sofsky auf freien und ungehinderten Machtgenuss aus. Sie versuchen, ihren Opfern alle Gegenwehr unmöglich zu machen, und ergötzen sich an deren totaler Hilflosigkeit. Die wirksamste Methode, diese umfassende Überwältigung zu ermöglichen, ist der Schmerz, mit dem das Opfer gänzlich seinem Peiniger ausgeliefert ist. Im Rausch der Grausamkeit befreit sich der Aggressor von allen Skrupeln und Ängsten. Sämtliche Hemmungen und

Regeln müssen abgeschüttelt, aller vermeintliche Ballast muss über Bord geworfen werden, damit die Freiheit und Macht der unmenschlichen Brutalität voll ausgekostet werden kann.

Eine besondere Form der Gewalt sind Hass und Aggressionen gegen sich selbst. Ich denke dabei an Menschen, die an einer unüberbrückbaren Kluft zwischen dem fernen Idealbild, wie sie gerne wären, und dem hässlichen realen Bild leiden, das sie sich von sich selbst machen. Dieses Realbild entspricht aber oft in keiner Weise der wirklichen Realität, sondern ist ein schreckliches Zerrbild, das durch gewaltsame Beziehungserfahrungen, insbesondere in der Kindheit, entstanden ist und sich hartnäckig gegen eine Veränderung wehrt.

Eine solche Haltung der inneren Zerrissenheit führt dazu, dass man – wie Thomas von Aquin es ausdrückt – diejenigen Übel liebt, die es eigentlich zu hassen gilt: Man zeigt schädliches, selbstzerstörerisches Verhalten, von dem man einfach nicht loszukommen scheint. Da denken wir heute etwa an eine Alkohol- oder Drogenabhängigkeit, an ungeschützten Sex, an die Lust an Beziehungen mit Gewalttätern oder an suizidale Handlungen. Nach Thomas findet sich der Selbsthass auch dort, wo jemand das hasst, was er wahrhaftig ist, und das liebt, was er bloß der leiblichen und sinnenhaften Natur nach ist. Gemeint ist hier ein Leben, das ausschließlich der sinnlichen Lustbefriedigung dient. Das Laster der Genusssucht beruht deshalb auf Selbsthass, weil das Selbst (oder die Seele) an einem ausschließlich auf die äußeren Sinne gerichteten Leben leidet. So fügt ein genusssüchtiger Mensch sich zwar auf der sinnlichen Seite Lust zu, auf der seelischen Seite dagegen Leid. Weil aber der Mensch im eigentlichen Wesen mehr Seele als Sinne ist, verrät das Leid, das er sich zufügt, verborgenen Selbsthass.

Unerzürnbarkeit und Aggressionshemmung

Während es leicht ist, Hass, Rachsucht und Grausamkeit als Laster zu identifizieren, von denen man sich möglichst lösen sollte, gilt dies für

Ärger, Wut und Zorn nicht gleichermaßen. Ist es wünschenswert, jeglichen Zorn abzulegen und sich unter allen Umständen freundlich, friedlich und versöhnlich zu zeigen?

Dazu Aristoteles: »Manchmal loben wir die, denen es an Zorn mangelt, und nennen sie sanftmütig, manchmal aber loben wir die, die zornig werden, als mannhaft, als Leute, die zu herrschen befähigt sind.« Dem Jähzorn entgegengesetzt ist nach Aristoteles die »Unerzürnbarkeit« als Laster des Mangels. Für ihn verhalten sich Menschen, die sich nicht über Dinge erzürnen, über die man sich erzürnen sollte, und die über Beschimpfungen hinwegsehen, ohne zornig zu werden, »sklavisch«.

Im Gegensatz zur antiken Bewertung uneingeschränkter Sanftmut als Selbsterniedrigung verbreitete sich mit dem Christentum die Auffassung, dass es wünschenswert sei, dem, der einen auf die eine Wange schlägt, auch die andere hinzuhalten, und dem, der einem den Mantel wegnimmt, auch das Gewand nicht zu verweigern (Lk 6,29). Andererseits kennt das Christentum, wie auch das Judentum und der Islam, einen »heiligen Zorn Gottes«, einen »gerechten Zorn« oder »Ingrimm«. Die Bibel beschreibt, wie Jesus in Rage gerät und die Händler zornig zum Tempel hinausjagt (Joh 2,13–18).

Diese Widersprüche lösen sich weitgehend auf, wenn Sanftmut und Demut, sogar angesichts von Gewalt und Verletzungen, Verhaltensweisen darstellen, die selbstbewusst und freiwillig erfolgen mit dem Ziel, auf Vergeltung zu verzichten, um den Teufelskreis von Rache und Gegenrache zu unterbinden. Etwas anderes ist es, wenn man sich nicht traut, laut und schroff zu werden, wenn die eigenen aggressiven Impulse ängstlich unterdrückt werden und man ein unterwürfiges Lächeln aufsetzt, statt den Ärger und die Wut kraftvoll auszudrücken.

Es ist gewiss nicht wünschenswert – wie die Jähzornigen dies tun –, ohne nachzudenken den kleinsten aggressiven Impulsen freien Lauf zu lassen. Doch ebenso ungünstig ist es, den Groll ständig zu unterdrücken, sich direkte Äußerungen der Wut zu verbieten, jedoch weiter heimlichen Zorn zu hegen. Dieser steigert sich in seiner Zwangsjacke zu bitterem Hass und ruht nicht, bis man es dem Übeltäter endlich zurückzahlen kann. So ist Zorn nach Thomas nur dann problematisch, wenn er »die Seele überwältigt« und nicht jederzeit der Vernunft den Vortritt lässt. »Entbrennt aber bei einem die Zürnkraft der rechten Vernunft gemäß, dann ist das Erzürnen lobenswert.«

Manchmal entwickelt sich die Vermeidung zorniger Äußerungen derart weit, dass es den betreffenden Menschen schwerfällt, überhaupt noch Ärger und Wut zu empfinden, geschweige denn sie auszudrücken. Trotzdem schmoren diese Gefühle im Untergrund, was sich daran zeigt, dass man sich in Rachefantasien Erleichterung verschafft oder Schadenfreude empfindet, wenn es anderen schlecht geht. Die unterdrückten aggressiven Gefühle können sich in körperliche Symptome verwandeln, nicht nur in das sprichwörtliche Magengeschwür. So viel lässt sich sagen: Sanftmut und Friedfertigkeit sind keine schwächlichen Haltungen, bei denen es am Mut mangelt, sich zornig zu zeigen. Auch sanftmütige Menschen können, wenn es sein muss, wütend werden. Doch oft verzichten sie darauf, weil sie erkennen, dass Vergebung und Milde größer sind als Rache und Vergeltung.

Wenn sich Hass und Zorn in das Deckmäntelchen der Unschuld und Scheinheiligkeit hüllen, dann entstehen falsche Friedfertigkeit und gespielte Freundlichkeit. Letztere gehört in einigen Kulturen fast ein bisschen zum guten Ton, kann aber als untrügerischer Gradmesser für das Ausmaß an unterdrückter Aggressivität gelten. Die bloß geheuchelte Friedfertigkeit zeigt sich in zwei verschiedenen Varianten: entweder als aggressive, militante Friedensrhetorik, hinter der deutlich sichtbar der Hass auf die Mächtigen und Andersdenkenden hervorblitzt, oder als Ich-bin-meilenweit-erhaben-über-alle-negativen-Emotionen-Miene, die krampfhaft versucht, den künstlich aufgesetzten Heiligenschein vor dem Runterrutschen zu bewahren. Von letzterer Variante war eine zeit ihres Lebens als überaus liebenswürdig bekannte Dame meines Heimatdorfes betroffen, die stets vom Herrgott und seiner lieben Gnade sprach, bis im hohen Alter die aufgestaute Libido hervorbrach und die gute Frau fortan ihre überraschte Mitwelt mit den übelsten sexuellen Beschimpfungen traktierte.

Sanftmut und Friedfertigkeit

Das tugendhafte Gegenstück zum Jähzorn ist die *Sanftmut* oder *Milde*. Milde richtet sich nach Thomas von Aquin auf äußere Verhaltensweisen, insbesondere Milde in der Bestrafung. Die Milde ist der Grausamkeit entgegengesetzt. Sanftmut bezieht sich dagegen auf die inneren Leidenschaften. Nach Bollnow *(Die Tugend der Geduld)* steht die Sanftmut »im Gegensatz zur Gewaltsamkeit«. Sanftmütig ist der Mensch, »wenn er sich nicht vom Zorn hinreißen lässt«, wenn er »ohne vermeidbare Härte im Affekt, weich und behutsam« ist. Im zwischenmenschlichen Umgang zeigen die Sanftmütigen eine gewisse Vorsicht, die anderen Menschen möglichst nicht schaden will. In der Antike galt Sanftmut als typische Tugend eines Philosophen, insbesondere des Sokrates.

Für Aristoteles liegt die Sanftmut in der Mitte zwischen Unerzürnbarkeit und Jähzorn: »Dass jemand sanftmütig ist, bedeutet, dass er unaufgeregt ist und sich nicht vom Affekt fortreißen lässt, sondern so zürnt, wie es die Überlegung vorschreibt, und über die richtigen Anlässe und die richtige Dauer.« Wenn der Sanftmütige fehlgeht, dann tut er dies nach Aristoteles eher in Richtung auf den Mangel hin (Unerzürnbarkeit), da er nicht rachsüchtig, sondern versöhnlich ist.

Zur Sanftmut gehört auch, dass man fähig und willens ist, Konflikte und Auseinandersetzungen nicht aggressiv auszutragen, sondern Frieden zu schließen. Für diese Eigenschaft verwenden wir den Begriff der *Friedfertigkeit* und nennen Menschen, die sich darin besonders auszeichnen, *Friedensstifter.* Friedfertigkeit ist nicht gleichbedeutend mit absolutem Pazifismus, genauso wenig wie Sanftmut erfordern würde, dass man niemals laut wird. Aber friedfertige und sanftmütige Menschen sind nicht darauf aus, anderen ihren Willen aufzuzwingen und sie zu besiegen, sondern haben immer auch das Wohl ihres Gegenübers im Auge und vermeiden es unter allen Umständen, andere zu hassen, sie zu verfolgen oder sich an ihnen zu rächen.

Die Friedfertigen und Milden haben heute keinen besonders guten Ruf, da sie sich der kapitalistischen Forderung nach einem permanenten

Konkurrenzkampf entziehen. Wir trauen den Friedensstiftern gar nicht zu, dass sie wirksam Frieden herstellen können, weil wir jemanden, der unbedingt Streit vermeiden und Frieden halten will, für schwach und dumm halten. Friedfertige und sanftmütige Menschen gelten als passiv; denn mit ihrer Weigerung, einen Streit offen auszutragen, machen sie sich, wie wir meinen, zum Spielball von stärkeren und entschlosseneren Persönlichkeiten. Nur der mächtige und gewaltbereite Staat gilt als fähig, Frieden zu schaffen, weil er die anderen Staaten einschüchtern und deren Gewaltbereitschaft wirksam in Schach halten kann.

Dabei stellen wir gedanklich eine einseitige Verknüpfung her zwischen Friedfertigkeit und Schwäche einerseits und zwischen Aggressivität und Stärke andererseits. Dass Jähzorn und Gewaltbereitschaft als Zeichen von Schwäche sowie Sanftmut und Friedfertigkeit als Ausdruck von Stärke gelten könnten, kommt uns zunächst nicht in den Sinn. Doch die Unfähigkeit des Jähzornigen, seine aggressiven Ausbrüche zu kontrollieren, verrät nichts anderes als Schwäche und Dummheit. In der Sanftmut aber liegt eine große Kraft. Im Gegensatz zu selbstunsicheren und feigen Menschen, die den Konflikt scheuen, haben sanftmütige und friedfertige Menschen keine Angst vor offenen Auseinandersetzungen oder sogar vor Gewaltausbrüchen ihres Gegenübers. Sie sind nicht nur fähig, die Situation zu entspannen und die richtige Balance zwischen Selbstverteidigung und Verständnis für den anderen zu finden, sondern beherrschen auch ihre eigenen aggressiven Tendenzen und die Neigung, eigene Ziele mit Gewalt durchzusetzen oder es dem Widersacher zurückzuzahlen.

Wie können wir es schaffen, die ungezügelten Leidenschaften des Zornes, des Hasses und der Rachsucht in Friedfertigkeit und Sanftmut zu verwandeln? Wie bei allen Lastern geht es auch hier um einen Transformationsprozess, bei dem es zwischendurch Rückschritte geben darf, der aber nie die zu erstrebenden Tugenden aus den Augen verliert. Bei der Verwandlung des Zornes ist es ganz besonders wichtig, seine eigenen Erlebnisse und Reaktionen ganz genau und möglichst unvoreingenommen zu beobachten. Hass und Rachsucht sind oft der traurige Endpunkt einer langen Entwicklung. Sogar der gewohnheitsmäßig jähzornige

Mensch wird bei aufmerksamer Selbstbeobachtung feststellen, dass der jähzornigen Reaktion praktisch immer ein leiser, unterdrückter Ärger vorausgeht.

Diese erste leise Ärgerreaktion sollte man als Signal dafür wahrnehmen und schätzen lernen, dass man sich in seinem Respekt herabgesetzt, in seinen Grenzen verletzt fühlt und eine bestimmte Äußerung oder Handlung als ungerecht erlebt. Wenn es gelingt, diese frühe, oft berechtigte Ärgerreaktion wahrzunehmen und das Gefühl auf angemessene Weise auszudrücken, nicht aggressiv und verletzend, sondern selbstbewusst und respektvoll, dann kann ein weiteres Aufschaukeln unterbrochen und eine Zornesexplosion verhindert werden. Tatsächlich stellt der Ärger oft eine gesunde Reaktion auf Übergriffe und Verletzungen dar, weitaus angemessener als ein niedergeschlagener und ängstlicher Rückzug.

Einfach ungehemmt »Dampf abzulassen«, seinen Ärger und seinen Zorn ungefiltert »abzureagieren«, verstärkt diese Gefühle nur noch weiter und lässt die Hemmschwelle für zukünftige aggressive Ausbrüche sinken; stattdessen ist ein kluger Umgang mit dem Ärger erforderlich. Mit der Selbstbeobachtung in Situationen, in denen man sich ärgert, sollte eine Art Selbstgespräch einhergehen, indem man sich Fragen wie die folgenden stellt: Was macht mich am meisten wütend? Wieso bin ich gerade auf diese Person zornig? Was verletzt mich so sehr? Gäbe es eine Möglichkeit, meine negativen Gefühle angemessen auszudrücken?

Auch bei einer überschießenden, jähzornigen Reaktion laufen Selbstgespräche ab, nur leider automatisiert und mit dem immer gleichen Ergebnis, dass man sich als respektlos behandeltes Opfer erlebt. Es geht nun darum, diesen Dialog mit sich selbst bewusst neu zu gestalten. Statt dass wir weiter Öl ins Feuer gießen und uns in den Zorn hineinsteigern, lernen wir, uns selbst zu beruhigen und Kontrolle über die Situation zu erlangen. So können eingefahrene Denkmuster, die Wut, Zorn und Rachgier zur Folge haben, langsam abgebaut und durch sanftmütigere und friedlichere Reaktionen ersetzt werden.

Ein selbstsicheres Auftreten und eine angemessene Selbstbehauptung sind nur möglich, wenn sie zugleich auf einer gelassenen und friedfertigen Grundhaltung beruhen. Solange ich andere aggressiv angreife und sie als Feinde betrachte, die vernichtet werden müssen, handle ich aus der Defensive eines Individuums heraus, das sich in seinem Wert verletzt fühlt. Es versucht verzweifelt, sich mit einem Befreiungsschlag Luft zu verschaffen, bringt sich dadurch aber in noch größere Schwierigkeiten und schädigt durch sein überschießendes Verhalten andere unnötig. Wenn es mir aber gelingt, meinen Ärger direkt und knapp mitzuteilen (»das macht mich wahnsinnig ärgerlich«), auf globale negative Zuschreibungen zu verzichten, Kritik nur ganz spezifisch zu äußern (»weil du mich einfach ignoriert hast«) und danach die Position des anderen auch zu verstehen, indem ich geduldig und tolerant zuhöre, so verrät dies nicht nur eine kraftvolle Selbstsicherheit, sondern erhöht auch die Chance, dass Frieden und Versöhnung statt Zwietracht und Hass entstehen. Man darf und soll sich ärgern, aber so, dass man weder sich noch andere schädigt und kein neues Unrecht schafft.

Solche Gelassenheit ist nur möglich, wenn wir den Schmerz und die Verletzung zulassen, die der vermeintliche Feind uns verursacht. Dabei werden wir feststellen, dass wir selbst an diesem Schmerz mitbeteiligt sind. Wir stellen gewisse unausgesprochene Forderungen an andere oder an das Leben und sind frustriert, weil sie nicht erfüllt werden. Beschämt über unsere eigene Unzulänglichkeit und über die erlittene Blamage, kehren wir den Spieß um und entlasten uns durch Zornesangriffe auf den vermeintlichen Urheber unserer negativen Gefühle.

Die Ursachen des Zorns und anderer feindseliger Gefühle liegen somit auch in einer antrainierten Sichtweise, die anderen Menschen feindselige Absichten unterstellt und die eigene Person als defizitär und minderwertig betrachtet. Jegliche Kritik oder Infragestellung des eigenen Selbst durch andere erscheint dann sogleich als Bestätigung für die befürchtete Unzulänglichkeit. Auch wenn jemand völlig neutral oder sogar mit guten Absichten daherkommt, richtet der jähzornige Mensch seine Aufmerksamkeit nur auf jene Dinge, die möglicherweise als Angriff auf ihn interpretiert werden könnten. Diese ständige Ärgerbereitschaft kann sich zum paranoiden Charakterzug ausbilden. »Die Mürrischen sind mürrisch aus Prinzip«, schreibt Heiko Ernst. Im schlimmsten Fall versucht man sich aus der vermeintlichen Opferrolle zu befreien, indem man sich zum gerechten Rächer in eigener Sache emporschwingt. Dann ist es nur noch ein kleiner Schritt hin zum totalen Ausraster, zum wahnsinnigen Amoklauf.

Statt dass wir ständig Forderungen stellen, wie andere Menschen und das Schicksal gefälligst mit uns umzugehen haben, ist es hilfreicher, die Realität anzunehmen, wie sie sich im Augenblick gerade präsentiert. Statt dass wir im Widerstreit zwischen Forderungen und Wirklichkeit liegen, ist es zur Entwicklung von Sanftmut und Friedfertigkeit notwendig, auf Werturteile möglichst zu verzichten und auch das »Falsche« und »Widerwärtige« als Teil der Wirklichkeit zu akzeptieren. Eine solche Haltung ermöglicht Toleranz oder sogar Verständnis für andere Menschen mit ihren andersartigen Wahrnehmungen und Einstellungen.

Wenn wir uns angewöhnen, nicht ständig zu urteilen, wird es möglich, sich von seinen negativen Gefühlen zu lösen und Groll, Ärger, Verletzungen, Feindseligkeit, Wut, Zorn oder den Wunsch nach Rache loszulassen. Dann rückt auch eine Vergebung plötzlich in den Bereich des Möglichen. Statt ständige innere Unruhe zu erleben, breiten sich nun Gelassenheit und Stille aus. »Gelassen zu sein«, schreibt Sandra Maitri, »bedeutet wörtlich, sich in einem Zustand des Friedens, der Stille und der Klarheit zu befinden.« Eine solche innere Atmosphäre frei von dramatischen Veränderungen, Turbulenzen und Stürmen charakterisiert sie mit dem Begriff der *serenitas* – klares Wetter, Heiterkeit, Seelenruhe.

Mit einer Haltung der Gelassenheit und Friedfertigkeit lassen sich Streitigkeiten viel effektiver lösen als mit Zorn und Feindseligkeit, denn der Zorn »bewirkt nichts, was nicht auch ohne Zorn erreichbar wäre« (Seneca). Ohne die Bereitschaft, auf einen Gegenschlag zu verzichten, ist eine friedliche Deeskalation von Konflikten nicht möglich. Die besonnene, sanftmütige Haltung, auf Gewalt nicht mit Gegengewalt zu reagieren, kommt auf wohl radikalste Weise in den Worten Jesu zum Ausdruck (Mt 5,38): »Ihr habt gehört, dass gesagt ist: ›Auge um Auge und Zahn um Zahn‹. Ich aber sage euch: Widersteht nicht dem Bösen, sondern jedem, der dich auf die rechte Wange schlägt, halte auch die andere hin.« Was soll Außergewöhnliches darin liegen, wenn wir nur jene gut behandeln, die auch zu uns gut sind, aber jenen, die uns feindlich gesinnt sind, schaden wollen? Gerade in der Feindesliebe zeigt sich die großartigste Überwindung der menschlichen Leidenschaften: »Ich aber sage euch: Liebt eure Feinde, segnet die, die euch verfluchen, tut Gutes denen, die euch misshandeln und verfolgen« (Mt 5,44).

Vergebung

Mit keiner anderen Eigenschaft sanftmütiger Menschen hat sich die moderne Psychologie so eingehend beschäftigt wie mit der Fähigkeit zur Vergebung. Dabei ist es zunächst wichtig, Vergebung von gewissen Haltungen zu unterscheiden, mit denen sie gerne verwechselt wird.

Vergebung bedeutet nicht, Unrecht zu verdrängen oder zu leugnen, indem man nicht hinschauen will. Vergebung hat nichts mit einer Billigung begangenen Unrechts zu tun, denn wenn kein Unrecht vorliegen würde, so wäre auch keine Vergebung nötig. Ebenso wenig sollte Vergebung mit einem Auslöschen der Erinnerung an die erlittenen Taten verwechselt werden. »Vergeben und vergessen« ist eine ungünstige Wendung, da Vergebung eine klare Erinnerung an das subjektiv erlebte Unrecht voraussetzt. Vergebung ist auch nicht mit einer rechtlichen Freisprechung identisch. Ob jemand im rechtlichen Sinne schuldig oder frei gesprochen wird, ob er wirklich ein Unrecht begangen hat oder nicht und ob wir jemandem subjektiv vergeben oder nicht, sind drei verschiedene Dinge. Vergebung ist auch nicht das Gleiche wie Gnade. Erstere geschieht im zwischenmenschlichen Bereich, während Gnade nur von einer höher gestellten Instanz ausgehen kann, wie einem König oder einer Richterin. Schließlich ist Vergebung auch nicht gleichbedeutend mit zwischenmenschlicher Versöhnung. Allerdings ist für einen wirklichen und dauerhaften Friedensschluss zwischen streitenden Parteien eine gegenseitige Vergebung meist unerlässlich.

Jemandem zu vergeben bedeutet, dass man eine Folge bestimmter Verwandlungsprozesse in den eigenen Motiven gegenüber dieser Person durchlebt, die von Feindschaft, Hass, Unversöhnlichkeit und Rache wegführen, hin zu einem Gefühl der Erleichterung und des Friedens. Vergebung bedeutet, dass wir den Zorn und andere negative Gefühle loslassen, dass wir die Ereignisse, die den Zorn ausgelöst haben, akzeptieren. Unsere Wünsche oder Fantasien, in denen es um Heimzahlung und Rache geht, ersetzen wir dann durch den guten Willen oder zumindest durch Akzeptanz gegenüber der Person, die uns Unrecht zugefügt hat. Dabei profitiert die Person, die zu vergeben lernt, von einer deutlich spürbaren Entlastung durch negative, feindselige Gefühle und von einer Abnahme an quälenden Grübeleien. Außerdem erlebt sie oft eine körperliche Entspannung und eine Zunahme an Wohlbefinden.

Um vergeben zu können, ist es erforderlich, dass man willens ist, starke negative Gefühle wie Wut oder Traurigkeit zuzulassen und anzuerkennen. Der eigentliche Kern des Vergebens ist, dass man seine Sicht des Übeltäters verändert, indem man ein gewisses Verständnis für ihn oder sie als Person entwickelt. Manchmal ist es auch erforderlich, dass gewisse zwischenmenschliche Bedürfnisse losgelassen werden, die durch die betreffende Person nicht erfüllt worden sind. Die Veränderung der Sichtweise vom Übeltäter, die schließlich Vergebung ermöglicht, kann manchmal dazu führen, dass sich auch festgefahrene Denkmuster und automatisierte Bewertungen aufweichen und verändern.

Sharon Lamb nennt gewisse Bedingungen, die erfüllt sein müssen, damit man jemandem vergeben kann. So ist es notwendig, dass man die Realität der erlittenen Verletzung vollständig anerkennt, weitgehend auf Selbstvorwürfe verzichtet und diese durch liebevolle Selbstzuwendung ersetzt, die Wut gegenüber dem Übeltäter möglichst ohne innere Abwehr zulässt, sich nicht ausschließlich als Opfer erlebt, sondern gegenüber dem Übeltäter eine aktivere und selbstbestimmtere Haltung einnimmt; es ist erforderlich, dass man sich von der Möglichkeit, dem Übeltäter vergeben zu können, eine berechtigte Zunahme an Lebensfreude erhofft und den Übeltäter als komplexen Menschen betrachtet statt stereotyp als bösen »Unmenschen«.

Die im Prozess der Vergebung notwendigen Entwicklungsschritte fasst Everett L. Worthington mit dem Akronym *REACH* zusammen, das zugleich »die Hand ausstrecken« bedeutet:

- **R** steht für *Recall* (Erinnerung). Versuchen Sie, sich so genau wie möglich an das Ereignis zu erinnern, das Sie verletzt hat. Sehen Sie die Person, die Sie verletzt hat, nicht ausschließlich als böse an, und versinken Sie nicht in Selbstmitleid.
- **E** steht für *Empathie*. Versetzen Sie sich so gut wie möglich in die Situation des Täters. Versuchen Sie, sich die Geschichte so vorzustellen, wie diese Person sie erzählen würde, wenn sie ihr eigenes Handeln erklären müsste.
- **A** steht für *Altruismus* – das altruistische Geschenk der Vergebung. Erinnern Sie sich daran, wie Ihnen selbst einmal vergeben wurde und wie Sie sich danach gefühlt haben. Dann erheben Sie sich über Verletzung und Rache und machen dieses Geschenk.
- **C** steht für *Commitment* (Verpflichtung). Schreiben Sie eine Art »Vergebungszertifikat«, etwa in der Form eines Briefs an den Täter, eines Tagebucheintrags oder eines Gedichts – was immer für Sie persönlich am besten passt. Am besten erzählen Sie auch einem vertrauten Freund davon.
- **H** steht für *Halten* – sich auch längerfristig an die Vergebung halten. Die Erinnerung an das Ereignis mag zurückkommen. Versuchen Sie, nicht in der Vergangenheit und den alten feindseligen Gefühlen stecken zu bleiben, sondern erinnern Sie sich daran, dass Sie sich zur Vergebung verpflichtet haben. Seien Sie geduldig mit sich, denn manchmal ist es nötig, jemandem mehrmals für die gleiche Verletzung zu vergeben.

Man sollte Vergebung auf keinen Fall als eine Pflicht betrachten. Sie geschieht ausschließlich aus freiem Willen. Es ist nicht nötig, sich schuldig zu fühlen, wenn man nicht vergeben will oder kann. Vergebung ist ein freiwilliges Geschenk, zu dem sich niemand drängen lassen sollte. Man muss sich deshalb nicht dafür schämen, wenn man dieses Geschenk (noch) nicht machen möchte. Allerdings werden auch wir es uns vielleicht einmal wünschen, dass jemand uns vergibt. Es wäre merkwürdig, über die Verletzungen, die wir selbst anderen Menschen zugefügt haben, nonchalant hinwegzugehen oder eine Vergebung dafür zu erwarten, wenn wir selbst nicht fähig oder willens sind, anderen für ihre Fehler zu vergeben.

Manche Leute sind nicht fähig, sich selbst zu vergeben. Auch das kann geübt werden und führt zu einer großen Entlastung. Die fünf aufgeführten Schritte eignen sich dazu ebenfalls. Es ist möglich, sich in sich selbst einzufühlen und innerlich nachzuerleben, weshalb man damals so gehandelt hat. Sich selbst zu vergeben bedeutet nicht, dass man die begangenen Fehler gutheißt oder sie in Zukunft wieder tun sollte, sondern dass man einfühlsam versteht, weshalb es zum Fehler kam. Sich selbst das Geschenk der Vergebung machen ist ein wunderbarer Akt der Selbstzuwendung. Schließlich lässt sich Selbstvergebung ebenso gut schriftlich festhalten, wie wenn es darum geht, einer anderen Person zu verzeihen.

Freundlichkeit

Nach Aristoteles bildet die Freundlichkeit die tugendhafte Mitte zwischen den beiden Lastern der Streit- und der Beliebtheitssucht. Beliebtheitssüchtig nennt Aristoteles jene, die »alles loben und in nichts widersprechen, sondern meinen, sie dürften keinem, den sie treffen, unangenehm sein«. Wer dies tut, um für sich selbst einen Nutzen zu erreichen, ist ein Schmeichler. Als schwierig oder streitsüchtig bezeichnet Aristoteles jene, »die immer widersprechen und sich überhaupt nicht darum kümmern, ob sie jemandem unangenehm sind«.

Die Freundlichkeit als Disposition in der Mitte zwischen diesen beiden Polen bedeutet nicht, dass man jemanden lieben muss, denn ein freundlicher Mensch ist allen gegenüber rücksichtsvoll, taktvoll und höflich, auch gegenüber Personen, die er nicht mag. Er wird nach Aristoteles »in Ausrichtung auf das Förderliche darauf abzielen, nicht zu kränken oder Vergnügen zu bereiten«, und lässt jedem das Angemessene zukommen. Er nimmt Rücksicht auf andere und will keinen Anstoß erregen, was jedoch nicht bedeutet, dass er sich selbst verleugnet. Zwar ist ein freundlicher Mensch grundsätzlich bestrebt, Vergnügen zu bereiten, orientiert sich aber stets an den Folgen seines Handelns. Das Angemessene und Förderliche zu tun kann daher auch bedeuten, dass er bei anderen kleinere Kränkungen hervorruft um künftiger Freude willen. Das mag etwa heißen, dass man jemandem gegenüber auf einfühlsame Art die Wahrheit sagt, damit das Verhältnis zukünftig nicht durch Scheinheiligkeit getrübt wird. Besonders in dieser Hinsicht unterscheidet sich echte von bloß vorgetäuschter Freundlichkeit.

Auch bei dieser Tugend korrespondiert die nach außen gerichtete, soziale Freundlichkeit mit einer nach innen gerichteten Freundlichkeit sich selbst gegenüber. Beide Arten der Freundlichkeit besitzen nach Erich Fromm *(Die Antwort der Liebe)* eine gemeinsame Quelle, nämlich die Liebesfähigkeit. Wenn diese Fähigkeit gestört ist, dann ist weder Selbstliebe noch echte Freundlichkeit gegen andere Menschen möglich. Für Fromm kreist der moderne Mensch wie ein in sich geschlossenes System ständig um sich selbst. Weil sich in der bürgerlichen Gesellschaft, zum ersten Mal in der Geschichte, ein Mensch entwickelte, der sich von Bluts- und Gemeinschaftsbanden löste und sich als Individuum etablierte, entfremdete sich der Mensch so von sich selbst und stand fortan in einem Gegensatz zu seinen Mitmenschen, die nur noch Mittel zu seiner Bedürfnisbefriedigung sind. Freundlichkeit kann somit auch als Verhalten angesehen werden, durch das sich der moderne Mensch, der von seinen Mitmenschen entfremdet ist, diesen wieder annähert.

Freundlichkeit bedeutet nämlich immer auch, dass man sich für sein Gegenüber interessiert und über das kommunikative Verhalten an dessen persönlichen Belangen Anteil nimmt – im Gegensatz zur bloß geheuchelten Freundlichkeit, mit der man Distanz schafft. Allerdings bedeutet Freundlichkeit nicht, dass man sich möglichst tief in die andere Person einfühlen sollte. Keine intime Zuwendung ist erforderlich, aber mehr als eine bloß oberflächliche, uninteressierte Begegnung. Eine taktvolle, interessierte Zuwendung ruft generell auch Freundlichkeit beim Gegenüber hervor, während Feindseligkeit und Ablehnung bei anderen meist ebendiese aversiven Tendenzen auslösen. Obschon Freundlichkeit weniger ist als Liebe, stellt sie doch eines der vielen Merkmale der Liebe dar und vermag den Weg zu einer liebevollen Begegnung zu eröffnen. So schreibt Laotse: »Freundlichkeit in Worten schafft Vertrauen. Freundlichkeit im Denken schafft Tiefe. Freundlichkeit im Geben schafft Liebe.«

Es ist nicht immer leicht, im sozialen Umgang das »Angemessene und Förderliche« zu treffen. Dazu braucht es eine Fähigkeit, die in der Psychologie als *soziale* oder *emotionale Intelligenz* bezeichnet wird. Soziale Intelligenz ist nach Daniel Goleman einerseits ein Bewusstsein für komplexe soziale Situationen und für die Perspektive der daran beteiligten Personen, andererseits eine Fähigkeit, sich selbst effektiv in die Kommunikation einzubringen, das Ergebnis der Begegnung zu beeinflussen und gleichzeitig angemessen auf die Bedürfnisse der anderen einzugehen. Dazu gehören folgende Komponenten:

- Die eigenen Gefühle erkennen und akzeptieren, während sie auftreten. Oft fühlen wir uns unseren Gefühlen ausgeliefert, lehnen sie ab, unterdrücken, vermeiden oder bekämpfen sie, statt sie bewusst anzunehmen, damit sie genutzt werden können.
- Gefühle so handhaben und beeinflussen, dass sie der Situation angemessen sind. Das kann bedeuten, sich selbst zu beruhigen, negative Gefühle loszulassen und positive Gefühle zu verstärken.
- Emotionen so beeinflussen, dass sie der Erreichung von Zielen dienen. Dazu gehört, dass jemand kurzfristige Vorteile hinausschieben und impulsive Reaktionen unterdrücken kann, um längerfristigen Erfolg zu ermöglichen.
- Herausfinden und erkennen, was die anderen Menschen erleben und brauchen (Empathie).
- Effektiv mit den Gefühlen anderer Menschen umgehen können. Diese Fähigkeit ermöglicht es, Beziehungen aktiv zu gestalten und reibungslos mit anderen Menschen zusammenzuarbeiten.

Emotionale Intelligenz allein reicht noch nicht aus, um im sozialen Umgang das Angemessene und Förderliche zu treffen, also freundlich zu sein. Tatsächlich kann emotionale Intelligenz auch benutzt werden, um andere Menschen zu manipulieren und auszunützen, was schwerlich als freundlich anzusehen ist. Ohne emotionale Intelligenz ist aber echte Freundlichkeit nicht möglich, weil man sonst gar nicht erkennen könnte, welche Ziele und Bedürfnisse man selbst sowie die Interaktionspartner haben. Angemessen auf die Bedürfnisse des Gegenübers einzugehen bedeutet, dass man sozial intelligent handelt. Wenn es dann auch noch gelingt, förderlich auf diese Bedürfnisse des Gegenübers einzugehen, indem man das Wohl des anderen stets im Auge behält, ist man freundlich.

6. Vom Trübsinn zum Fleiß

Schlappheit, Müdigkeit, Lustlosigkeit, Überdruss, innere Unruhe – solche Zustände emotionaler Erschöpfung gelten heute als Symptome eines »Burn-out« oder »Ausgebranntseins«. Weil sie den beruflichen oder privaten Belastungen nicht mehr gewachsen sind, machen sich bei vielen Menschen Erschöpfungszustände bemerkbar. Burn-out gilt nicht als eigentliche Krankheit, sondern als ungünstiger Entwicklungsprozess bei der Bewältigung von Stress. Dieser beginnt mit extremem Leistungsstreben und einem Drang, sich und anderen etwas beweisen zu müssen. Er geht mit problematischen Bewältigungsstrategien wie der Verleugnung von Schwierigkeiten, sozialem Rückzug oder mechanistischem Funktionieren einher und mündet schließlich in Erschöpfung, innere Leere, Gleichgültigkeit oder sogar einen psychischen und physischen Zusammenbruch.

In schlimmeren Fällen kann ein Burn-out in eine Depression übergehen, einen Zustand tiefer psychischer Niedergeschlagenheit (von Lateinisch *deprimere:* niederdrücken). Depressionen treten zuweilen auch ohne vorangehendes Burn-out auf. Sie zeichnen sich durch eine schwarze, hoffnungslose, negativistische Sicht der eigenen Person, der Zukunft und des Daseins überhaupt aus. Ein Mensch, der an einer Depression leidet, erlebt sein Denken und Fühlen wie von einer dicken dunklen Wolke umhüllt. Er fühlt sich trübsinnig, traurig, melancholisch, manchmal auch schuldig. Depressive empfinden keine Lust mehr an Dingen und Aktivitäten, die sie früher erfreuten. Nicht selten sind sie des Lebens überdrüssig, sehnen den Tod herbei oder begehen gar einen Suizidversuch.

Eine Depression wird von den Betroffenen nicht selten als etwas erlebt, das über sie kommt, das sie zu verschlingen droht und dem gegenüber sie sich ohnmächtig und ausgeliefert fühlen. Das ähnelt stark der

Vorstellung einer dämonischen Leidenschaft, die Besitz von uns ergreift. Dass psychische Belastungen wie Burn-out und Depression (aber auch Angststörungen, wie wir im nächsten Kapitel sehen werden) mit heftigen Leidenschaften zusammenhängen können, heißt jedoch nicht, dass es angemessen wäre, den davon betroffenen Menschen eine Schuld zuzuschieben. Aus Gründen, die sich oft der genauen Kenntnis entziehen, gibt es Lebensphasen, in denen wir stärker mit gewissen Leidenschaften konfrontiert werden. Wie wir mit den Leidenschaften, die uns überfallen, umgehen, beeinflusst den weiteren Verlauf dieser Entwicklung.

Bei der Auseinandersetzung mit den niederdrückenden Leidenschaften, die in diesem Kapitel behandelt werden, ist es hilfreich, etwas genauer zwischen verschiedenen Arten zu unterscheiden. Da ist zunächst die *Faulheit*, an die man wohl fälschlicherweise als Erstes denkt, wenn von der »Trägheit des Herzens« oder der »Wirkscheu« die Rede ist. In den Bereich der von den christlichen Kirchenvätern als *Akedia* bezeichneten Leidenschaft gehört schon eher die *Gleichgültigkeit* oder *Ignoranz* gegenüber demjenigen, was förderlich oder schädlich, richtig oder falsch ist. Doch auch dieses Laster trifft noch nicht den Kern dessen, was die *Akedia* ausmacht. Diese zeigt sich eher als innere Leere und Unfähigkeit, den Augenblick zu genießen, was sich als *Lustlosigkeit* und *Überdruss* äußert. Davon zu unterscheiden sind *Trübsinn* oder *Kummer*, eine um sich selbst kreisende Verfinsterung des Gemüts, ein Unzufriedensein mit sich und der Welt, das oft mit *Selbstmitleid*, aber auch übermäßiger *Selbstkritik* einhergeht.

Weil diesen verschiedenen Leidenschaften gemein ist, dass sie alle der Freude entgegenstehen, ist es zulässig, zusammenfassend von den Lastern des Trübsinns und des Überdrusses zu sprechen. Diese Gruppe von Lastern ist nicht sehr weit vom konträren Laster entfernt, das auch schon bei Euagrios als wesentlicher Bestandteil der *Akedia* gilt: der inneren Unruhe oder *Agitiertheit*. Krampfhafte Ausgelassenheit und bloß gespielte Freude sowie die ständige Suche nach *Zerstreuung*, Ablenkung, oberflächlicher Unterhaltung und Stimulation sind nichts anderes als die unruhige Kehrseite von Trübsinn und Überdruss. Dementsprechend spricht man auch von einer agitierten Depression, wenn die Merkmale der Unruhe und

Rastlosigkeit die darunterliegende Niedergeschlagenheit und Hoffnungslosigkeit überdecken. Nicht zum Bereich der Akedia zähle ich die Feigheit, die eher Ängstlichkeit als Überdruss verrät (siehe Kapitel 7). Falls Feigheit allerdings im Sinne einer gleichgültigen Bequemlichkeit verstanden wird, dann gehört sie sehr wohl auch zu den in diesem Kapitel behandelten Lastern.

Gleichgültigkeit und Ignoranz

Ein seelisch gesunder, ausgeglichener Mensch verspürt den Impuls, anderen zu helfen, ihnen in der Not beizustehen, Leid zu lindern. Wer gegenüber dem Leiden anderer gleichgültig bleibt, ist selbst leidend. Eingehüllt in einen dumpfen Schleier der Lethargie hat sich ein solcher Mensch vom Leben zurückgezogen. Alles erscheint ihm wie ein absurdes Theaterstück, ohne Sinn, ohne roten Faden und ohne Aussicht, überhaupt etwas bewirken zu können. Hoffnungen zu hegen hält er für naiv und den Impuls zu helfen für ein kindisches Verlangen, wider besseres Wissen am Unmöglichen zu scheitern. Von seinen Träumen hat er sich schon längst verabschiedet.

Einer solchermaßen von Apathie und Hoffnungslosigkeit infizierten Person erscheint auch das eigene Leben wie eine unzusammenhängende Abfolge bedeutungsloser Episoden. Vor einer möglichen Auseinandersetzung mit sich selbst und der eigenen Lebensgeschichte schreckt sie erschöpft zurück. Sie mag nicht an ihrem Weltbild zweifeln, in dem die Hoffnung keinen Platz hat. Es erscheint ihr als einfacher, an der Welt zu verzweifeln und in die Resignation zu fliehen. Lieber versucht sie dem Schmerz und der Leere durch Ablenkung, Zerstreuung oder Genuss auszuweichen. So sind zumindest kurzfristig angenehme oder intensive Erfahrungen möglich, auch wenn sie an der nihilistischen Wirklichkeitserfahrung nichts zu ändern vermögen. Doch ohnehin hält eine resignierte Person ihre Erfahrung für die Realität und bedauert die zuversichtlichen Optimisten, die Gutmenschen, die Weltverbesserer.

Bei vielen Menschen ist die Gleichgültigkeit zum Glück nicht so ausgeprägt, dass sie die gesamte Lebenshaltung durchdringt. Doch das Dahinleben in unhinterfragten Mustern und das Weiterwursteln im Gewohnten sind weit verbreitet. Wir mögen uns nicht gern eingestehen, dass unsere Wahrnehmungen einseitig und verzerrt sind. Blind für die eigene Blindheit, verpassen wir die Chance, bei Konflikten mit anderen unseren Standpunkt einmal durch deren Augen zu betrachten. Meist sind wir zu bequem und zu träge, aus dem Schlummer der gewohnten Identifizierungen aufzuwachen. Lieber vermeiden wir Konflikte, beschönigen hartnäckige Probleme, tun so, als wäre alles in Ordnung, und leben weiter auf flache, mechanische Weise.

Weil es so viele andere Dinge gibt, mit denen wir uns ablenken können, fällt es kaum auf, dass wir den Bezug zu dem verlieren, was wirklich wichtig ist. Rastlos zwischen Überstimulation und Erschöpfung hin- und herpendelnd, beschäftigen wir uns mit nichtigen Dingen, mit oberflächlicher Unterhaltung, Klatsch, Konsum. Es gibt tausend Möglichkeiten, bloß an der Oberfläche zu leben. Virtuelle Kontakte ersetzen lebendige Begegnungen. Die Selbstkasteiung des Körpers und die rigide Befolgung von Fitness- und Diätprogrammen ersetzen die Spiritualität und die Achtung religiöser Gebote. Die Dramen imaginärer Figuren am Bildschirm übertünchen die eigene fehlende Lebenstiefe.

Gewiss darf man dem modernen Menschen nicht vorwerfen, dass er sich angesichts einer ungeheuren Flut von Bildern und Informationen manchmal vom Elend anderer Menschen zu distanzieren versucht. Was soll man tun, wenn schon wieder ein Erdbeben zugeschlagen hat, wenn fremde Menschen durch Krieg getötet und vertrieben werden, wenn eine Hungersnot Tausende unschuldige Kinder dahinrafft? Man muss sich vor diesem Elend irgendwie abschirmen und schützen, um nicht den Blick für das Gute, das Beglückende zu verlieren.

Es ist nicht Gleichgültigkeit, wenn man versucht, zu den Schrecken des Daseins eine gesunde Distanz zu wahren. Man muss nicht gleich die ganze Welt verbessern. Ob jemand gegenüber den Nöten seiner Mitmenschen aufmerksam ist, zeigt sich nicht so sehr darin, ob er sich von Nachrichtensendungen berühren lässt und sogleich eine Spende überweist oder einen Hilfskonvoi organisiert. Entscheidend ist, wie er mit den Menschen in seiner unmittelbaren Umgebung, mit seinen Familienangehörigen, seinen Freunden, Bekannten, mit den Mitmenschen auf der Straße, im Zug und im Treppenhaus umgeht. Achtlosigkeit und Gleichgültigkeit sind gerade dort am traurigsten, wo wir die größten Möglichkeiten hätten, einen anderen Umgang zu pflegen.

Auch wenn wir keine buddhistischen Mönche sind, kann uns die radikale Achtsamkeit, die der Buddha seinen Anhängern nahelegte, die Augen für die vielfältigen Möglichkeiten öffnen, aufmerksam durch den Tag zu gehen: »Und wie ist ein Mönch achtsam? Beim Kommen und beim Gehen ist ein solcher aufmerksam, beim Hinblicken und Wegblicken gibt er acht, wenn er sich neigt und erhebt, nimmt er sich in acht (...), beim Essen und Trinken, beim Kauen und Schlucken nimmt er sich in acht, beim Entleeren von Kot und Urin ist er in seinem Tun besonnen. Beim Gehen, beim Stehen, beim Sitzen, beim Schlafen, beim Wachen, beim Sprechen, beim Schweigen ist er aufmerksam.«

Wenn wir uns selbst oder anderen gegenüber gleichgültig sind, ist jegliche weitere Tugend zwecklos. Wenn die Stimme der Gleichgültigkeit diejenige des Gewissens übertönt, dann hat die Gerechtigkeit verloren. Achtlose, gleichgültige Handlungen sind zwar nicht mit Grausamkeit zu verwechseln, bei der man sich in einem Akt der Willkür von allen Normen lossagt, aber sie führen in eine Lebenshaltung hinein, bei der die Frage nach Recht und Unrecht völlig belanglos wird. Weil nichts wirklich wichtig ist und es ohnehin viel zu anstrengend ist, sich den Kopf darüber zu zerbrechen, tut man das, wonach einem gerade zumute ist, egal, wozu dies führt. Mit den möglichen Folgen mag man sich schon gar nicht auseinandersetzen.

Exkurs: Lob der Faulheit

Dass die »Trägheit« *(Akedia)*, die zu den sieben Hauptlastern gehört, nichts anderes sei als Faulheit, ist ein Missverständnis. Es geht auf die gleiche unglückliche Geisteshaltung zurück, die den Fleiß mit unermüdlichem Arbeitseifer gleichsetzt. Unter Faulheit verstehen wir den mangelnden Willen, zu arbeiten oder sich anzustrengen. Faulheit sollte nicht mit geistesträger Gleichgültigkeit verwechselt werden. Gewiss, Faulheit und Gleichgültigkeit sind nicht immer leicht zu unterscheiden, und es ist nicht auszuschließen, dass der faule »Weg des geringsten Widerstandes« längerfristig zu einer gleichgültigen Lebenshaltung führt. Andererseits sollte nicht übersehen werden, dass es eine Faulheit gibt, die frei von Gleichgültigkeit und Lebensüberdruss ist.

Im Gegensatz zum typisch protestantisch-puritanischen Sprichwort »Müßiggang ist aller Laster Anfang« sprach sich der Arbeiterführer Paul Lafargue in einer 1883 erschienenen gleichnamigen Schrift für ein »Recht auf Faulheit« aus: »O Faulheit, erbarme du dich des unendlichen Elends! O Faulheit, Mutter der Künste und der edlen Tugenden, sei du der Balsam für die Schmerzen der Menschheit!« Lafargue übt sowohl an der bürgerlich-kapitalistischen Moral wie auch an der sozialistischen Arbeiterbewegung deutliche Kritik. Das Ideal der Ersteren bestehe darin, den Produzenten »zur Rolle einer Maschine zu verurteilen, aus der man pausenlos und gnadenlos Arbeit herausschindet«, und die Letztere sei von »Arbeitssucht« beherrscht. Dagegen preist Lafargue das Glück der vorindustriellen Lebensweise und verweist auf die griechische Philosophie mit ihrer Verachtung der Arbeit.

Für den Protestantismus calvinistisch-puritanischer Prägung mit seiner Prädestinationslehre gilt ein arbeitsames und wirtschaftlich erfolgreiches Leben als Zeichen göttlicher Auserwähltheit. Muße und Faulheit werden als Laster betrachtet, die nicht nur auf persönliches Versagen hinweisen, sondern auch auf ein angebliches Missfallen vor Gott. Doch der in den industrialisierten Gesellschaften pandemisch grassierende Arbeitseifer ist nichts anderes als eine Scheintugend, mit der wahrer Fleiß und ein produktives Dasein geheuchelt werden.

Der Aufstieg des Bürgertums, die Industrialisierung und der Kapitalismus zementierten diese Entwicklung, sodass heute nicht wenige Menschen einer Tätigkeit nachgehen, die sie weder mit Lust noch mit Sinn erfüllt. Die Idee einer gesunden »Work-Life-Balance« ist überhaupt nur nötig, weil für viele die Arbeit leider nichts mit Leben zu tun hat. Eingeklemmt im

Räderwerk zwischen ständig steigenden beruflichen Forderungen nach Effizienz und der persönlichen Habgier, verschieben viele das Leben auf das Wochenende (sofern es denn eines gibt) oder die Pensionierung. Andere versuchen, möglichst rasch genug Kapital zu akkumulieren, damit sie frühzeitig aus der Arbeitswelt aussteigen und endlich zu »leben« beginnen können.

Den meisten Menschen würde etwas mehr Faulheit ausgesprochen gut tun. Die moderne Gesellschaft krankt nicht so sehr an »Sozialschmarotzern« und faulen Parasiten, sondern an der allgemein grassierenden Gier nach immer mehr materiellem Wachstum und immer größerem Profit. Verräterisch dabei ist, dass man stets die anderen für zu faul hält, nicht aber sich selbst. Mehr Mut zur Faulheit könnte somit sehr heilsam wirken. Die Wiederentdeckung der *vita contemplativa*, die nichts damit zu tun hat, abends vor dem Fernseher erschöpft im Sessel zu versinken, könnte einen Ausweg aus der enormen gesellschaftlichen Überbewertung der wirtschaftlichen Leistungsfähigkeit und des Arbeitseifers eröffnen.

Auf die heilsamen Wirkungen der Faulheit wies auch Kant hin. Zwar gelte von den Lastern Faulheit, Feigheit und Falschheit das Erstere als das verächtlichste, schreibt er in seiner *Anthropologie in pragmatischer Hinsicht,* doch besitze die Faulheit eine wichtige Schutzfunktion, da sie vor schädlichem Kräfteverzehr schütze und zu Pausen der Erholung zwinge. Außerdem verhüte sie oft Schlimmeres, weil, »wenn nicht Faulheit noch dazwischenträte, durch rastlose Bosheit weit mehr Übels, als jetzt noch ist, in der Welt verübt würde«.

Der Mensch erbringt nicht dann optimale Leistungen, wenn er ununterbrochen aktiv ist und ständig arbeitet, sondern nur, wenn sich Phasen konzentrierter Aktivität mit Phasen der Erholung und der Muße abwechseln. Wer die Faulheit ausschließlich als zu bekämpfendes Übel betrachtet, bringt sich um das große Potenzial an Lebensqualität und Ausgeglichenheit, das aus der Muße einer *vita contemplativa*, dem beschaulichen, in Betrachtung versunkenen Leben, entspringt. »Einen Tag ungestört in Muße zu verleben heißt, einen Tag lang ein Unsterblicher zu sein«, lautet ein chinesisches Sprichwort.

Überdruss und Lustlosigkeit

Als Verlust der auf das Förderliche ausgerichteten Willens- und Tatkräfte bildet die Gleichgültigkeit die Konsequenz derjenigen Leidenschaft, die in der christlichen Tradition als *Akedia* bezeichnet wird. Daneben umfasst die *Akedia* aber auch noch eine Verfinsterung, Verödung oder Trübung des Gemüts – was auch als eigenständiges Laster des Trübsinns angesehen werden kann – sowie eine sogenannte »Trägheit des Herzens«, womit eine Stimmung gemeint ist, bei der man sich auf nichts konzentrieren kann und zu nichts Lust hat.

Eine Seele, »die ob der Gedanken der Trägheit und des Überdrusses, die in ihr angedauert haben, schwach ward und ermattet, und die dahingeschwunden ist in ihrer Bitterkeit, und deren Kraft durch ihre große Niedergeschlagenheit aufgezehrt ward, und die der Verzweiflung nahe ist ob der Gewalt dieses Dämons, indem sie tobt und sich wie ein Kind gebärdet mit leidenschaftlichen und stöhnenden Tränen, und für die es nirgendwoher eine Kühlung gibt«, leidet nach Euagrios Pontikos an *Akedia.*

Die *Akedia* nimmt der Seele die Spannkraft. Man hat zu nichts mehr Lust und treibt im Überdruss und in der inneren Beklemmung dahin. Sie raubt den Schlaf, macht gleichgültig und abgestumpft, führt in Verbitterung und Verzweiflung hinein. Auf der Flucht vor der unerträglichen Langeweile stürzt sich der von diesem Dämon getriebene Mensch manchmal in äußerliche Zerstreuung, oberflächliche Unterhaltung, wird unstet und wankelmütig. Neben dem Überdruss, der Langeweile und der ziellosen Rastlosigkeit leidet er oft auch an nagenden Selbstzweifeln, innerer Leere und dem Gefühl endloser Hoffnungslosigkeit.

Mit Kontemplation und Muße hat *Akedia* gerade nichts zu tun. Ganz im Gegenteil, man ist unfähig, den Augenblick in ruhiger Entspannung zu genießen. Stattdessen flüchtet man sich in die Vorstellungswelt hinein, ergeht sich im Wünschen und Wähnen, vermeidet die Gegenwart, hängt der Vergangenheit nach oder sinniert über zukünftige Möglichkeiten, ohne dass sich daraus irgendwelche produktiven Pläne ergeben würden.

Die Lähmung des Willens schlägt gelegentlich um in eine rastlose Erregung. Gefangen im Käfig des Überdrusses tigert man unruhig hin und her, kopflos, schlaflos, hoffnungslos.

Die »Wirkverdrießlichkeit« oder »Wirkscheu«, wie die *Akedia* auch übersetzt wird, ist nach Thomas von Aquin eine Art Undankbarkeit für die Güter, deren Besitz man von Gott erhalten hat. Aus christlicher Sicht ist Gottes Schöpfung ein Grund zur jubelnden Freude. Das Dasein ist derart grandios und wunderbar, dass der Mensch eigentlich Anlass dazu hätte, jeden Augenblick seines Lebens von staunender Freude und Anbetung erfüllt zu sein. Statt sich am Leben, an der Schöpfung und an den geistlichen Gütern zu erfreuen, verachtet der an *Akedia* leidende Mensch diese Geschenke, ja er ist sogar betrübt darüber. Die *Akedia* lässt ihn darüber trauern, was eigentlich sein größtes Glück ausmacht. Trägheit des Herzens, Trübsinn, Antriebslosigkeit und Gleichgültigkeit sind somit im Verständnis von Thomas die Folge einer spirituellen Abkehr von Gott. Diese führt zu den »Töchtern der Wirkscheu«, die da sind: »Bosheit, Ränkesucht, Kleinmütigkeit, Verzweiflung, Lahmheit gegenüber den Geboten, Ausschweifung im Besinn«.

Besonders anschaulich hat Euagrios Pontikos die Auswirkungen des Dämons *Akedia* beschrieben, den er für den beschwerlichsten aller Dämonen hielt: Man habe das Gefühl, die Zeit vergehe besonders langsam. Es dränge den Mönch dazu, ständig zum Fenster hinauszuschauen oder nach draußen zu gehen, heraus aus seiner Zelle, um zu schauen, ob es noch nicht Abend sei oder ob nicht jemand vorbeikäme. Man sei des eigenen Lebens und der eigenen Arbeit überdrüssig und habe das Gefühl, dass es niemanden gäbe, der einen trösten könnte. Ein anderes Leben erscheine in der Vorstellung leichter und glücklicher. Für Euagrios ist die *Akedia* deshalb besonders gefährlich, weil sie sich dem, der an ihr leidet, oft verbirgt und so die untergeordneten Triebe die Herrschaft übernehmen können, insbesondere die Genusssucht.

André Louf bezeichnet die *Akedia* als »eine Art von Schwindelgefühl angesichts des leeren Raums, der sich zwischen der Seele und Gott auftut, und die Unfähigkeit, diesen Leerraum zu durchdringen oder ihn ganz einfach auszuhalten«. Zunächst ist die *Akedia* also spirituell zu verstehen, wobei sie sich dann aber auch auf den Verstand, die Willens- und Gemütskräfte sowie den Körper auswirkt, also auf die gesamte Person. Sie ist in erster Linie ein trauriges Verzagen an Gott und der Welt, wodurch sich eine Verweigerung ergibt, sich weiter anzustrengen. Die Aussicht auf Rettung und Erlösung geht verloren. Man wird zu einem »transzendentalen Taugenichts« (Ernst), der seine Gaben verkümmern lässt, hinter seinen Möglichkeiten zurückbleibt und seine Talente vergräbt.

Die depressiven Symptome der Antriebslosigkeit, der Lustlosigkeit und des Trübsinns beruhen letztlich auf einer spirituellen Verzweiflung. Die rastlose Suche nach immer neuen äußeren Befriedigungen stellt folglich nichts anderes dar als den Versuch, dieses spirituelle Vakuum zu füllen. Wir leiden an Gottesferne, an einem Verlust an Sinn und Hoffnung. Die Befreiung aus Überdruss, Trostlosigkeit und Melancholie kann dementsprechend nur durch eine spirituelle Erneuerung gelingen.

Leicht vergessen wir, dass wir in einen existenziellen Kontext eingebettet sind, der eigentlich zu höchster Verzweiflung Anlass geben müsste, wenn da nicht der Glaube und die Hoffnung wären, dass wir einst von körperlichem Abbau, Krankheit und Tod erlöst werden. Wenn wir nicht glauben können, dass es jenseits der körperlichen Existenz noch etwas gibt, in dem wir aufgehoben sind, dann erscheint das ganze Leben letztlich recht absurd und trostlos. In der Jugend und wenn wir das Glück haben, gesund und erfolgreich zu sein, lässt sich die Endlichkeit des gegenwärtigen Daseins zwar oft verdrängen. Doch spätestens wenn die Schicksalsschläge auch die eigene Familie heimsuchen und den eigenen Wünschen und Hoffnungen zuwider wirken, merken wir, dass unsere gesamte physische Existenz mit ihren vermeintlichen Sicherheiten sich eines Tages auflösen wird.

Es ist nicht schwer zu verstehen, weshalb sich manch Depressiver für einen größeren Realisten hält als diejenigen, die in der wohligen Illusion leben, dass es mit ihrer Gesundheit und ihrem Erfolg immer so weitergehe wie bisher. Nur dann sind die Melancholiker keine größeren Realisten als die Heiteren und Zuversichtlichen, wenn tatsächlich Hoffnung auf Erlösung besteht und mit dem körperlichen Tod nicht alles vorüber ist. Ohne existenzielle Hoffnung und ohne spirituelle Verankerung kann es kein seelisch gesundes, ausgeglichenes Leben geben, außer es gelingt, sich etwas vorzumachen. So ist es keineswegs unzeitgemäß, wenn wir die niederdrückenden Leidenschaften des Trübsinns und des Überdrusses als einen Verlust an spiritueller Verankerung verstehen.

Für Anselm Grün ist Akedia schlichtweg »die Unfähigkeit, im Augenblick zu sein«, und eine »Weigerung, sich auf das einzulassen, was gerade ist«. Dies zeigt sich etwa, wenn wir ständig stöhnen, zu viel Arbeit zu haben, und dabei erschöpft den Urlaub herbeiwünschen. Doch wenn wir dann im Urlaub sind, möchten wir vor lauter Langeweile am liebsten wieder arbeiten. Nicht einmal das Nichtstun können wir genießen, wenn die Leidenschaft des Überdrusses uns heimsucht. Auch im Urlaub sind viele Menschen auf der Flucht vor sich selbst. Nicht von ungefähr beginnen viele spirituelle Übungen damit, sich ganz auf das zu konzentrieren, was gerade ist. Das Annehmen dessen, was sich im gegenwärtigen Moment anbietet, ist ein wichtiger Schritt zurück zur fehlenden existenziellen Verankerung.

Trübsinn und Kummer

»Wer von Kummer gebunden wurde, ist von den Leidenschaften besiegt worden. Und er trägt die Fessel mit sich herum zum Beweis seiner Niederlage. Denn der Kummer entsteht beim Misslingen eines fleischlichen Verlangens; ein Verlangen aber ist mit jeder Leidenschaft verbunden. Wer das Verlangen besiegt, hat die Leidenschaft besiegt. Wer aber die Leidenschaft besiegt hat, der wird vom Kummer nicht beherrscht.«

Euagrios' Worte über den Kummer oder Trübsinn weisen eine erstaunliche Nähe zu buddhistischem Gedankengut auf. Die Wurzel des Kummers liegt in der Begierde nach materiellen Dingen, von denen wir uns das Glück erhoffen. Dazu gehören nicht nur die »fleischlichen« Genüsse der Wollust und Völlerei, sondern überhaupt alles, was anziehend auf uns wirkt, aber letztlich vergänglich ist. Schönheit, Ruhm, Erfolg, Reichtum – diese Dinge erfreuen uns zwar, doch die Anstrengung, die erforderlich ist, um sie zu erlangen und zu behalten, sowie die Enttäuschung, die sich bei ihrem Verlust einstellt, bekümmern und machen trübsinnig.

Kummer und Trübsinn sind somit die Folge einer Frustration, die wegen der Unbeständigkeit und Vergänglichkeit aller materiellen Dinge eintritt. Würde es uns gelingen, eine gelassene, heitere Distanz zu solchen irdischen Gütern zu erlangen, dann wäre es nicht derart wichtig, sie zu besitzen, und ihr Verlust würde uns keinen so großen Kummer bescheren. Nun gibt es aber auch hier einen gesunden Mittelweg und zwei ungünstige Alternativen.

Die eine der beiden ungünstigen Alternativen ist soeben skizziert worden. Es ist die ungezügelte Begierde nach immer mehr, die wir in den beiden letzten Kapiteln dieses Buches als Habgier und als Genusssucht näher kennenlernen werden. Wenn wir unser Lebensglück auf diesen Dingen aufbauen, dann sind wir dem Trübsinn hilflos ausgeliefert, wenn es einmal mit Erfolg, Gesundheit oder dem Besitz bergab geht.

In der Lebensgeschichte depressiver Menschen finden wir Frustrationen und Kränkungen, nicht selten auch schmerzliche Trauerfälle. Diejenigen Menschen, denen der Trübsinn zum ständigen Begleiter wird, sehen diese Dinge nun nicht als unangenehme und unglückliche Ereignisse an, die aber auf die eine oder andere Weise bei allen Menschen zum Dasein gehören. Vielmehr stellt sich bei ihnen eine Art innere Empörung ein, sodass sie fortlaufend mit sich selbst und mit der Welt hadern. Sie empören sich gegen das Schicksal, das ihnen die Wahrheit ins Gesicht schleudert, dass sie keinen besonderen Anspruch auf irdisches Glück besitzen.

Statt um erlittene, schmerzliche Verluste zu trauern, sich selbst zu trösten und Trost anzunehmen, was zu einer gewissen Entspannung und schließlich zu Akzeptanz hinführen könnte, bewirkt das Selbstmitleid, dass man niemanden mehr an sich heranlässt. Viel zu jammern, aber nichts zu ändern wird so zur ungünstigen Gewohnheit. Hochgradig empfindlich für alles, was sie selbst betrifft, sind diese unglückseligen Menschen jedoch gleichzeitig erstaunlich gleichgültig gegenüber dem, was andere erleiden. Gefangen in der irrigen Meinung, vom Schicksal zu Unrecht ausersehen worden zu sein, ein leidvolles Dasein führen zu müssen, breitet sich bei ihnen das Gefühl immer stärker aus, dass die Zukunft nur noch Verluste und Niederlagen bereithalte. Ein schwer verdauliches Amalgam aus enttäuschten Hoffnungen, heimlicher Scham über den eigenen Misserfolg und lähmender Ohnmacht zwingt immer mehr dazu, sich von allen Wünschen zu verabschieden und in der Resignation dahinzudämmern.

Ein wesentlicher Unterschied zwischen der Trauer über erlittene Verluste und einem Zustand chronischen Trübsinns ist somit im Selbstmitleid zu finden, das nichts anderes verrät als versteckten Hochmut. Wie scharf hat der Menschenkenner La Rochefoucauld auch dies erkannt: »Welchen Grund wir unserem Kummer auch geben, meist sind nur Eigennutz und Eitelkeit seine Ursachen.« Der trübsinnige Mensch leidet am Untergang seines idealen Selbst, an das er sich geklammert hat und das sich ihm nun endgültig als Trugbild enthüllt. Doch er weigert sich, sein wahres Selbst jenseits eines überhöhten Anspruchs zu entdecken. Fälschlicherweise meint er, eigentlich viel zu bescheiden zu sein, und verwechselt dabei zwanghafte Selbstkritik mit Demut.

Keineswegs ist es immer notwendig, dass den an Trübsinn leidenden Menschen wirklich derart schlimme Ereignisse widerfahren sind, wie sie selbst meinen. Weil ihre Wünsche nach Anerkennung und Aufwertung, nach materieller Belohnung und Erfolg unersättlich sind, reagieren sie auf normale, alltägliche Frustrationen mit übermäßiger Enttäuschung. Wenn andere Menschen ihr Leiden nicht als gleichermaßen schlimm bewerten wie sie selbst oder wenn sie ihrem übermäßigen Verlangen nach Tröstung nicht nachkommen, ist das für sie ein erneuter Beweis, ungerecht behandelt und von niemandem wirklich verstanden zu werden.

So richtet es sich der Trübsinnige in seiner Opferrolle immer bequemer ein. Der von chronischem Kummer Befallene speist seinen Eigenwert, den er durch kritische Selbstablehnung fortlaufend untergräbt, lieber aus der stolzen Resignation eines zu kurz Gekommenen, als die Illusion aufzugeben, nur äußerer Erfolg könnten ihm beweisen, dass er doch eine Daseinsberechtigung besäße. Wenn es gelänge, etwas mehr Distanz zum überhöhten Anspruch zu entwickeln, unbedingt erfolgreich sein zu müssen, und sich an den tatsächlichen Gaben zu erfreuen, die man besitzt, aber in der Fixierung auf erlittene Kränkungen und Verluste geflissentlich übersieht, könnte die Ohnmacht durchbrochen werden.

So scheint die Lösung aus Trübsinn und Selbstmitleid darin zu bestehten, sich vom Streben nach irdischem Erfolg und materiellem Glück zu verabschieden. Das hat vor allem der Buddha gelehrt, das findet sich in ähnlicher Weise auch im Neuen Testament, und überhaupt gibt es kaum eine ernst zu nehmende spirituelle Tradition, die nicht betonte, dass nur der Blick auf die inneren, unerschütterlichen Güter wahrhaft glücklich mache. Doch es gibt hier meines Erachtens eine gesunde Grenze. Problematisch kann es werden, wenn sich daraus eine Lebenshaltung entwickelt, die in die Nähe stoischer Unerschütterlichkeit und totaler Weltabgewandtheit gerät.

Somit gelangen wir zur zweiten der beiden ungünstigen Alternativen. Diese ist am Bemühen erkennbar, sich gänzlich gegen Schmerz und Enttäuschung zu immunisieren, indem man allem »entsagt« und sich innerlich von allen »Anhaftungen« befreit. Das kann nun so weit gehen, dass man es sich zum Beispiel nicht mehr erlaubt, beim Tod einer geliebten Person zu trauern. Ein Bemühen um seelische Unerschütterlichkeit ist weit von einer heiteren Gelassenheit gegenüber dem ständigen Auf und Ab des Schicksals entfernt. Es ist zutiefst menschlich, um eine geliebte Person zu trauern. Diese Trauer verrät, dass man fähig ist zu lieben und dass es einen nicht gleichgültig lässt, wenn man von einem geliebten Menschen getrennt ist. Auch Enttäuschung, wenn wir ein wichtiges Ziel nicht erreichen, und das Gefühl von Kränkung, wenn etwas scheitert, das wir mit aller Kraft angestrebt haben, sind gesunde Regungen.

Die Frage ist allerdings, ob es uns gelingt, den Gefühlen des Verlustes, der Trauer und der Enttäuschung den ihnen gebührenden Platz zu geben, sie anzunehmen und zuzulassen, damit sie schließlich einem Vertrauen Platz machen können, dass vielleicht doch nicht alles verloren ist und dass auch das schlimmste Ereignis möglicherweise einen Sinn besitzt. Oder verbeißen wir uns in die Enttäuschung und in die Überzeugung, ein ungerechtes Dasein ohne Aussicht auf Hoffnung fristen zu müssen?

So sind es denn die Hoffnung und der Glaube an Erlösung, die über das Elend der Vergänglichkeit hinwegtrösten, und nicht eine eiserne Disziplin zur Erlangung innerer Unerschütterlichkeit. Eine solche unnatürliche Selbstdisziplin führt nämlich geradewegs zur überhöhten Selbstkritik und zur Unfähigkeit, sich liebevoll anzunehmen, auch wenn wir scheitern. Trübsinn und Kummer vertragen sich gut mit dem harten Anspruch, irgendetwas erreichen zu müssen, und sei es die völlige Gleichgültigkeit gegenüber Erfolg. Diese heimtückischen Leidenschaften schwinden jedoch dahin, wenn die Hoffnung auftaucht und der Glaube, dass hinter all diesen Enttäuschungen vielleicht doch einmal – sei es in diesem Leben oder in einem anderen – das Glück aufgehen wird.

Agitiertheit und Zerstreuung

Wenn die Lustlosigkeit, die Trägheit und der Trübsinn allesamt Laster des Übermaßes darstellen, weil die niederdrückenden Leidenschaften sich hier ungehindert ausbreiten, dann mangelt es den entgegengesetzten Lastern der Agitiertheit und der Zerstreuung an einer gewissen notwendigen Verlangsamung und Gemächlichkeit. Beiden Arten von Lastern fehlt es an Hoffnung, Schwung und Lebensfreude. Die Lustlosen, Trägen und Trübsinnigen sind in der inneren Leere gefangen. Die nach ständiger Zerstreuung Suchenden dagegen wehren sich mit aller Macht gegen die innere Leere, obschon sie dennoch stets spürbar bleibt.

Wenn es ein Laster gibt, das die moderne Party-Gesellschaft wie kein anderes auszeichnet, dann ist es dieses Laster der Agitiertheit und Ablenkungssuche, das nichts anderes verrät als die Unfähigkeit, im Moment zu sein und die Gegenwart zu genießen. Zwar wird versucht, durch allerlei Substanzen sich selbst und die Langeweile zu vergessen, doch Drogen und Alkohol schaffen nur eine vorübergehende Illusion der Entspannung und der Freude, die nach verpuffter Wirkung rasch einer umso stärker angewachsenen Leere und Sinnlosigkeit Platz macht.

In der modernen Unterhaltungsgesellschaft ist laute Ausgelassenheit erwünscht. Fröhliche und unbeschwerte Leute hüpfen »happy« von einer Party zur nächsten. Durch oberflächliche Unterhaltung – Videogames, seichte Filme, zudröhnende Musik oder gemeinsame Besäufnisse – muss sich die *Akedia* hinter zwanghafter Ablenkung und falscher Ausgelassenheit verstecken. Nichts gegen eine fröhliche, ausgelassene Feier – doch fehlt es den Zerstreuungssüchtigen meist an der Fähigkeit, echte Freude im Zusammensein mit anderen zu erleben: Die Begegnungen bleiben flach, man ist ohnehin nur auf der Durchreise von einer Party zur nächsten, und wenn man sich auf jemanden einlässt, dann meist mit dem eindeutigen Ziel, sich sexuelle Befriedigung zu verschaffen und somit ein weiteres Mittel einzusetzen, die innere Leere mit Zerstreuung zu füllen.

Doch zwanghafte Zerstreuungssuche darf nicht nur dem jüngeren Party-Volk (und dem, das nicht altern will) angelastet werden. Es gibt zahlreiche weitere, scheinbar seriösere Varianten, die innere Leere zu verdrängen und sich vom Trübsinn abzulenken. Die Arbeitssüchtigen stürzen sich in immer neue Projekte und haken den nächsten Punkt auf der Traktandenliste ab. Die Beziehungssüchtigen halten es nicht aus, wenn sie einmal alleine sind und gerade mal niemand da ist, den man kennenlernen, mit dem man sich streiten oder mit dem man Schluss machen kann. Reisesüchtige werden unruhig, wenn bei der Rückkehr nach Hause nicht gleich die nächsten Flugtickets gebucht werden können. Mit Dauertelefonaten oder ständigen Treffs halten die Klatschsüchtigen an Nichtigkeiten fest, ohne die sie, geplagt von Langeweile und Anspannung, im Überdruss versinken würden.

Nicht jede Unterhaltung muss notwendigerweise eine innere Leere überdecken. Doch dem Amüsement gehen oft die heitere Freude und die genüssliche Erholung ab, die wir in der Muße und in der kontemplativen Entspannung erleben. Ironisch führte Johann Gottfried Seume den Begriff *a-muse-ment* auf die Bedeutung zurück, die Muße loszuwerden: »Amüsement wäre also das Vergnügen der Plattköpfe.«

Hoffnung und Fleiß

Gibt es ein Heilmittel gegen Trübsinn und Lustlosigkeit? Euagrios empfiehlt folgendes Rezept gegen die *Akedia:* »Den Überdruss heilen Standhaftigkeit und dass man alles mit großer Sorgfalt, Gottesfurcht und Ausdauer tut. Verordne dir selbst ein Maß in jedem Werk und steh nicht eher davon ab, als bis du es vollendet hast. Und bete ununterbrochen und kurzgefasst, und der Geist des Überdrusses wird vor dir fliehen.«

Euagrios empfiehlt, sich selbst ein Ziel zu setzen, dieses hartnäckig und mit Ausdauer zu verfolgen und im Gebet auf Gott zu vertrauen. Der erste Teil – beharrliche Zielverfolgung – ist heute ein wichtiger Bestandteil der psychotherapeutischen Depressionsbehandlung. Patienten werden dazu ermuntert, sich kleine positive Ziele zu setzen, Dinge wieder zu tun, die ihnen früher Freude bereitet haben, und trotz Lustlosigkeit und Niedergeschlagenheit zunächst einfach dabei ausdauernd zu bleiben. Das führt meist aus der Lethargie heraus und ermöglicht kleine Erfolgserlebnisse, die manchmal zu einer Stärkung des Selbstwertgefühls oder sogar zu einem Aufflackern von Zuversicht führen. So wächst Hoffnung heran, wieder selbst den eigenen Lebensverlauf zum Guten beeinflussen zu können.

Die zweite Empfehlung, Gott zu »fürchten« und ununterbrochen und kurzgefasst zu beten, fehlt in modernen Depressionsbehandlungen. Wenn in alten Schriften von »Gottesfurcht« die Rede ist, so sollten wir das für uns heute allerdings eher mit »Gottvertrauen« übersetzen. Euagrios rät hier nicht, sich ängstlich vor einem strafenden Gott zu fürchten. Vielmehr empfiehlt er im Kampf gegen die *Akedia,* einen Vers aus dem 37. Psalm einzusetzen, der – mit erregtem Herzen vorgebracht – vor Selbstmitleid bewahre und ins hoffnungsvolle Tun hineinführe: »Verlasse dich auf den Herrn, und tue, was recht ist« (Ps 37,3). In der glaubenden Hoffnung auf Erlösung und im Vertrauen, dass auch die dunkelste Zeit einmal vorübergehen wird und nicht sinnlos ist, zeigt sich Licht am Ende des Tunnels.

Der Dämon des Trübsinns und des Überdrusses ist besiegbar. Es braucht eine existenzielle Hoffnung, die mit geistiger und körperlicher

Selbstdisziplin einhergeht. Es sind die Tugenden der *Hoffnung* und des *Fleißes* (allerdings nicht im Sinne von Arbeitssucht), die aus den niederdrückenden Leidenschaften hinausführen.

Hoffnung ist kein billiger Trick, wie das berühmte Sätzchen aus der Ecke des positiven Denkens vermuten lassen könnte: »Mir geht es jeden Tag in jeder Hinsicht besser und besser.« Hoffnung muss man sich nicht einhämmern. Sie entsteht dann, wenn die dunklen Abgründe nicht als Widerlegung eines höheren Beistandes aufgefasst werden, sondern als vielleicht notwendige Prüfung. Wer wagt, auf Besserung zu hoffen, lässt dem Guten einen Spalt breit die Türe offen. Das innere Erleben bleibt für produktive Veränderungen empfänglich.

Wer sich dagegen durch völlige Hoffnungslosigkeit allem Beistand und allen günstigen Entwicklungen verschließt, wird auch dann nicht merken, dass es aufwärtsgeht, wenn die schlimmste Zeit eigentlich vorbei ist. Vielleicht ist es ja wirklich so, dass wir mit unserer menschlichen Wahrnehmung und unserem Denkvermögen nur jeweils einen ganz begrenzten Ausschnitt der Wirklichkeit erfassen. Vielleicht sähe alles gar nicht so schlimm und düster aus, wenn wir die Existenz, wie sie wirklich ist, umfassender erkennen könnten. Deshalb ist die Hoffnung nichts anderes als eine Bereitschaft, auch in Zeiten des Trübsinns nicht an der Existenz zu verzweifeln, sondern sich immer zu vergegenwärtigen, dass wir vielleicht alles viel schwärzer sehen, als es eigentlich ist.

Hier zeigt sich auch die Nähe zwischen Hoffnung und Humor. Der Humor hilft dabei, Lücken zwischen dem, was ist, und dem, was wir uns wünschen, auf spielerische Weise anzuerkennen. Selbst Widerwärtigkeiten erhalten im Glanz des Humors plötzlich eine leicht komische Seite. So schützt der Humor vor dem fatalen Selbstmitleid, das in der Niedergeschlagenheit gefangen hält. Wir kommen uns höchst komisch vor in unserer selbstmitleidigen, jämmerlichen Befangenheit. Studien haben gezeigt, dass eine humorvolle Haltung mit geringerer Depressivität einhergeht, mit größerer Hoffnung und Zuversicht sowie guten Fähigkeiten zur Stressverarbeitung. Sogar unser Immunsystem profitiert vom Humor (vgl. Lefcourt, *Humor)*.

Hoffnung und Humor bedeuten jedoch nicht, dass wir nicht klagen dürften. Hoffnungsvolles Klagen richtet sich an etwas Größeres als nur an unsere Mitmenschen, die mit dem Trübsinn nicht selten überfordert sind. Spirituelle Schriften sind voller verzweifelter Anrufungen Gottes um Erlösung aus Leiden und seelischer Bedrängnis. »Es ist keiner, der meine Seele tröstet. Denke ich an Gott, dann muss ich stöhnen.« (Ps 77,3) – »Bevor ich noch esse, kommt mir das Seufzen, wie Wasser strömen meine Klagen hin.« (Hiob 3,24) Erlauben wir uns, mit dem eigenen Leiden eine höhere Macht anzurufen, sie anzuflehen, sogar anzuklagen, verliert die eigene Situation etwas von der beängstigenden und isolierenden Enge, von der ein Mensch umgeben ist, der von Trübsinn erfüllt ist. Der zweifelnde, lebensüberdrüssige Mensch fühlt sich in solchen Gebeten nicht alleine, sondern weiß sich mit anderen Leidenden verbunden.

Hoffnung kann sich erst regen, wenn man sich nicht mehr gegen die Niedergeschlagenheit und die Verzweiflung wehrt. Solange wir noch versuchen, den Trübsinn und die Lustlosigkeit zu überspielen, um weiter so zu funktionieren, als ob alles in Ordnung wäre, wird die Nacht, die unser Gemüt umgibt, immer dunkler. Euagrios empfiehlt daher auch die Tränen als Heilmittel gegen Trübsinn und Überdruss. Das Weinen bricht die harte Schale der seelischen Ermattung auf und lässt neues Leben einströmen. Tränen sind eine Art Selbsttröstung. Wenn wir weinen, erlauben wir uns zu leiden, nehmen uns selbst in den Arm und lassen die Traurigkeit frei fließen, die sich nun verwandeln darf.

Hoffnung ermöglicht auch, widrige Umstände auszuhalten. Euagrios rät dem trübsinnigen, seiner spirituellen Übungen überdrüssigen Mönch, in der Zelle auszuharren und nicht davonzulaufen. Das achtsame Verweilen in der Gegenwart, ohne irgendetwas zu tun, macht es unmöglich, dass man durch äußere Ablenkungen von der Niedergeschlagenheit flieht. Flucht ist ungünstig, denn die *Akedia* kehrt danach nur stärker zurück. Das Bleiben, das Ausharren und das Annehmen der Dunkelheit ermöglichen es, innerlich zur Wurzel der Verzweiflung vorzustoßen. Dieser Tiefpunkt sollte nicht vermieden werden. Aus der Zelle zu gehen, Zerstreuung zu suchen, davonzulaufen – das würde einen um die Gelegenheit bringen, an die Wurzel des Trübsinns und des Überdrusses durchzudringen.

Weiter rät Euagrios zu einer Methode, die man auch aus der modernen Psychotherapie kennt. Er empfiehlt, einen Stuhl vor sich hinzustellen und sich vorzustellen, man säße selbst darauf. Nun solle man mit dem eigenen Ich, das einem da gegenübersitzt, in einen Dialog treten. Alle Frustration, alle Enttäuschung, allen Ärger und alle unerfüllten Wünsche kann man so aussprechen. Auch dieses Gespräch ist wie ein Klagegebet, bei dem wir nichts zurückbehalten. Wenn alles geklagt ist, wenn alle Leiden einen Namen erhalten haben, dann stellt sich eine gewisse Erschöpfung und Leere ein, die jedoch anderer Art ist als die zuvor als so quälend erlebte Niedergeschlagenheit. Diese neue Art der Erschöpfung ermöglicht es der Hoffnung, auf leisen Flügeln heranzuflattern.

Hoffnung ist eine Form des Glaubens, die auch in der schwierigsten Stunde nicht aufhört. Hoffend vermögen wir als Prüfung zu deuten, was das Schicksal uns zumutet. Die Hoffnung verleiht Kraft, auch an scheinbar sinnlosen Ereignissen nicht zu verzweifeln. Sie hat zwei Seiten: daran zu glauben, dass man selbst die Dinge zum Positiven beeinflussen kann, und sich vertrauend auf eine höhere Macht zu verlassen, wenn man selbst nichts ausrichten kann. Dadurch eröffnen sich neue Denk- und Handlungsmöglichkeiten, die sich mit der Zeit in persönliche Stärken verwandeln.

Tatsächlich ist es nicht unmöglich, die geheimnisvollen tieferen Zusammenhänge aufzuspüren, in die wir eingebettet sind. Heute wird meist apodiktisch behauptet, wir könnten keine andere Realität erfahren, als durch unsere Sinne vermittelt werde. In der irrigen Meinung, seit Immanuel Kant sei zweifelsfrei erwiesen, dass es der menschlichen Vernunft nicht möglich sei, die sinnliche Erkenntnis zu übersteigen, zieht die Wissenschaft einen scharfen Trennstrich zwischen religiösen, spirituellen, intuitiven Erlebnissen einerseits und der sinnlich erfahrbaren Realität andererseits.

Wenn jedoch der Verstand zur höchsten Instanz erhoben wird, dann erstaunt es nicht, dass man anderen (höheren) Arten der Erkenntnis mit Skepsis begegnet. Tatsächlich ist es manchmal geradezu notwendig, der Vernunft zuliebe nicht auf den Verstand zu hören, sondern auf tiefere und feinere Arten der Wahrnehmung. Wenn die »innere Stimme« deutlich zu vernehmen ist, dann muss sich der rationale Verstand geschlagen geben, der zwar logisch korrekte Einwände vorbringen mag, aber in solchen Fällen doch irgendwie nicht als guter Ratgeber erscheint.

Sokrates nannte diese innere Stimme, wie gesagt, sein *Daimonion*, das ihn in entscheidenden Augenblicken warnte und ihn von der Ausführung gefährlicher Absichten abhielt (vgl. den Exkurs »Über das Gewissen« im 2. Kapitel). Für diese Fähigkeit, auf die innere Stimme zu hören, gab es früher einen Begriff, der heute leider eine ganz andere Bedeutung besitzt: *Fleiß*.

Für den flämisch-niederländischen Theologen und Philosophen Arnold Geulincx, einen Zeitgenossen Descartes', entspringt der Fleiß der Liebe zur Vernunft. »Wenn nämlich das Wesen der Vernunft darin besteht, dass sie Befehle und Vorschriften gibt, so folgt daraus, dass niemand sie in rechter Weise lieben kann, wenn er nicht hinhört, seine geistigen Ohren spitzt, seine Aufmerksamkeit gänzlich auf diese Befehle richtet.« In dieser inneren, geistigen Aufmerksamkeit, im Hinhören auf die Vernunft (nicht auf den Verstand!), zeigt sich nach Geulincx der Fleiß. Deshalb erfordere der Fleiß, dass man sich gründlich und stetig von äußeren Dingen abkehre und sich »seinem innersten Heiligtum« zuwende, »um dort bei jeder Gelegenheit das Orakel der Vernunft zu befragen«.

Der Fleiß in seiner ursprünglichen Bedeutung ist somit dem ausdauernden, sorgfältigen Erledigen äußerer Tätigkeiten, im Haushalt, in der Schule, bei beruflichen Geschäften, geradezu entgegengesetzt. Der Fleiß als primäre Tugend des Hinhörens auf die innere Stimme erfordert ein Abwenden von äußerer Geschäftigkeit und ein Stillewerden, damit die innere Stimme überhaupt hörbar ist. Die Tugend des Fleißes ist gar nicht auf äußere Arbeit bezogen, wie heute der Begriff verstanden wird, sondern auf die inneren Regungen des Herzens, die in der pflichtgemäßen Erfüllung von Alltagsgeschäften allzu leicht untergehen. Wenn wir im besten Sinne fleißig sind, betreten wir still und ehrfuchtsvoll unser »inneres Heiligtum«.

Die heutige Bedeutung des Fleißes als sekundäre Tugend der ausdauernden Geschäftigkeit hat sich erst im 18. Jahrhundert im Zuge der Aufklärung durchgesetzt. Ursprünglich besaß der Fleiß die Bedeutung von »Streit« und entwickelte sich dann zu einer streitbaren und eifrigen inneren Gesinnung weiter. In diesem Sinn verwendet Luther das Wort häufig in seiner Bibelübersetzung und im Kirchenlied: »Gib, dass ich tu mit Fleiß, was mir zu tun gebühret« (Choral). Hier meint Fleiß also die eifrige und gewissenhafte Befolgung religiöser Pflichten. Dass sich diese Bedeutung auch in süddeutschen Mundarten noch bis in heutige Zeiten gehalten hat, zeigt eine Anekdote aus Gaudenz Kochs *Tirolischen Fahrten* (1923): »›Bist allweg fleißig?‹, fragte ich den Bauern. ›Noa‹, sagte er. ›Ja, warum denn nicht, wann du doch so schaffst?‹ Und die ganze Ursprünglichkeit und Einfalt dieser Leute lag in seiner Antwort: sie kennen das Wort fleißig nur im Sinn von ›eifrig in Glaubenspflichten‹. Er sagte: ›Wei i nöt Zeit han zum viel Beten vor lauter Arbeit.‹«

Was für diesen tirolischen Bauern galt, dass er vor lauter Arbeit nicht Zeit für den Fleiß fand, plagt auch die modernen, ganz im Geschäftsleben stehenden Menschen. Vor lauter Geschäftigkeit hat der moderne Mensch keine Zeit, auf die innere Stimme, auf sein *Daimonion,* zu hören. So trifft denn Anselm Grüns Empfehlung, um sich von dem zerstreuten und geschäftigen Lebensüberdruss der *Akedia* zu heilen, ganz ins Schwarze: »Ich wünsche Ihnen einen erholsamen Urlaub, in dem Sie sich das holen, was Sie für Ihr Leben und für Ihre Seele brauchen, in dem Sie sich erlauben, ganz Sie selbst zu sein, frei von allen Erwartungen Ihrer Umgebung. Und ich wünsche Ihnen einen Urlaub, in dem Sie das Leben genießen und so wahrhaft zur Ruhe kommen.«

Statt ständig durch geschäftiges Pflichtdenken aus der Gegenwart hinaus- und in Wunschvorstellungen, wie das Leben schöner, erfüllender und leichter sein könnte, hineinzuflüchten, bedeutet ein von Fleiß erfülltes Dasein eben das: da sein, hier sein, man selbst sein. Obschon ein Urlaub *(Urlaub* kommt von *er-lauben!)* natürlich am besten dafür geeignet ist, sich von sinnentleerter Geschäftigkeit zu lösen und zur stillen Achtsamkeit zurückzufinden, sind die meisten Menschen auch im Urlaub leider mit nichts anderem beschäftigt als mit der Absolvierung eines Pflichtprogramms und der geschäftigen Auseinandersetzung mit Verkehrsmitteln, Hotelzimmern, Liegestühlen, »Happy Hours« und »Sight-Seeing-Touren«. Zugleich ist es sehr wohl auch möglich, in sogenannten Alltagsbeschäftigungen und bei der Arbeit alles ganz aufmerksam zu tun, achtsam und erfüllt von Ruhe. Wenn wir uns angewöhnen, auf die innere Stimme zu horchen, dann werden wir merken, dass es gar keinen Urlaub braucht, um sie zu vernehmen.

Fleiß im Sinne des achtsamen Hinhörens auf die innere Stimme kann erlernt und geübt werden. Zuerst ist eine gewisse äußere Ordnung und Regelmäßigkeit erforderlich. Weil der Trübsinn der Seele die Spannkraft geraubt hat, benötigt sie diese bewusste Regelmäßigkeit in der täglichen Lebensführung, um wieder die gesunde Spannung zurückzuerlangen. Dabei helfen klare Wach- und Schlafenszeiten, wohltuende körperliche Anstrengung und bewusste Erholung, lustvolle Bewegung und schöne Musik, klar eingegrenzte Zeiten der Arbeit und Zeiten der Erbauung sowie ein gesundes Gleichgewicht zwischen Rückzug und sozialen Kontakten.

Dies ist aber erst die notwendige Voraussetzung dafür, dass man sich überhaupt aufnahmefähig macht, um auf die leisen Regungen der Seele zu hören. Das *Daimonion*, die innere Herzensstimme, sollte darüber hinaus wie ein geliebter Freund gepflegt werden, indem man sich mit ihm beschäftigt, ihn befragt und alles mit ihm teilt. Wie nun konkret diese Pflege der Beziehung zu seiner eigenen spirituellen Natur aussehen kann, dafür gibt es viele Wege und Möglichkeiten. Aus christlicher Sicht nennt Anselm Grün in seinem Buch *Herzensruhe. Im Einklang mit sich selber sein* unter anderem folgende Arten der spirituellen Praxis:

- *Meditation:* Christliche Meditation verbindet den Atemrhythmus mit einem Wort. So können wir etwa beim Einatmen still sagen: »Siehe«, und beim Ausatmen: »Ich bin bei dir«. Alle Gedanken und Gefühle dürfen auftauchen, aber wir müssen nicht darüber grübeln. »Ich habe einen Anker« – schreibt Anselm Grün über das mit dem Atem verbundene Wort –, »der das Schiff meines Herzens inmitten der tosenden

Gedankenwellen festhält«. Mit der Zeit werden die Gedanken und Gefühle immer unwichtiger. Das Wort führt zu einem Ort der inneren Ruhe, der immer schon da ist, von dem die lärmenden Gedanken und Leidenschaften uns aber meistens fernhalten.

- *Wege über den Leib:* Wenn wir unruhig, aufgewühlt oder niedergeschlagen sind, dann ist es manchmal schwierig, sich still hinzusetzen und zu meditieren. Dann ist es besser, die innere Unruhe durch einen kräftigen Spaziergang an der frischen Luft zu vertreiben, durch Gartenarbeit, Tanz oder Gymnastik. Statt dass wir, erfüllt von Überdruss und Trübsinn, uns in kummervollen Gedanken ergehen oder in suchtartige Ablenkungen flüchten, lassen sich Kummer und Unruhe einfach »weggehen«. Wir können uns davon »freilaufen«. Allerdings dürfen wir dabei nicht die Kilometer zählen, sondern sollten uns ganz der Bewegung überlassen.
- *Mit der Unruhe sprechen und die Ursache der Unruhe erkennen:* Quälende, trübsinnige Gedanken sind nicht einfach nutzlos, sondern betreffen oft wichtige Belange unseres Lebens, wenn wir uns erlauben, sie genauer zu erforschen. Statt dass wir aber ganz in der Unruhe versinken, ist es möglich, sich aus einer entspannten und zentrierten Haltung heraus mit ihr zu beschäftigen. »Alles, was in der Stille in uns auftaucht, hat einen Sinn«, schreibt Grün. Diese Dinge können wir anschauen, ohne sie zu bewerten. So kommen wir mit der Unruhe ins Gespräch, damit sie uns sagen kann, wofür sie steht. Bei dieser Art der inneren Arbeit kann ein einfühlsamer Begleiter, eine Psychotherapeutin oder ein Seelsorger helfen. Wir sollten uns nicht schämen, diese Hilfe in Anspruch zu nehmen.
- *Achtsamkeit:* Die Achtsamkeit ist eine bewusste innere Haltung, die sich durch Konzentration auf das gegenwärtig Erfahrbare, nicht-wertendes Beobachten, bewusstes Nicht-Tun und Akzeptanz auszeichnet. Dazu Anselm Grün: »Ich bin ganz bei dem, was ich tue. Ich weiß um das, was ich tue. In meinem Tun bin ich mit all meinen Sinnen dabei. (...) Achtsam zu sein heißt auch, dass ich in jedem Augenblick ganz gegenwärtig bin. Ich spüre das Geheimnis des Augenblicks, das Ge-

heimnis der Zeit, das Geheimnis meines Lebens.« Die Achtsamkeit lässt sich gut in ein kleines Ritual einbauen. Egal, ob ich dabei die Zähne putze, Auto fahre, den kalten Wind, das nasse Wetter oder den wärmenden Sonnenschein spüre, ich bejahe dabei alles, was sich meiner sinnlichen Erfahrung und meinem inneren Erleben darbietet, ohne es in Kategorien von »gut« und »schlecht«, »angenehm« und »unangenehm« einzuteilen. Dabei bleibt das bewusste Ich in Ruhe, auch wenn das Gemüt noch so aufgeregt sein mag.

- *Das Leben vereinfachen:* Bücher über »Entrümpelung« und »das Leben vereinfachen« überfluten gegenwärtig den Markt. Sie scheinen einem Bedürfnis zu entsprechen, dem Zuviel an Arbeit, Pflichten, Kontakten, Unterhaltung, Müssen, Sollen, Tun etwas entgegenzusetzen. Dass unsere innere Unruhe oft auch daher rührt, dass wir uns selbst überfordern, zeigt sich in der erholsamen Wirkung, die sich ausbreitet, wenn wir alten Ballast, den wir im Haushalt angesammelt haben, nicht weiter mit uns herumschleppen, sondern entrümpeln und entsorgen. Danach lebt es sich gleich viel freier und genussvoller in den eigenen vier Wänden. Die Entrümpelung kann aber noch weiter gehen. Der bewusste Verzicht auf Dinge, die man nicht wirklich braucht, stärkt das Selbstwertgefühl und führt dazu, dass man bei sich selbst ist anstatt bei den vielen Dingen, die der Bedürfnisbefriedigung dienen sollen.
- *Ordnende Rituale und unterbrechende Feste:* Rituale sind vor allem am Ende von Arbeitstagen wichtig, damit wir nicht von der Arbeit gehetzt nach Hause gehen, wo vielleicht schon der nächste Konflikt vorprogrammiert ist. So empfiehlt Grün, sich nach der Arbeit ein paar Minuten bequem hinzusetzen und im Ausatmen alles loszulassen, bevor man den Arbeitsort verlässt. Auch der Übergang vom Wachsein zur Nachtruhe oder von der Arbeitswoche zum Wochenende kann von einem Ritual profitieren. Überhaupt ist die Pflege der inneren Ruhe ein Ritual der Unterbrechung, das uns aus der alltäglichen Hektik herausreißt. Die heilsame Unterbrechung kann sich im Gebet, in der Meditation, in der Bewegung oder auch im Fest zeigen. Festtage sind von klarer Zeitgestaltung geprägt, von kultischem Feiern, feierlichen Mahlzeiten,

Spiel, Musik, Tanz und nicht zuletzt auch von der Vorfreude darauf. Das höchste Fest ist nach Grün die Lobpreisung Gottes. »Im Lob Gottes kommt das menschliche Herz zur Ruhe.« Dann sind selbst unsere Probleme nicht mehr so quälend. Sie werden durch eine größere Freude relativiert, was uns inmitten der Unruhe Ruhe verschafft.

7. Von der Ängstlichkeit zum Mut

Im Katalog der sieben Todsünden finden wir die Feigheit ebenso wenig wie in der alten Achtlasterlehre. Dies ist eigentlich erstaunlich, da Feigheit und übermäßige Ängstlichkeit als Gegensatz zur Tugend des Mutes schon bei Aristoteles erwähnt werden. Für ihn bildet der Mut die goldene Mitte zwischen übertriebener Furcht oder Feigheit auf der einen und völliger Furchtlosigkeit oder Tollkühnheit auf der anderen Seite. Wer jedes Risiko vermeidet, sich immer ängstlich absichert, stets mit dem Schlimmsten rechnet und Entscheidungen lieber aufschiebt, wird von der lähmenden Leidenschaft der Angst beherrscht.

Ängstlichkeit und Schamhaftigkeit

La Rochefoucauld fand zum Laster der Feigheit und Ängstlichkeit die richtigen Worte: »Wenn wir unsere Pflicht auch oft nur aus Angst und Trägheit tun, wollen wir dies doch als Charakterstärke anerkannt sehen.« Sind wir nicht manchmal noch stolz darauf, uns besser »im Griff« zu haben als andere, weil wir uns zu Dingen zwingen, die wir eigentlich nicht tun möchten? Und schmeicheln wir uns nicht gelegentlich damit, besonders »hart im Nehmen« zu sein, nur weil wir es nicht wagen, aus einengenden Verhältnissen auszubrechen? Nicht jeder, bei dem das Pflichtgefühl über die Neigung siegt, ist eine erhabene Seele. Manchmal ist man auch einfach zu ängstlich, zu feige oder zu bequem, sich aus Zwängen zu befreien.

Furcht bezieht sich nach Thomas von Aquin auf »das schwerdrohende Übel der Zukunft, dem man nicht Widerstand leisten kann«. Somit steht die Furcht im Gegensatz zur Hoffnung, bei der die Zukunft möglicherweise etwas Gutes verspricht. Thomas unterscheidet zwei Arten von äußeren Übeln. Zum einen sind da diejenigen, auf die wir keinen direkten Einfluss haben und die uns deshalb Furcht einjagen, weil sie sehr groß oder sehr ungewöhnlich sind oder weil wir denken, dass wir dagegen keine Vorsorge treffen können. Zum andern gibt es solche Übel, die sich aus unserer eigenen Tätigkeit ergeben, zum Beispiel wenn wir fürchten, für eine begangene Handlung getadelt zu werden.

Furcht oder Angst als Emotion, die uns vor möglichen Gefahren warnt, erfüllt einen wichtigen Zweck. Meist spricht man von *Furcht,* wenn sie durch eine konkrete Gefahr ausgelöst wird. Ohne Furcht würden wir uns unnötigerweise Gefahren aussetzen, die besser vermieden werden sollten. Die *Angst* ist weniger an ein konkretes Objekt gebunden und lässt uns Vorkehrungen treffen, um auf mögliche Risiken vorbereitet zu sein. So weit entstehen noch keine größeren Probleme mit der Furcht oder der Angst. Der Übergang von einer »gesunden« Angst zur übertriebenen Sorge vor allen möglichen Gefährdungen ist jedoch fließend. Wann hört die Angst auf, gesund zu sein? Wann beginnt die ungesunde Leidenschaft der Ängstlichkeit uns zu beherrschen?

Die Furcht vor konkreten Gefahren wie Naturkatastrophen, Hunger, Gewalt und Gesetzlosigkeit war in früheren Zeiten viel stärker ausgeprägt. Heute können wir diese Risiken besser kontrollieren. Aufklärung und Rechtsstaat, Industrialisierung, Technologisierung und Fortschritte in der Medizin haben gewisse Angstquellen radikal verringert. Allerdings sind auch neue Risiken aufgetaucht, wie etwa die Gefahr nuklearer Unglücke, die es früher nicht gab. Zwar hat die Angst vor dem Jenseits und vor ewiger Verdammung abgenommen, doch gleichzeitig geht ein Gefühl der Seelenlosigkeit um. Vielen Menschen fehlt die Hoffnung, dass es mehr gibt als das irdische Dasein. Insgesamt haben wohl die gewaltigen Veränderungen, die in den letzten Jahrhunderten stattgefunden haben, das Gesamtausmaß der Angst, das die Menschen erleben, nicht wesentlich verringert.

Angst ist schwer fassbar, da sie sich zwar realer Gefahren bedient, aber doch hauptsächlich auf unserer Einbildungskraft beruht und sich somit sehr leicht von tatsächlichen Risiken abkoppelt. Meistens überschätzen wir die realen Gefahren. Wir sorgen uns übermäßig um Dinge, die uns gar nicht bedrohen. All unsere Ängste vor Misserfolgen, Zurückweisungen, Auseinandersetzungen, Verlust, Einsamkeit, Schwäche, Krankheit usw. sind das Ergebnis unserer Einbildungskraft, mit der wir diese Gefahren heraufbeschwören und sie uns lebhaft ausmalen, in der irrigen Meinung, dass wir deshalb besser dagegen gewappnet seien. Tatsächlich nähren und verstärken wir jedoch die Angst durch das Wälzen von Katastrophengedanken. Wir missbrauchen unsere angeborene Fähigkeit zur Furcht dazu, einen gewaltigen Angstdämon heranzuzüchten. Dann wird die Angst zu einem Laster, das sich nur schwer wieder abgewöhnen lässt.

Neben einer maßlosen Überschätzung bestimmter Gefahren ist das auffallendste Merkmal dieser entfesselten Ängstlichkeit die Unfähigkeit, auch das kleinste Risiko in Kauf zu nehmen. Man versucht, sich zu hundert Prozent gegen die gefürchtete Gefahr abzusichern, und beschwört gerade dadurch die Angst herauf. Sei es, dass die Welt überhaupt als gefährlicher Ort der Vernichtung erscheint, wo hinter jeder Ecke Gefahren lauern, sei es, dass wir uns nur vor ganz bestimmten Dingen fürchten (wie einer Krankheit, dem Verlust einer geliebten Person oder dem eigenen Misserfolg) – unablässig sind wir damit beschäftigt, in überwachsamer Art das noch so kleinste Risiko zu begrenzen, zu kontrollieren und auszuschließen.

Durch diese Haltung der Kontrolle und Verteidigung entsteht die Angst überhaupt erst. Das zeigt sich darin, dass wir viele Risiken in Kauf nehmen, die uns nicht einmal einen müden Gedanken wert sind, während wir dagegen bei unseren »Lieblingsbedrohungen«, mit denen wir uns fortlaufend Angst einjagen, keinerlei Risiken dulden. Defensiv, argwöhnisch und manchmal auch panisch halten wir nach allen möglichen Anzeichen für das drohende Unheil Ausschau. Wir versuchen, möglichst alles zu tun, um dieses Unheil abzuwenden. So untersucht sich der Hypochonder ständig selbst auf mögliche Krankheitszeichen hin, der Sozialphobiker meidet zwischenmenschliche Situationen, um sich ja nicht lächerlich zu machen, und der Agoraphobiker geht gar nicht erst aus dem Haus, aus Furcht davor, in der Öffentlichkeit eine Panikattacke zu erleiden.

Bei der sozialen Ängstlichkeit zeigt sich eine deutliche Nähe zwischen Angst oder Furcht einerseits und Peinlichkeit oder Scham andererseits. Peinlichkeit und Scham werden zum Teil von sehr ähnlichen körperlichen Symptomen begleitet wie Furcht: Erröten, Herzklopfen, Schwitzen. Dazu kommen noch typische Gesten wie das Senken des Blickes. Übermäßige Schamhaftigkeit kann ebenso sehr als Leidenschaft betrachtet werden, die einen Menschen gefangen nimmt, wie übermäßige Ängstlichkeit. Sie äußert sich im Verhalten oft als Schüchternheit und soziale Vermeidung. Menschen, die dazu neigen, rasch Schamgefühle zu empfinden, auch wenn objektiv gar keine schwerwiegende Verletzung sozialer Erwartungen vorliegt, gehen zu anderen auf Distanz, da sie fürchten, in ihrer vermeintlichen Andersartigkeit abgelehnt zu werden.

Peinlichkeit tritt in zwischenmenschlichen Situationen auf, in denen man den Eindruck hat, sich lächerlich zu machen oder unangenehm aufzufallen. Das Wort leitet sich vom griechischen Begriff für »Strafe« ab und bezeichnete früher einen als Strafe gedachten körperlichen Schmerz. So wurden Verhöre unter Androhung der Folter als »peinliche Befragung« bezeichnet. Heute wird Peinlichkeit aber fast bedeutungsgleich mit Schamhaftigkeit benutzt, wobei die Empfindung eines (psychischen) Schmerzes gut zu Situationen passt, in denen wir uns »peinlich berührt« fühlen.

Auch bei der Scham haben wir den Eindruck, irgendwie unangenehm aufzufallen und soziale Erwartungen zu enttäuschen. Für Aristoteles ist Scham »eine Art von Schmerz und Beunruhigung über diejenigen Übel, die einem ein schlechtes Ansehen einzubringen scheinen«. Wenn wir Scham (oder in etwas gemilderter Form: Verlegenheit) empfinden, ist unsere Intimsphäre verletzt worden und wir fühlen uns bloßgestellt. Dahinter steckt ein Gefühl, irgendwie nicht in Ordnung zu sein, so wie man in den Augen der anderen wahrgenommen wird. Man fühlt sich in seiner Andersartigkeit und Minderwertigkeit ertappt und durchschaut. Der Begriff der Scham geht vermutlich auf die indogermanische Sprachwurzel *skem* zurück, was so viel wie »sich verhüllen« oder »sich verstecken« bedeutet. Der subjektive Eindruck bei der Scham, vor den anderen ganz nackt da zu stehen und sich eine Blöße zu geben, wird anschaulich in der Bibel nach dem Sündenfall von Adam und Eva beschrieben: »Da gingen beiden die Augen auf und sie erkannten, dass sie nackt waren. Sie hefteten Feigenblätter zusammen und machten sich einen Schurz.« (Gen 3,7)

Schon Descartes unterschied zwischen dem Schamgefühl als Emotion und der Schamhaftigkeit als Neigung, Schlechtigkeit zu vermeiden und sich möglichst normgerecht zu verhalten. Scham ist somit – wie die Ängstlichkeit auch – keineswegs nur schlecht, sondern kann dazu dienen, gewisse Laster zu vermeiden. Menschen, die keinerlei Schamgefühl kennen, laufen Gefahr, dass sich ihr Leben nur noch um die Erfüllung ihrer Leidenschaften dreht. Oder anders ausgedrückt: Wenn sich die Laster stark ausbreiten, dann schwindet die Schamhaftigkeit. Wer nicht davor zurückschreckt, von anderen verachtet zu werden, hat die Selbstachtung verloren. Auch Spinoza betrachtete Scham als zwar schmerzhaftes, aber gutes Gefühl, weil es die Menschen dazu bewegen könne, ehrbar zu leben.

Eine gewisse Schamhaftigkeit ist somit durchaus wünschenswert, aber zu viel davon ist ebenso hinderlich wie eine zu starke Ängstlichkeit. Wer sich selbst ständig durch die kritischen Augen der anderen betrachtet und sich fortlaufend fragt, ob er wohl angemessen wirkt, beraubt sich seiner natürlichen Vitalität. Häufig auftretende Schamgefühle sind ein Hinweis darauf, dass man die abwertenden und verurteilenden Stimmen von Eltern oder anderen prägenden Personen in Kindheit und Jugend zu sehr verinnerlicht hat. Das eigene Ich hat kaum noch Platz, sich gegen die bedrängenden und einschränkenden Forderungen der »anderen« Raum zu verschaffen. Man muss sich dann mehr und mehr absichern und sich auf ein immer kleineres sicheres Territorium zurückziehen, um keine Scham oder Peinlichkeit zu erleben. So entsteht eine sehr ähnliche psychische Situation wie bei der irrationalen Angst. Man igelt sich in seiner kleinen Festung ein.

Die einschränkende Wirkung der übertriebenen Schamhaftigkeit führt dazu, dass sich eine Person nur noch als Objekt und nicht mehr als

Subjekt erfährt. Auf dieses Merkmal der Scham hat Sartre hingewiesen. Durch die Gewissheit, gesehen zu werden, wird nach Sartre die Person, die sich schämt, zum Objekt und beraubt sich selbst der Erfahrung von Subjektivität. Nicht der reale Blick anderer Menschen ist entscheidend, sondern das Gefühl, dass die »anderen« überall anwesend sind und somit immer beschämend wirken können.

Exkurs: Wie entstehen übermäßige Ängste?
Psychologen geben darauf verschiedene Antworten. Für Psychoanalytiker spielen die sexuellen und aggressiven Impulse (im Es) eine wichtige Rolle, die gerne gelebt werden möchten, aber nicht gelebt werden dürfen, weil sie gegen die moralischen Gebote (im Über-Ich) verstoßen. Das Ich reagiert somit mit Angst auf die Triebe und versucht, sie ins Unbewusste zurückzudrängen, wo sie aber – derart geknechtet – allerlei schädliche Symptome produzieren. Aus Freud'scher Sicht geht Angst somit auf eine ungenügend entladene »Libido« zurück – die Triebenergie kann nicht abgeführt werden. Wenn die Instinkte sich regen, reagieren wir panisch.
Je stärker wir die moralischen Gebote und Verbote verinnerlicht haben, desto größer ist die Angst vor der Triebentladung. Somit spielen aus psychoanalytischer Sicht auch die Erziehung und die gesamte psychosoziale Entwicklung des Kindes eine wesentliche Rolle bei der Entstehung irrationaler Ängste. Doch nicht nur eine zu strenge Erziehung, die zu einem zu starken Über-Ich führt, kann an der Entwicklung von Ängsten beteiligt sein. Auch eine zu sehr verwöhnende, überbehütende Erziehung, bei der die Eltern dem Kind jede Schwierigkeit aus dem Weg räumen und es vor allen möglichen Gefahren zu beschützen suchen, führt später zu Problemen. Denn das Ich dieser Kinder kann sich nicht stark genug behaupten und fühlt sich Gefahren von außen oder aus der eigenen Triebwelt hilflos ausgeliefert.
Humanistische Psychologen sehen eine mangelhafte emotionale Zuwendung von Seiten der Eltern als Ursache übermäßiger Angst. Um ein gesundes und stabiles Selbstkonzept entwickeln zu können, muss das heranwachsende Kind erleben, dass nahestehende Menschen ihm seinen

Wert und seine Fähigkeiten durch Liebe, Zuwendung und Anerkennung widerspiegeln. Wer emotionale Wärme nicht oder nur mangelhaft erhält, ist in seinem Selbstwert und seinen persönlichen Kompetenzen unsicher. Man fühlt sich dadurch später leicht bedroht und überschätzt mögliche Gefahren. Bindungstheoretiker weisen darauf hin, dass die frühen (sowie, etwas weniger stark, auch die späteren) Interaktionen mit wichtigen Personen zu Erwartungen bezüglich künftiger Interaktionen führen und sich im Selbstbild und in den Beziehungen mit der Außenwelt niederschlagen. Übermäßige Angst kann darauf hinweisen, dass man als Kind seine Bezugspersonen als bedrohlich erlebte. Auch erlittene Verluste können später zu einer existenziellen Verunsicherung des heranwachsenden Kindes führen, welche die Welt als unberechenbar, gefährlich und soziale Beziehungen als wenig tragfähig erscheinen lässt. Außerdem können Ängste im Erwachsenenalter darauf zurückgehen, dass sich die Eltern früher selbst bedroht fühlten, sodass sie dem Kind keinen ausreichenden Schutz, keine »sichere Basis«, vermitteln konnten.

Verhaltenstherapeuten betonen gerne die konkrete Lerngeschichte bei der Entstehung von Ängsten. So können Ängste auch einfach von Rollenmodellen übernommen werden. Wenn die Eltern sich ständig ängstlich absichern, dass nichts Schlimmes geschieht, dann lernt das Kind, dass das Leben gefährlich ist, und wird sich vorsichtiger verhalten als jemand, der mit Eltern aufgewachsen ist, die Zuversicht und Vertrauen vermitteln. Außerdem weisen Verhaltenstherapeuten auf die verstärkende Rolle der Vermeidung und Kontrolle bei der Entwicklung von Ängsten hin. Ursprünglich war die Angst vielleicht gar nicht so stark, doch nach einem schlechten Erlebnis zieht man sich zurück, will auf keinen Fall nochmals die gleiche unangenehme Erfahrung machen und beraubt sich somit selbst der Möglichkeit, angemessener mit schwierigen Situationen umzugehen. Statt dass die Bewältigungsstrategien zunehmen, wachsen die sozialen Ängste heran. Solches Sicherheitsdenken führt immer stärker in den Teufelskreis der Angst hinein.

Die verschiedenen Erklärungen zur Entstehung von übermäßiger Angst ergänzen sich gut und sind miteinander vereinbar. Sie können auch auf eine übermäßige Schamhaftigkeit übertragen werden, was jedoch bisher weniger stark erforscht wurde. Zu wenig beachtet wurde auch die Bedeutung von anderen Lastern und Leidenschaften in der Entwicklung von irrationalen Ängsten. Jedes Laster ist ja dadurch gekennzeichnet, dass es sowohl auf Unwahrheit als auch auf Ungerechtigkeit beruht. Das weiß der von bestimmten Lastern getriebene Mensch im Grunde. Gerade dieses Wissen lässt ihm seine Position als äußerst gefährdet erscheinen. Immer droht der Zusammenbruch der auf Lastern gegründeten Existenz. Je mehr jemand von Hochmut durchdrungen ist, desto mehr hat er zu verlieren, wenn er vor anderen bloßgestellt wird. Je habgieriger jemand ist, desto gefährlicher erscheint der Verlust von materiellen Sicherheiten. Je mehr man andere manipuliert, hintergeht und ihnen etwas vorlügt, desto gefährdeter sind die sozialen Beziehungen. Stets lauert die Gefahr, dass der durch das Laster erzielte Gewinn wieder verloren gehen könnte – und das macht (zu Recht) Angst.

Feigheit und Kleinmut

Feigheit gilt seit alters her als Eigenschaft eines Menschen, der aus Furcht vor einer Gefahr oder einem Verlust, vor Schmerz oder vor dem Tod seine Freiheit und Tatkraft lähmt und sich dadurch in den Augen der anderen als ehrlos erweist. Die Feigheit wird besonders in denjenigen Gesellschaften als verwerflich betrachtet, in denen soldatischer Kampfesmut hochgehalten wird. Als »Feigling« oder »Memme« (vom lateinischen Wort für Mutterbrust) bezeichnet zu werden stellt eine große Schande dar. Soldaten, die im Krieg »Feigheit vor dem Feind« zeigen oder andere dazu anstiften, die Flucht zu ergreifen, kommen in der Regel vor ein Militärgericht oder werden sogar hingerichtet.

Eine wesentlich differenziertere Sicht auf die Feigheit finden wir in der chinesischen Philosophie. Hier gilt Feigheit nicht als moralisch verwerflich, sondern kann eine sinnvolle Reaktion auf das jeweilige Situationspotenzial darstellen. Feigheit wird somit stärker situativ betrachtet und gilt weniger als überdauernde Eigenschaft einer Person. Die gleiche Person kann sich in unterschiedlichen Situationen einmal als mutig, dann als feige erweisen, und beides kann klug sein, wenn die zu erwartenden Ergebnisse der verschiedenen Handlungsalternativen abgewogen werden. Draufgängerisches Handeln ist nicht immer klug, während »Feigheit nicht selten auf guten Informationen beruht«, wie der englische Schauspieler Peter Ustinov bemerkte.

Der Vorwurf der Feigheit ist somit häufig unklug und ungerecht, ganz besonders wenn es um einmalige Aktionen in einer außergewöhnlichen Bedrohungslage geht. Allerdings kann sich in ganz alltäglichen Situationen bei einer Person mit der Zeit ein Handlungsmuster verfestigen, das sich dadurch auszeichnet, dass sie jedes Hindernis meidet, Konflikten ausweicht, wichtige Entscheidungen aufschiebt, sich in die hinterste Reihe verdrückt, die Verantwortung abschiebt, sich herauswindet oder sich als Opfer darstellt. Eine solch übertriebene Risikoaversion wird wohl am treffendsten mit *Kleinmut* bezeichnet, aber der Begriff der Feigheit ist auch nicht unpassend. Ehrlos und schändlich ist solches Verhalten deshalb, weil man sich selbst auf Kosten anderer mehr Sicherheit einräumt. Immer sollen es die anderen richten. Wenn sich die Situation schlecht entwickelt, wird den anderen dafür die Schuld zugeschoben.

Sogar Menschen, die sich in einer miserablen Lage befinden, halten lieber am bekannten Elend fest, als etwas Neues zu wagen. Das Unwägbare wird mehr gefürchtet als das bekannte Elend. »Bloß keinen Fehler machen«, lautet die Devise. Die moderne Gesellschaft ist besonders risikoaversiv geworden. Allen Gefahren wollen wir vorbeugen. Nirgends grassiert die Angst vor einem Fehlschritt stärker als in der Managementetage großer Unternehmen. Und auch im Staat oder in der internationalen Politik regiert die Furcht vor allzu großen Veränderungen, vor einem Fehltritt oder davor, in den Medien an den Pranger gestellt zu werden. Für Wolfgang Sofsky begünstigt die Herrschaft im Namen der Mehrheit – also die Demokratie – Anpassung und Unterordnung. Zwar seien in Demokratien große Heldentaten des Widerstands (zum Glück) nicht notwendig. »Aber die Herrschaft der Mehrzahl fördert Passivität und Kleinmut.«

Von der Feigheit ist es nur ein ganz kleiner Schritt zur Heuchelei. Wer sich von Passivität, Kleinmut und Zaghaftigkeit leiten lässt, wird bald feststellen müssen, dass es im Leben nirgends wirklich vorwärtsgeht. Alles stagniert. Die großen Lebensziele bleiben in weiter Ferne. Auch das kleine alltägliche Glück lässt auf sich warten, da es ständig vom Ärger über die vermeintlich mächtigeren Anderen oder darüber, dass alles immer im gleichen langweiligen Trott läuft, überschattet wird. Was liegt da näher, als sich die fehlende Freude durch verschiedene Laster zu ergaunern? Statt dem Ärger zu folgen und einmal deutlich die Meinung zu äußern, ist es dann einfacher, Freundlichkeit und Sanftmut vorzuspielen. Statt sich für diejenigen Dinge einzusetzen, die einem im Leben wirklich Freude bereiten, ist es leichter, über die langweilige Arbeit zu klagen und nichts daran zu ändern. Die Feigheit erstickt jede anwachsende Tugend im Keim und führt zu einer immer größeren Distanz zwischen dem, der man ist, und dem, der man sein möchte.

Wer ängstlich davor zurückschreckt, sich mit den wirklich wichtigen Dingen auseinanderzusetzen, die echten Mut erfordern würden, überspielt seine mangelnde Tapferkeit gerne durch Tollkühnheit und Vermessenheit. Menschen, die voller Angst sind, ihre wirklichen Gefühle zu zeigen, Nähe zuzulassen, jemandem Vertrauen zu schenken oder den Lebensträumen zu folgen, weichen dann gerne auf Aktionen aus, mit denen sie ihre Gesundheit und ihr Leben gefährden, die aber außer dem Risiko keinerlei Merkmale wirklichen Mutes aufweisen. Mit gefährlichen Sportarten, tollkühnen Geschwindigkeitsüberschreitungen oder im Drogenrausch wird der »Kick« gesucht, der für eine gewisse Zeit die Illusion erweckt, man sei ein außergewöhnlich mutiger Held. Doch wenn der Adrenalinspiegel gesunken ist, tut sich wieder ein Berg existenzieller Ängste vor einem auf, dessen Besteigung echten Mut erfordern würde. Der tollkühne Übermut hat nur wenig mit Mut und Tapferkeit gemein: Ihm fehlt der Bezug zum Guten, die Klugheit und die Hoffnung darauf, etwas Großes zu gewinnen.

Furchtlosigkeit und Schamlosigkeit

Obschon viele Menschen, die an Ängsten leiden, gerne völlig angstfrei wären, ist totale Furchtlosigkeit weder realistisch noch wünschenswert. In seinem Opernzyklus *Der Ring des Nibelungen* charakterisierte Richard Wagner den Helden Siegfried als einen, »der das Fürchten nicht gelernt« hat. Ohne die geringste Angst erschlägt Siegfried das in einer Höhle hausende Ungeheuer Fafner. Sogar den mächtigen Speer seines Vaters, des Gottes Wotan, zertrümmert Siegfried mit einem einzigen Schwertschlag. Erst als er auf Brünnhilde trifft, die, von einem lodernden Feuerreif umgeben, in einem tiefen Schlummer daliegt und nur durch einen Kuss geweckt werden kann, mutet ihn so etwas wie Furcht an. Doch bald ist die Angst verflogen und Siegfried lässt sich vertrauensselig von Gutrune einen Trunk verabreichen, der ihn alles, was er bisher erlebt hat, vergessen lässt. So vergisst er auch seine Liebe zu Brünnhilde und willigt ein, Gutrune zu ehelichen. Doch das Vergessen wird ihm schließlich zum Verhängnis, als die tief verletzte Brünnhilde Rache nimmt und zusammen mit Hagen und Gunther Siegfrieds Ermordung plant. Am nächsten Tag fällt der furchtlose Held durch Hagens Speerstoß in die einzige Stelle, an der Siegfried verwundbar ist.

Sogar der mächtige Halbgott Siegfried, der die Furcht nicht kennt, ist also nicht unverwundbar. Hätte er sich ein bisschen mehr vor Verrat oder Rache gefürchtet und wäre er ein klein wenig vorsichtiger gewesen, hätte sich die Geschichte anders entwickelt. Bei Siegfried zeigt sich das Problem der Furchtlosigkeit deutlich: Sie macht blind für tatsächliche Gefahren. Ohne eine gewisse Kenntnis der Risiken und Unwägbarkeiten, der Vor- und Nachteile eigener Handlungen, der potenziellen Folgen gewisser Situationen, ist es auch nicht möglich, wirklich mutig zu sein. Der Mut bleibt dann auf ein unbewusstes Draufgängertum reduziert, das – wie im Fall von Siegfried – zwar einige Zeit gut gehen mag, aber letztlich meist zu einem schlimmen Ende führt.

Die existenzielle Situation des Menschen erfordert es, sich vor Gefahren zu fürchten und eine natürliche Abneigung gegen Schmerz und Leid zu empfinden. Mutig ist, wer sich trotz Risiken und Widerwärtigkeiten auf eine Gefahr einlässt, weil er sich davon einen großen Gewinn erhofft. Wer aber gar keine Angst vor Gefahren hat, ist über längere Zeit hinweg kaum in der Lage, richtige Entscheidungen zu treffen. Er bleibt in gewisser Hinsicht dumm und wird dann plötzlich von einer unangenehmen Wendung überrascht.

In seinem Dialog *Protagoras* weist Platon der Scham eine bedeutende Rolle in der Konstituierung des Gemeinwesens, der Polis, zu. Nach dem Willen des Zeus sollen alle Bürger, nicht nur wenige, die »schöne Scham« erhalten. Die Schamlosen aber gelten als Krankheit des Staates und sollen ausgerottet werden. »Ja, gib sogar das Gesetz in meinem Namen, dass man den der Scham und Gerechtigkeit Unfähigen als einen Krebsschaden des Staates vertilge!« Auch Max Scheler hat 1913 in seiner Arbeit *Über Scham und Schamgefühle* auf den positiven Wert der Scham hingewiesen. »Scham ist ein schönes Verbergen des Schönen«, schreibt Scheler. Die Scham sei eine »Hüterin der Liebe«. Das Schamgefühl schlägt für Scheler eine Brücke zwischen den sinnlichen, auf Lustgewinn bezogenen Trieben und den geistigen, auf ein Ideal bezogenen Gefühlen, wie etwa Achtung oder Treue.

In scheinbarem Gegensatz dazu finden wir in der Genesis eine eher negative Bewertung der (geschlechtlichen) Scham, die Adam und Eva nach dem Sündenfall befällt. Übermäßige Schamhaftigkeit beraubt den Menschen seiner Subjektivität, da er sich ständig beobachtet fühlt: durch die kritischen Augen der anderen oder – wie bei Adam und Eva – durch einen strafenden Gott, der sie aus dem Paradies vertreibt. Lassen sich diese Gegensätze irgendwie vereinbaren? Ist die Scham nun gut oder schlecht?

Im Urzustand des Menschen – vor dem »Sündenfall« – bestand keine Notwendigkeit zur Scham, weil der Mensch mit sich und der Welt eins war. Moralische Gebote oder Verbote waren nicht notwendig, da im seligen Zustand der Schuldlosigkeit keine Spaltung durch den Menschen ging. Die Genesis berichtet in metaphorischer Sprache, wie der Mensch aus diesem Urzustand herausfiel und eine Doppelnatur annahm – mit den auf das Überleben und die Lust gerichteten Trieben und dem auf das Gute und Schöne gerichteten Geist. Erst mit dieser zweifachen Natur des Menschen kommt die Scham ins Spiel. Sie hat nun aber die wichtige Funktion, eine Brücke zwischen dem vitalen, lustbezogenen Leben und der Ausrichtung auf die geistigen Ideale zu schlagen.

Wer sich ganz der sinnlichen Natur hingibt und die geistigen Bedürfnisse leugnet, muss seine Schamgefühle unterdrücken. Ein Zusammenleben mit anderen wird so aber praktisch unmöglich. Schlimmer noch, wie Platon warnt: Die Schamlosigkeit korrumpiert das Gemeinwesen, weil das egoistische Verfolgen des eigenen Genusses unweigerlich dazu führt, dass die anderen ausgenutzt und hintergangen werden. Kein Wunder, dass Platon die Schamlosigkeit in einem Atemzug mit der Ungerechtigkeit nennt. Niemand gibt sich gerne mit Menschen ab, die sich auf Kosten anderer schamlos bereichern oder die – unfähig oder unwillig, soziale Grenzen zu achten – in der Öffentlichkeit intimste Details ausplaudern. Die Schamlosigkeit ist somit ganz eindeutig ein Laster, das heute in »Big-Brother«-Sendungen und nachmittäglichen Talkshows öffentlich zelebriert wird. Kein Wunder, dass manchen die Scham erfasst angesichts der Schamlosigkeit seiner Mitmenschen, was zur tollen Wortschöpfung des »sich fremdschämens« geführt hat.

Doch auch das Gegenteil – die Leugnung unserer vitalen Triebe und die Unterwerfung unter ein hartes Diktat des Geistes – führt nicht weiter. Dann nimmt die Scham als schmerzhaftes Bewusstsein eigenen Ungenügens überhand. Vielleicht ist es aber gar nicht die Scham an sich, die problematisch ist, sondern die Tatsache, dass wir uns unserer Scham schämen, das heißt, dass wir sie negativ bewerten und sie am liebsten gleich wieder loswerden möchten. Die Scham ist jedoch ein wichtiges soziales Gefühl, das uns aufzeigt, wo wir uns selbst Zwänge auferlegen, wo wir nach falschen Maßstäben leben, aber auch wo wir unsere Ideale leugnen und die geistig-seelischen Bedürfnisse zu sehr von eigensüchtigen Trieben überwuchern lassen.

»Vollkommene Tapferkeit und vollkommene Feigheit sind zwei Extreme, die nur selten erreicht werden. Zwischen ihnen aber ist viel Raum für alle anderen Arten des Mutes, die so verschieden voneinander sind wie Gesichter und Charaktere.« La Rochefoucauld spielt hier auf Aristoteles an, der den Mut als Synthese zwischen den beiden Antipoden der übermäßigen Furcht (Feigheit) und der übermäßigen Tapferkeit (Übermut) definiert. Mut bedeutet nicht, keine Angst zu haben. Aber der Mut ermöglicht es, die engen Grenzen der Ängstlichkeit und Schamhaftigkeit weiter auszudehnen, damit wir mehr Raum zum Leben besitzen. Dabei lässt sich der Mutige nicht zu übermütigen, tollkühnen Abenteuern verleiten. Vielmehr nimmt er mögliche Gefahren in Kauf, nicht weil es Spaß macht oder Ansehen bringt, sondern weil es notwendig ist.

In gewissem Sinne ist der Mut auch ein Schutz – so paradox das klingen mag –, nämlich vor einer Erstickung der eigenen Existenz durch die einschränkenden Leidenschaften der Angst und der Scham. Er ermöglicht es, zu uns selbst zu finden.

Übermäßige Angst zerstört die Fähigkeit, für unsere eigene Entwicklung zu sorgen und unsere wahre Natur auszudrücken. Mut trotz möglicher Risiken sowie Standhaftigkeit angesichts von Widerwärtigkeiten stellen diese Fähigkeit wieder her.

In meinem Buch *Mut – Über sich hinauswachsen* habe ich diese Tugend als »überlegte und hoffnungsvolle Selbsthingabe aus Liebe« definiert. In dieser Definition enthalten sind die fünf wesentlichen Komponenten des Mutes:

1. *Klugheit:* Die mutige Handlung ist auf ein Ziel ausgerichtet, für das es sich lohnt, sich einzusetzen. Die kluge Überlegung stellt sicher, dass man sich nicht sinnlos in Gefahr begibt und sowohl die Risiken wie auch die Chancen kennt. Sich unklug in Gefahr zu begeben ist nicht mutig, sondern übereilt, übermütig oder einfach dumm. Klugheit geht dem Mut voraus.

2. *Hoffnung:* Um mutig zu sein, muss die Hoffnung auf Erfolg oder Gewinn größer sein als die Angst vor Gefahren. In jeder wahrhaft mutigen Tat steckt die Hoffnung auf den Gewinn eines hohen Gutes.
3. *Freier Wille:* Die mutige Selbsthingabe geschieht aus freien Stücken, ohne Zwang oder Bewusstseinstrübung. Wer sich auf gefährliche Aktionen einlässt, weil er von jemandem dazu gezwungen wird, ist nicht mutig, sondern gehorsam. Außerdem erfordert der Mut ein klares Bewusstsein und ein Wissen um die eigenen Handlungen, sonst ist der freie Wille möglicherweise eingeschränkt. Tollkühne Handlungen im Rauschzustand sind deshalb meistens nicht mutig.
4. *Opfer:* Wer mutig handelt, erbringt ein persönliches Opfer, da man durch bewusstes Handeln oder Nichthandeln ein Risiko eingeht, eine Widerwärtigkeit erträgt oder etwas Angenehmes loslässt. Allerdings darf es sich bei diesem Opfer nicht um die Flucht vor einer noch größeren Widerwärtigkeit handeln: »Zu sterben aber, um Armut, Liebeskummer oder sonst etwas Unangenehmem zu entgehen, ist nicht Kennzeichen des Tapferen, sondern vielmehr des Feigen.« (Aristoteles)
5. *Liebe:* Risikoreiche Aktionen sind nur dann mutig, wenn sie auf der selbstlosen Liebe beruhen. Wenn es um persönlichen Gewinn oder die Glorifizierung der eigenen Person geht, sollte nicht von Mut gesprochen werden. Im Gegensatz zu gewissen Autoren finde ich es ungünstig, vom »Mut zum Bösen« zu sprechen. Das entspricht weder der Entwicklung des Begriffs noch dem alltäglichen Gebrauch. Da sind Begriffe wie Kaltblütigkeit, Dreistigkeit oder Vermessenheit passender. Wir können nie wissen, welche Prüfungen wir zu bestehen haben, bevor wir die Früchte der Liebe ernten können. Um diese Prüfungen zu bestehen, benötigen wir den Mut.

Ganz grob lassen sich drei Kategorien des Mutes unterscheiden: *physischer Mut, sozialer Mut* und *existenzieller Mut. Physischer Mut* bedeutet, dass man eine Gefahr an Leib oder Leben auf sich nimmt (etwa wenn man einen Ertrinkenden aus einem reißenden Fluss rettet). Beim *sozialen Mut* nimmt man die Gefahr der sozialen Missbilligung auf sich, weil man etwas Unpopuläres, aber moralisch Richtiges tut (zum Beispiel die Öffentlichkeit auf unsaubere Geschäftspraktiken des eigenen Arbeitgebers aufmerksam machen). Die Kategorie des *existenziellen Mutes* schließlich bedeutet, dass man die Gefahr eines Verlustes der psychischen Stabilität oder der Identität, wie man sie bisher kannte, auf sich nimmt, um einen persönlichen Entwicklungsschritt zu vollziehen.

Die große Kategorie des existenziellen Mutes kann viele verschiedene Dinge einschließen, zum Beispiel dass man den Mut aufbringt, den rigiden Forderungen, wie man sein sollte, nicht mehr Glauben zu schenken und die inneren Stimmen von Autoritätspersonen loszulassen. Oder es kann heißen, dass wir mutig darauf verzichten, negative Gefühle und Enttäuschungen durch Suchtmittel erträglicher zu machen. Vielleicht geht es auch darum, die Angst vor der eigenen Aggression oder Sexualität anzunehmen und verleugneten Trieben einen Raum zu geben. Existenzieller Mut bedeutet, dass wir uns aus ungünstigen Abhängigkeiten befreien, dass wir uns anderen Menschen gegenüber öffnen und uns ihnen hingeben, dass wir in Krisen und bei Schicksalsschlägen nicht die Hoffnung verlieren, dass wir auf unsere Sehnsüchte hören und an das Gute glauben. Wenn es schließlich ums Sterben geht, bedeutet existenzieller Mut auch die Bereitschaft, die eigene Endlichkeit zu akzeptieren und die Identifizierung mit dem Körper loszulassen.

Wie sich hier zeigt, sind nicht nur angreifende, vorwärtsdrängende Handlungen mutig. Auch der bewusste Verzicht auf eine Handlung, das Standhalten in einer bedrohlichen oder widerwärtigen Lage sowie das Loslassen von Sicherheiten oder von liebgewonnenen Dingen können Tapferkeit verraten. Treffender als die Unterscheidung von aktivem und passivem Mut (»Wagemut« und »Duldermut«) sind die drei Dimensionen des Mutes nach Gerd Meyer: *Gestalten, Standhalten* und *Loslassen.* »Persönlicher Mut zeigt sich nicht nur im aktiven Tun, sondern auch im unerschütterlichen Festhalten an dem, was wesentlich ist, und im Loslassen dessen, was ich nicht mehr festhalten kann oder will.« Der Mut zum Gestalten braucht *Vitalität,* der Mut zum Standhalten benötigt *Standhaftigkeit*, und der Mut zum Loslassen erfordert *Gelassenheit.*

Diese drei Dinge lassen sich im Verlauf einer mutigen Handlung nur schwer trennen. Wenn jemand beispielsweise den Mut aufbringt, sich auf eine Liebesbeziehung einzulassen und der geliebten Person seine Bedürfnisse und Verletzlichkeiten zunehmend offener zu zeigen, obschon man vielleicht in der Vergangenheit schwer enttäuscht wurde, demonstriert dies zunächst den Mut, etwas Neues zu gestalten. Durch kluges Abschätzen der Vertrauenswürdigkeit der Person, für die man sich interessiert, wird es immer besser möglich, Gefühle zu äußern. Man unternimmt Schritte, um die geliebte Person wiederzusehen, ihr nah zu sein. Da ist ein aktiver, gestaltender, vitaler Mut gefragt, der sich Ziele setzt und unter Zuhilfenahme zwischenmenschlicher Fähigkeiten sowie anderer Ressourcen – wie etwa Unterstützung durch eine Vertrauensperson – das gewünschte Ziel ansteuert.

Nun können sich aber auch Hindernisse in den Weg stellen. Vielleicht fürchtet die Person, die man liebt, ebenfalls, verletzt zu werden, und zeigt deshalb gelegentlich nicht dasjenige Verhalten, das man sich wünscht. Es kommt zu ersten Konflikten. Hier ist nun der Durchhaltemut gefragt. Werfe ich gleich die Flinte ins Korn? Oder besinne ich mich auf meine Ziele, spüre ich Hoffnung, die geliebte Person zu gewinnen und gemeinsam Hindernisse aus dem Weg zu räumen?

Vielleicht ist es nun auch notwendig, alte Sorgen und Einschränkungen loszulassen und sich vertrauensvoll der Sehnsucht nach dem Guten, dem Glauben an eine glückliche Beziehung hinzugeben. Ich springe über den eigenen Schatten und suche das Gespräch. Womöglich zeigt sich, dass die Person, die ich liebe, ebenfalls auf eine Klärung der Konflikte hofft. Das erfordert den Mut, Ängste vor einer neuen Verletzung oder pessimistische Gedankenmuster (»Es klappt bei mir einfach nicht in der Liebe!«) loszulassen. Es braucht die nötige Gelassenheit, auch mit einem Scheitern der Beziehung leben zu können und doch alles für deren Gelingen zu tun, was in der eigenen Macht steht. So gehen alle drei Dimensionen des Mutes – Gestalten, Standhalten und Loslassen – ineinander über.

Schauen wir diese drei Dinge noch etwas genauer an: Bei der *Vitalität* geht es darum, die innere Energiequelle anzuzapfen, um den eigenen Bedürfnissen und Träumen einen kräftigen Schub zu verleihen. Da braucht es das Selbstvertrauen, in unbekanntes Gelände vorzustoßen, und den Glauben daran, dass man das Beste verdient. Ein gewisser *élan vital* (Henri Bergson) ist erforderlich und ein Sich-Einlassen auf die *erotische Spur* des Lebens (Peter Schellenbaum). Wohin zieht es mich? Was befriedigt mich wirklich? Welche Träume sind noch ungelebt? Was im Englischen als *zest* bezeichnet wird (übersetzt etwa: »Lebenslust«), zeigt einen ganz starken Zusammenhang mit der Lebenszufriedenheit, stärker als verstandesorientierte Tugenden wie Neugier oder Lernbegierde (Peterson et al.). Gemeint ist hier nicht eine nervöse, manische Überreizung, die nur zu oft in depressive Erschöpfung mündet, sondern eine gesunde Selbstbestimmung, der Drang nach Wachstum und Entfaltung.

Hat man sich einmal für einen als richtig erkannten Weg entschieden, dann braucht es *Standhaftigkeit* und den Willen durchzuhalten, damit man sich nicht durch auftretende Hindernisse entmutigen lässt. Der Mutige empfindet die Hindernisse und Risiken, die er auf sich nimmt, als ebenso belastend und widerwärtig wie jeder andere Mensch. Er tut nicht so, als seien die Gefahr, in die er sich begibt, oder die Schmerzen, die er freiwillig auf sich nimmt, etwas Wünschenswertes. Auch der Tapfere fürchtet sich vor Übeln und sucht sie nach Möglichkeit zu vermeiden. Doch im Gegensatz zu Menschen, denen es an Standhaftigkeit und Durchhaltewillen mangelt, lässt er sich nicht so leicht dazu bringen, sein Ziel aus den Augen zu lassen und vom Weg abzuweichen. Er geht auf das Furchtbare zu, hält das Üble aus und lässt das Angenehme los, falls dadurch dem Guten zum Durchbruch verholfen werden kann.

Für Cicero waren Geduld und Beharrlichkeit die wesentlichen Merkmale des Mutes. Mit Geduld ertragen wir willentlich und so lange wie nötig das Schwierige und Mühevolle. Beharrlichkeit verhilft dazu, an einem wohldurchdachten Entschluss beständig und dauerhaft festzuhalten. Tatsächlich ist es meistens schwieriger, einem Übel geduldig standzuhalten, als sich kurzfristig einer Gefahr zu stellen und anzugreifen, da die größere Zeitdauer beim passiven Standhalten unangenehmer ist als beim aktiven Gestalten. Natürlich kommt es darauf an, um welche Gefahr und um welche Widerwärtigkeit es sich handelt. Aber wer sich mutig schätzt, weil er gerne Risiken in Kauf nimmt, sollte sich fragen, wie es um den Mut des Erduldens und Durchhaltens bestellt ist.

Was können wir tun, um geduldig und beharrlich an unseren Zielen festzuhalten, obschon sie mit Risiken und Widrigkeiten verbunden sind? Wie lässt sich der Mut zum Standhalten vergrößern? Es ist notwendig, die ganze Kraft des Wunsches zu spüren, dem als richtig und wichtig erkannten Ziel näher zu kommen. Wenn ich etwas riskiere, dann möchte ich ganz überzeugt davon sein, dass ich es für ein wertvolles und lohnenswertes Ziel tue, sonst lasse ich es lieber bleiben. Geht eine starke Anziehungskraft vom erwünschten Ziel aus? Zieht es mich zu sich hin? Dann bin ich auch bereit, einige Unannehmlichkeiten, die sich auf dem Weg dorthin darbieten werden, auszuhalten und mich nicht so leicht entmutigen zu lassen.

Dabei helfen auch andere Menschen mit ihrer Unterstützung und ihrem Glauben an uns. In schwierigen Momenten und wenn sich Hindernisse in den Weg stellen, braucht man nicht Zweifler oder Besserwisser, sondern Ermutiger und Tröster. Menschen, die selber einen schwierigen Weg gegangen sind und die nötige Geduld dafür aufgebracht haben, sind die besten Gefährten, wenn es darum geht, standhaft zu bleiben und sich immer wieder neu zu motivieren. Auch der Glaube an eine höhere Macht und an einen spirituellen Weg ist bedeutsam. Ein Denken, das alles schon zu wissen scheint und geistige Mächte, die hilfreich beistehen, als Blödsinn abtut, führt zu keinen großen mutigen Taten. Wer für einen möglichen spirituellen Beistand offen bleibt, auch wenn wir diesen nicht immer spüren und nicht beweisen können, schont seine eigenen Kräfte und lässt sich helfen. Dabei können auch Erlebnisse in der Natur mit ihrer unerschöpflichen Kraft den nötigen Mut verleihen, standhaft, stark und geduldig zu bleiben und nicht die Hoffnung zu verlieren, dass sich das Opfer lohnt. Und schließlich ist es die Liebe, die uns immer wieder weiterträgt, die Liebe, die im Mut selber steckt und uns zum Guten hinführen will.

Den Mut zum Gestalten und den Mut zum Standhalten braucht es da, wo wir selber durch unsere Gedanken, Worte und Taten etwas verändern und bewirken können. Manchmal gibt es im Leben aber Dinge, die sich nicht ändern lassen, und Situationen, in denen weniger statt mehr getan werden sollte. Nicht immer führen aktives Handeln und tätiges Tun zum Ziel. Manchmal braucht es den Mut zum Akzeptieren oder zum Loslassen: In solchen Momenten ist *Gelassenheit* gefragt, die nichts anderes ist als der Mut, auch unangenehme Dinge anzunehmen und die Hoffnung nicht zu verlieren, dass am Ende alles Gut wird. »Am Ende wird alles gut« – heißt es so schön im Film *The Best Exotic Marigold Hotel* des Regisseurs John Madden –, »und wenn es noch nicht gut ist, ist es noch nicht zu Ende!«

Die Gelassenheit ist der Glaube an den Sinn und an das Gute trotz Widrigkeiten und Leid. Sie ist auch der Glaube daran, dass wir als Menschen nicht alles selber lösen können. Die großen, existenziellen Dinge – Geburt, Leben, Tod, Gesundheit, Glück – entziehen sich unserer direkten Beeinflussung. In der Gelassenheit schwingt die Erkenntnis mit, dass wir als Menschen vielleicht einfach zu beschränkt, zu dumm und zu machtlos sind, um die ganz großen Probleme zu lösen. Wir benötigen den Beistand des Himmels.

Im Markusevangelium steht der schöne Satz (Mk 4,26–28): »Der Bauer sät den Samen aus, geht heim und ruht sich aus, während die Halme sprießen und Frucht tragen.« Warten und geschehen lassen, ohne einzugreifen – das ist Gelassenheit. Walter Ludin schreibt in seinem Büchlein *Selig die Gelassenen:* »Wer glaubt, alles hänge von seinem Krampfen ab, wird verkrampft.« Man muss die Dinge wachsen und reifen lassen können. Zu oft machen wir uns viel zu viele Sorgen um Sachen, die sich der Kontrolle entziehen. Gewiss können wir einiges tun, um unsere Lebensumstände so zu beeinflussen, dass sie den Wünschen und Erwartungen möglichst entsprechen. Aber die ganz entscheidenden Dinge, die dafür notwendig sind, sind nichts anderes als ein Geschenk und eine Gnade. Sich darum zu sorgen, bringt nichts und führt nur zu unnötigen Ängsten.

Statt alles noch besser zu kontrollieren und noch perfekter abzusichern, können wir auch in die entgegengesetzte Richtung gehen und den Mut zum Loslassen kultivieren: Was wäre denn so schlimm, wenn dies oder jenes einträte? Soll es doch geschehen, wenn es geschehen muss! Und wenn nicht, umso besser! Was sorge ich mich unnötig wegen Problemen, die vielleicht in meinem Leben gar nie eintreten werden? Wenn es doch geschehen sollte, wird zur rechten Zeit Beistand da sein. Was sorge ich mich um Dinge, die gar nicht in meiner Hand liegen? Dies ist das Denken, das aus dem Mut zum Loslassen und aus der Gelassenheit spricht. Statt Ängste zu nähren, nähren wir das Vertrauen. Zu wissen, dass das Leben »selbst dann glücklich sein kann, wenn alle Erwartungen durchkreuzt worden sind« (Ludin), befreit von Sorgen und führt in die wohltuende Freiheit der Gelassenheit hinein.

Mut setzt Verwundbarkeit voraus. In letzter Konsequenz ist der Mut auf den Tod bezogen, denn der Tod ist die tiefste Art der Verwundung. »Im eigentlichen Sinn wird also tapfer genannt, wer vor dem edlen Tod furchtlos ist, und in allen Situationen, in denen unmittelbar der Tod droht«, schreibt Aristoteles. So ist der Mut letztlich die Bereitschaft, im Kampf zu fallen. Das ist auch mit dem Begriff der »Selbsthingabe« gemeint. Der Mut zu einem wahrhaftigen Leben erfordert auch den Mut zum Tod. Bevor aber der körperliche Tod eintritt, müssen wir tausend kleine Tode sterben, wenn wir uns von alten Fixierungen, überholten Identitäten und festgefahrenen Ängsten lösen wollen.

Der Mut zeigt sich nicht darin, dass wir Gefahren, Verwundungen oder den Tod suchen. Jeder gesunde Mensch findet diese Dinge höchst widerwärtig. Manchmal lassen sie sich jedoch nicht vermeiden, weil etwas Größeres auf dem Spiel steht. Weil wir nicht nur einen Leib besitzen, den wir möglichst unversehrt halten wollen, sondern auch eine Seele, der manchmal Gerechtigkeit, Wahrhaftigkeit oder Liebe wichtiger sind als alles andere – deshalb gibt es Augenblicke, in denen Gefahren, Verwundungen oder sogar der Tod hingenommen werden.

Doch der wagemutige Angriff, das tapfere Standhalten und das opferbereite Loslassen sind nur dann Ausdruck des Mutes, wenn es auch wirklich um etwas Gutes geht. Wer geduldig Schmerzen erträgt und selbstlos Opfer bringt, weil er zu feige ist, etwas an seiner Situation zu verändern, beweist keinen Mut und keine besondere Seelenstärke. Vielmehr zeigt sich darin der Grundzug aller Neurosen: ein angsthafter, verkrampfter Sicherheitswille, der das Bestehende um jeden Preis schützen will. Doch der Mensch gerät in immer größere Gefahr, je mehr Energie er darauf verwendet, sich zu schützen. Im Augenblick des Mutes übergeben wir uns vertrauensvoll der Verfügungsgewalt höherer Mächte. Dabei hoffen wir auf das Beste – ja, auf nichts Geringeres als den Sieg. Wenn der Ruf des Mutes an uns ergeht und wir bereit sind, diesen zu erhören, macht der Mut jeden von uns zu einem Helden.

8. Vom Geiz zur Großzügigkeit

Kaum ein anderes Laster stand in letzter Zeit derart am Pranger wie Habgier oder Geiz. Lohnexzesse und exorbitante Bonuszahlungen bei Spitzenmanagern sowie die erstaunliche Raffgier im Investmentbanking ließen einen Aufschrei durch die Medien gehen und führten zu aufgeregten Debatten um soziale Gerechtigkeit und die gesellschaftlichen Risiken eines ungezügelten Kapitalismus. *Habgier* oder *Habsucht* (auch *Raffgier* oder *Raffsucht* genannt) stellt ein Laster des Übermaßes dar und gilt als übersteigertes, suchtartiges Streben nach materiellem Besitz, weitgehend unabhängig von dessen tatsächlichem Nutzen. »Suchtartig« bedeutet, dass nie genug ist. Tritt nicht irgendeinmal eine Katastrophe ein (und diese tritt früher oder später fast immer ein!), dann kennt der raffsüchtige Mensch kein Halten, er will immer mehr.

Dass der Besitz, um dessen Vermehrung es dem Habgierigen geht, vom tatsächlichen Nutzen weitgehend unabhängig ist, zeigt sich dann, wenn die Yacht den größten Teil des Jahres im Hafen vor sich hindümpelt oder die Oldtimer-Sammlung von einem extra dafür bezahlten Fahrer bewegt werden muss, damit sie nicht einrostet. Ihre ursprüngliche Funktion als Transportmittel haben diese Luxusgüter längst eingebüßt. Das soll nicht heißen, dass Freude an schönen und teuren Objekten stets Habgier verrät. Jemandem, der nicht sonderlich zur Habgier neigt, genügt ein einziger Oldtimer, den er wie seinen Augapfel hütet und mit Freude ausfährt. Dem Habgierigen geht es nicht um dieses besondere Erlebnis, sondern darum, den Oldtimer als Wertobjekt zu besitzen. Sobald er ihn hat, verliert er das Interesse daran.

Im Gegensatz zur Habgier stellt der *Geiz* ein Laster des Mangels dar. Dem Geizigen liegt zwar auch die Anhäufung und Vermehrung materieller Güter am Herzen, doch mehr noch deren Erhalt und Absicherung gegen Verluste. Somit zeigt sich der Geiz als übertriebene Sparsamkeit und Unwillen, etwas von seinem Besitz herzugeben.

Habgier und Geiz treten oft zusammen auf, weil eine zwanghafte Vermehrung des Besitztums gerne als Sicherheitsstrategie gegen drohenden Verlust eingesetzt wird. Um gänzlich auf der sicheren Seite zu stehen und auf keinen Fall auch nur in die Nähe der gefürchteten Armutszone zu gelangen, kann der Raffgierige nie genug bekommen, da er das materielle Elend so sehr fürchtet. Er ist einem besonders strebsamen Schüler vergleichbar, der panisch reagiert, wenn er einmal keine Bestnote schreibt. Dass Geiz und Gier eng verwandt sind, zeigt sich nicht zuletzt in ihrer gemeinsamen Herkunft. Das mittelhochdeutsche Verb *giten, gitesen* bedeutete sowohl »übertrieben sparsam sein, geizen« wie auch »heftig verlangen, gierig, habgierig sein«.

Wir können die Habgier auch als Übermaß im Nehmen bezeichnen, während als Gegenstück die sogenannte *Verschwendungssucht* ein Übermaß im Ausgeben darstellt. *Geiz* ist dann der Mangel im Ausgeben, während ein *mangelnder Erwerbstrieb* im Sinne eines Lasters (und nicht etwa aufgrund von Bedürfnislosigkeit) abwertend als »Sozialschmarotzertum« bezeichnet wird. Es sind denn auch vor allem die Habsüchtigen und Geizigen, die allenthalben Sozialschmarotzer vermuten und mit besonderer Strenge gegen diese verhassten Profiteure vorgehen wollen. Der ruhelos Raffgierige beneidet diese Faulpelze für den geringen Aufwand, mit dem sie sich auf Kosten anderer einen Vorteil verschaffen. Der Geizige beneidet sie um ihre angebliche Sorglosigkeit. Umgekehrt sind Personen, die es nun tatsächlich darauf abgesehen haben, andere auszunutzen, insgeheim doch von Habgier und Geiz besessen, die sie einfach hinter der Maske ihrer ärmlichen Verhältnisse verstecken.

Dem Geizigen ist der verschwendungssüchtige Prasser zuwider, der scheinbar sein Leben in vollen Zügen genießt, während er selbst im Geiz fast erstickt. Und doch ist auch der Verschwendungssüchtige ein Getriebener, dem es an allen Ecken und Enden mangelt, da niemand längere Zeit über seine ökonomischen Verhältnisse lebt, ohne sich immer tiefer zu verschulden. So verschuldet sich der Verschwendungssüchtige bei geizigen Gläubigern, weil auch er von Habgier getrieben ist, nämlich von der Gier, in Saus und Braus zu leben.

Die Habgierigen und Geizigen messen den materiellen Aspekten des Lebens, dem Haben, ungewöhnlich viel Wert bei, während für sie das immaterielle Sein fast gänzlich bedeutungslos ist. Sie würdigen sogar die immateriellen Güter, wie etwa Freundschaft, Liebe, Schönheit, freie Zeit und Erfahrungen, zu Wertobjekten herab und unterziehen sie einer nüchternen Kosten-Nutzen-Analyse. Wie wenn es darum ginge, den Ertrag einer wirtschaftlichen Unternehmung zu vermehren, tauscht der Habgierige Freunde und Beziehungspartner aus, wenn sie nicht den erwünschten Gewinn abwerfen. Statt sich von Menschen berühren zu lassen, hat der Geizige lediglich die kalte Beurteilungsnorm im Auge, wie viel Prestige die Person ihm einbringt und welcher Wert ihr aktuell beigemessen werden kann.

Jemand, der von den Lastern der Habgier und des Geizes weitgehend frei ist, ist zuallererst ein Mensch, der sich der Flüchtigkeit und Vergänglichkeit materieller Güter bewusst ist. Obschon natürlich auch der Geizige weiß, dass er nicht einmal sein Hemd in den Himmel wird mitnehmen können, bringt er es einfach nicht über sich, das Hemd herzugeben, solange er noch nicht im Himmel ist. Es ist nicht notwendig, alles Materielle und jegliche Annehmlichkeit zu verachten, um nicht gierig oder geizig zu sein, aber ein von diesen Leidenschaften freier Mensch misst dem persönlichen Besitz keine solche Bedeutung bei, dass dieser ihm wichtiger wird als diejenigen Dinge, die er nicht besitzen kann, die aber die größeren Freuden versprechen.

Die Haltung, den Besitz nicht so wichtig zu nehmen, lässt sich am besten einüben, indem man wertvolle Dinge loslässt und verschenkt. Durch bewusste *Freigebigkeit* lässt man andere am eigenen Besitz Anteil haben und verleiht dadurch zwei wichtigen Tatsachen Ausdruck: dass erstens jeglicher materielle Besitz nur geliehen ist und spätestens beim Tod zurückgegeben werden muss und dass zweitens die Beziehung zu den Menschen, mit denen man freiwillig teilt, einen ungleich höheren Wert hat als der materielle Besitz, den man ihnen schenkt. Jemand, der nach diesen Wahrheiten lebt, kann nicht anders als großzügig sein. *Großzügigkeit* in finanziellen Dingen geht oft mit einer weiter gefassten moralischen Großzügigkeit einher, mit der man anderen begegnet. Umgekehrt rechnet der knauserige Geizhals seinen vermeintlichen Widersachern alles auf und kann niemals vergessen, wenn er einmal den Kürzeren zieht.

Hinter der Praxis der Freigebigkeit und der Charakterstärke der Großzügigkeit steht eine Geisteshaltung, die in der buddhistischen Lehre als *Nicht-Anhaften* bezeichnet wird und weitgehend mit der im Christentum geschätzten *Armut im Geist* identisch ist. Statt der Tendenz zum Bewerten und Festhalten zu folgen, relativiert der spirituell erwachte Mensch die Bedeutung von materiellem Besitz und benötigt ihn nicht unbedingt für sein Wohlbefinden. Äußerliche Armut wird im klösterlichen Leben bewusst herbeigeführt, um den Geist von irdischen Anhaftungen zu entlasten. Sie dient dabei der Einübung der Armut im Geist oder des Nicht-Anhaftens als innere Haltung. Um diese zu entwickeln, ist ein Zuviel an Luxus und materiellen Gütern hinderlich, da die Pflege und der Erhalt des Besitzes viel Aufmerksamkeit und Zuwendung erfordern. Vielleicht sagte Jesus deshalb einst humorvoll, dass eher ein Kamel durch ein Nadelöhr gehe, als dass ein Reicher in das Reich Gottes gelange (Lk 18,25).

Freigebigkeit, Großzügigkeit und Armut im Geist lassen sich natürlich auch heucheln und vorspielen. Eine solche Scheintugend zeigt sich zum Beispiel dann, wenn man nur deshalb von seinem Besitz hergibt, um als großzügiger Wohltäter zu erscheinen, was positiv auf berufliche Kontakte und mögliche Aufträge abfärben könnte. Durch geheuchelte Großzügigkeit verspricht man sich einen Gewinn. Oder man gibt sich nach außen bescheiden und anspruchslos, während man den Menschen das Geld aus der Tasche zieht und insgeheim ein Vermögen anhäuft.

Habgier

Der unersättliche Wunsch nach Wohlstand und Gewinn, der den habgierigen Menschen antreibt, führt dazu, dass dieser viel mehr anhäuft, als nötig wäre, um gesund und zufrieden zu leben. Wie das Eichhörnchen sammelt er für schlechte Zeiten. Doch die Angst vor zukünftigen Entbehrungen und die Freude über das sich vermehrende Vermögen verselbstständigen sich und führen zu immer zwanghafteren, angestrengteren und risikoreicheren Unternehmungen.

Wie beim phrygischen König Midas steht am Anfang der berechtigte Wunsch nach finanzieller Unabhängigkeit. Dieser König wollte sich der Legende nach von seiner Tributpflicht lösen und bat Dionysos, alles was er berühre, zu Gold werden zu lassen. Der Wunsch wurde ihm gewährt. Doch nun war Midas zum Verhungern verdammt, denn auch die Nahrung verwandelte sich sogleich in Gold. Nur durch ein Bad im Fluss Paktolos gelang es Midas schließlich, sich von diesem Geschenk, das zum Fluch geworden war, zu befreien. Er durfte seine Gabe, alles zu Gold werden zu lassen, an den Flussgott abgeben.

Auch bei Menschen vom Schlage eines gewissen Bernard L. Madoff, einst Finanz- und Börsenmakler sowie Vorsitzender einer Technologiebörse, der zu 150 Jahren Haft verurteilt wurde, weil er sich durch die Raffgier seiner Kunden ein Milliardenvermögen ergaunert hatte, findet sich zu Beginn meist der Wunsch nach einer unabhängigen und selbstbestimmten Lebensführung. Wie König Midas wollen diese Menschen ihr eigener Boss sein und sich aus finanziellen Abhängigkeiten befreien. Doch sehr rasch stehen dann plötzlich nicht mehr Unabhängigkeit und Lebensfreude im Vordergrund, es geht nur noch um das Anhäufen von Besitz. Mit dem Geld vermehren sich Ansehen und Macht. Schließlich findet man sich in einer viel größeren Abhängigkeit wieder, nämlich in jener von der eigenen Habgier.

So verwundert es wenig, dass viele habsüchtige Menschen sich immer wieder in Gefahren begeben und schließlich nicht einmal vor der Kriminalität zurückschrecken, um ihren »Lebensstandard« zu steigern oder auch nur zu erhalten. Etwas weniger weit treiben es die Angehörigen jener Millionen von Privathaushalten, die sich bei Banken und Kreditkarteninstituten verschulden, um jenen materiellen Besitz zu erwerben, von dem sie meinen, sie könnten ohne ihn kein glückliches Leben führen.

Doch auch sie sind kleine Madoffs, die nie genug haben und für die es weder einen freiwilligen Verzicht noch ein Zurückbuchstabieren gibt. Schließlich schnappt die Schuldenfalle zu und sie verlieren weitaus mehr, als sie hätten aufgeben müssen, wenn sie mit ihren Mitteln etwas ökonomischer umgegangen wären. »Nichts genügt demjenigen, dem das, was genügt, zu wenig ist«, erkannte schon Epikur.

Besitzenwollen stellt ein natürliches, universelles Bedürfnis dar, das sich in deutlicher Ausprägung im Territorial- und Sozialverhalten vieler Tiere zeigt. Der Wolf markiert sein Revier. Gefressen wird für sich selbst. Ein freiwilliges Teilen kommt nicht in Frage. Im Tierreich stößt dieses Bedürfnis allerdings an natürliche Grenzen. Doch im Menschenreich sind der Fantasie keine Grenzen gesetzt. Die Persönlichkeit definiert sich gerne durch ihren Besitz. Wächst das Vermögen an, scheint sich auch das Selbstbewusstsein auszudehnen. Wir klammern uns an Objekte, gesellschaftliche Positionen und andere Menschen, die eine Erhöhung von Ansehen und Macht versprechen. Hinter dem Laster der Habsucht schielt der Hochmut mit seiner schelmischen Fratze hervor.

In Florida liegt in der Nähe von Miami eine kleine exklusive Insel namens Fisher Island. Dorthin gelangt nur, wer entweder auf der Insel eine Immobilie besitzt oder persönlich von einem stolzen Besitzer einer solchen eingeladen wird. Schon auf der kurzen Überfahrt mit der Fähre fällt das überaus zuvorkommende, joviale, ja geradezu herzliche Verhältnis vieler Angestellter zu den schwerreichen Einwohnern auf. Man ist eine kleine verschworene Gemeinschaft, an der nicht nur die dort lebenden Superreichen Anteil haben, sondern ebenso ihre Untergebenen. Man lächelt über die Touristen, die sich etwas darauf einbilden, drüben im »Loew's« oder »Fontainebleu« abzusteigen. Wer es auf Fisher Island geschafft hat, der gehört eben dazu.

Der Zutritt und die dauerhafte Präsenz auf Fisher Island erfordern einen derart überragenden materiellen Erfolg, dass wenig Zeit bleibt, sich anderen Dingen zu widmen. Unvorstellbar schrecklich wäre es, wenn man seine lieben Nachbarn plötzlich wieder verlassen und den freundlichen Fährarbeitern auf immer »Farewell« sagen müsste. Keiner, der es auf diese Insel der Seligen geschafft hat, geht freiwillig wieder weg. Doch beim genauen Hinsehen entpuppt sich das alles als raffinierte Inszenierung und gekonnte Scharlatanerie. Man hat sich stillschweigend darauf geeinigt, dass der persönliche materielle Besitz das alles entscheidende Kriterium für Geborgenheit, Glück und Lebensfreude darstellt. In Wahrheit hat natürlich das eine mit dem anderen nichts zu tun. Darüber lange nachzudenken verbietet jedoch die Etikette. Der nächste Yachtkauf und der Ausbau des Gartens stehen an. Und da klingelt auch schon der Personal Trainer an der Türe. Der muss schließlich auch bezahlt werden!

Ein Leben in einer solchen Wohlstandsblase stellt für den Habgierigen einen mächtigen Ansporn dar, denn je mehr sein Vermögen anwächst, desto näher gelangt er in deren Einflussbereich. Zunächst lernt man vielleicht jemanden kennen, der mit besagter schwerreicher Familie Geschäfte tätigt. Mit der Familie XY? Wirklich? Man kann es kaum glauben! Dann gelangt man selber zu Ehren und darf Aufträge für dieses Haus erledigen. Schließlich wird man eingeladen. Man sieht die Villa von innen. Oh, so möchte man auch wohnen! Risikoreiche Börsentransaktionen gelingen. Man macht einen großen Sprung nach vorne. Mit dem breit angelegten Erwerb von Immobilien findet man sich plötzlich selbst mitten in dieser einst unerreichbaren Elite wieder. Dann kommt eine Bekannte auf Besuch und bringt die berühmte O. mit, die doch nun jeder aus dem Fernsehen kennt! Man unterhält sich köstlich. Sie ist doch eigentlich eine ganz bescheidene Person. Und so umgänglich! Man teilt Histörchen über Schwerreiche und Prominente. Hahaha! Ja, jetzt gehört man auch dazu.

Doch das ist alles noch recht harmlos. So richtig schlimm wird es mit der Habgier, wenn sie Beziehungen und Familien entzweit, in Gewalt mündet, ganze Völker ausrottet und die natürlichen Grundlagen der Menschheit zerstört. Man zerstreitet sich über ein Testament. Im Familienunternehmen führt die Habgier Einzelner einen unwiderruflichen Bruch herbei. Unvorstellbar schlimmer kam es im Fall eines gewissen Thomas S. aus Krailling, der die Kinder seiner Schwägerin auf grausamste

Weise ermordete, um seine Frau zur Erbin von Teilen des Familienvermögens zu machen. Auf der Ebene von Völkern und Nationen kann Habgier zu Aggressionskriegen führen, innerhalb eines Staates zur Ausbeutung und Enteignung von Minderheiten und rechtlich benachteiligten Bevölkerungsschichten. Die Habgier der Holzindustrie zerstört tropische Regenwälder. Nationale und internationale Unternehmen beuten Bodenschätze aus.

La Rochefoucauld bemerkte, dass die Habsucht oft eine Wirkung erziele, die der Absicht widerspricht. »Viele Menschen opfern ihr ganzes Vermögen fernen und zweifelhaften Hoffnungen, andere verschmähen große und zukünftige Vorteile wegen kleiner gegenwärtiger Gewinne.« Wie alle Leidenschaften schaltet die Habsucht die (ökonomische) Vernunft aus. Dabei kann diese Leidenschaft zwar zu kurzfristigen Gewinnen verhelfen, etwa im Spielcasino, an der Börse oder gar bei illegalen Aktionen, doch lange geht das nicht gut. »Übermäßige Habsucht irrt fast stets«, weiß La Rochefoucauld. »Keine andere Leidenschaft verfehlt so oft ihr Ziel und keine steht zum Schaden der Zukunft so sehr unter dem Einfluss der Gegenwart.«

Der Habgierige erlebt zunächst einmal – wie jeder Süchtige – eine Beschleunigung des Daseins und ein rasantes Anwachsen geschäftiger Tätigkeiten. Sein Jagdfieber nach Schnäppchen und großen Gewinnen erfordert es, der Konkurrenz stets eine Nasenlänge voraus zu sein. Durch rasche Entscheidungen und das richtige Gespür soll der andere ausgestochen werden. Wenn das gelingt, ist die Freude über den Sieg groß. Doch der listig gewonnene Besitz verschafft nur eine flüchtige Befriedigung. Die nächste Gelegenheit darf nicht verpasst werden. Von Geschick und Raffinesse hin zur Illegalität ist es nur ein kleiner Schritt. Schließlich will man nicht am Ende noch der Dumme sein und zuschauen, wie der Andere sich ins Fäustchen lacht! Immer größere Summen müssen aufgewendet werden, um den erwünschten Gewinn zu erzielen. Die Gier erzeugt neue Gier. Kein Ende ist in Sicht, denn die Sammlung ist niemals vollständig und der Kontostand nie hoch genug. »Habsucht ist nichts anderes als Völlerei mittels unverdaulicher Güter«, schreibt Sofsky.

Die Spielsucht stellt eine mögliche Variante der suchtartigen Beschleunigung dar, durch die sich die Habsucht auszeichnet. Schätzungsweise sind in Deutschland zwischen 100 000 und 300 000 Personen davon betroffen. Dabei ist die betroffene Person unfähig, dem Impuls zum Glücksspiel oder Wetten zu widerstehen. Vom erhofften Gewinn geht eine große Anziehungskraft aus. Vielleicht räumt man ja sogar den Jackpot ab! Dabei kann die gedankliche Beschäftigung mit dem Glücksspiel sehr viel Aufmerksamkeit einnehmen. Trotz hoher Verluste und negativer sozialer Folgen gelingt es einfach nicht, dem Spieldrang zu widerstehen. Immer höhere Beträge werden eingesetzt, um die Spannung und Erregung aufrechtzuerhalten. Der anfängliche Wunsch nach einem finanziellen Zustupf hat sich verselbstständigt. Nun stellt die Jagd nach dem Gewinn und nicht der Gewinn selbst das eigentliche Ziel dar und überdeckt vorübergehend alle Sorgen.

In seinem Traktat *Über die acht Gedanken* zeigt Euagrios Pontikos, wie Menschen, die an ihrem materiellen Besitz hängen, zu Gefangenen ihrer selbst werden. Ihre übermäßige Sorge um Hab und Gut peinigt sie nicht nur das ganze Leben lang, sondern verhindert es auch, dass sie am Ende des Lebens in Ruhe Abschied nehmen können. Nach Euagrios gehen die Dämonen häufig sehr raffiniert und sogar rational vor. Der Dämon der Habsucht ermahnt etwa den Mönch, dass eine Hungersnot ausbrechen könnte und er für sein Alter vorsorgen müsse, um dann nicht von anderen abhängig zu sein. Solches Vorsorge-Denken scheint vernünftig und umsichtig. Doch die materielle Anhäufung verhindert eine Konzentration aller Kräfte auf das Seelenheil – auf ein erfülltes und sinnvolles Leben. Gegen eine gewisse Sparsamkeit ist nichts einzuwenden, doch wenn der Wunsch, immer mehr haben zu wollen, durch die Vorsorge für das Alter und für schlechte Zeiten gerechtfertigt wird, dann hat der Dämon der Habsucht obsiegt. Wegen der ständigen Angst vor Entbehrungen vergisst der Habgierige, dass die entscheidenden Dinge des Lebens verhältnismäßig wenig kosten oder sogar gänzlich umsonst sind.

Die Gründe, weshalb einige Menschen einen habgierigen Charakterzug entwickeln, während andere mit ihrem Besitz zufrieden sind, liegen nach psychoanalytischer Sicht in frühkindlichen Frustrationen. Wenn Habgier tatsächlich eine Art Völlerei mittels unverdaulicher Güter darstellt, so lässt sich Freuds Konzept der oralen Fixierung darauf anwenden. Demnach führt mangelnde mütterliche Zuwendung im ersten Lebensjahr, in dem die Lustbefriedigung über den Mund geschieht, später zur Suche nach Ersatzobjekten, um diesen Mangel auszugleichen. Da sich am zugrunde liegenden Trauma einer fehlenden Zuwendung durch die Mutter nichts mehr ändern lässt, können später nie genug Güter angehäuft werden. Doch das zwanghafte An-sich-Raffen materieller Ersatzobjekte führt nur zu kurzfristiger Erleichterung. Die Vorstellung, Dinge loszulassen, ruft eine schwer auszuhaltende Angst vor emotionaler Leere und existenzieller Isolation hervor. Die Armut wird deshalb so gefürchtet, weil sie unbewusst mit der fehlenden emotionalen Wärme und Zuwendung in der frühesten Kindheit verbunden wird.

Obschon Freuds Theorie der psychosexuellen Fixierungen in der bestehenden Form durch Jahrzehnte entwicklungspsychologischer Forschung nicht wirklich erhärtet werden konnte, besteht kein Zweifel daran, dass Erlebnisse in der Kindheit mit wichtigen Bezugspersonen wie den Eltern, aber auch mit Gleichaltrigen, auf die weitere Entwicklung der Persönlichkeit prägend einwirken. Allerdings muss nicht jeder Mensch, der eine Neigung zur Habsucht entwickelt, die gleichen frühkindlichen Erfahrungen gemacht haben. So ist es denkbar, dass einige Eltern Liebe und Zuwendung vor allem über materielle Dinge ausdrücken, während andere emotional kaum verfügbar sind. Erfahrungen der Armut und Ausgrenzung können ebenfalls eine Rolle spielen. Schließlich kann die Raffgier auch als familiärer Charakterzug von Generation zu Generation weitergegeben werden.

Es ist sicher nicht abwegig, das zwanghafte Anhäufen von Besitz als Ausdruck einer inneren Leere zu verstehen. Dies macht auch verständlich, weshalb ein habsüchtiger Mensch sich derart von der Erfahrung wechselseitiger Verbundenheit entfernt, dass er anfängt, auch andere Personen wie eine Ware zu behandeln, deren Wert sich bemessen lässt. Weil er gelernt hat, von wichtigen Bezugspersonen nicht zu viel zu erwarten, entwickelt der Habgierige eine Art Überlebensstrategie, deren oberste Gebote lauten: Jeder denkt nur an sich! Verschaff dir stets einen Vorteil! Nutze andere aus, bevor du selbst ausgenutzt wirst!

Habgier im Erwachsenenalter besitzt einen frühen Vorläufer, der sich in der Unersättlichkeit vieler Kinder nach Spielsachen und anderen Dingen zeigt. Fehlende Dankbarkeit des Kindes und ein unstillbares Verlangen nach immer neuen Geschenken stellen die Eltern vor pädagogische Schwierigkeiten. Die amerikanische Psychotherapeutin Wendy Mogel vertritt in ihrem Buch *The blessing of a skinned knee* die Ansicht, dass dies nicht als abnormes Verhalten des Kindes anzusehen sei, sondern eine natürliche Erscheinung der Kindheit darstelle, in der die Selbstkontrolle noch ungenügend verinnerlicht wurde.

Mogel entwickelt ihr Erziehungskonzept aus der jüdischen Tradition, die den Leitsatz *deed before creed* (Handeln geht vor Glauben) kennt. So müsse das Kind nicht dahin gebracht werden, neue Dinge weniger stark zu wollen, sondern es solle lernen, damit umzugehen, dass es diese Dinge nicht immer haben könne. Das Problem liegt somit nicht beim Kind, denn Kinder sind nun einmal unersättlich, sondern bei den Eltern, die diese Unersättlichkeit nicht angemessen unterbinden. Wenn Kinder nicht jedes Mal ihren Wunsch erfüllt bekommen, wenn sie um etwas betteln, werden sie mit der Zeit von selbst für das Erhaltene mehr Dankbarkeit empfinden.

Ohne diese Einschränkung, die von den Eltern ausgehen muss, kann das Kind nicht lernen, auf die Erfüllung von Wünschen zu warten und sich gelegentlich mit deren Nichterfüllung abzufinden. Eltern müssen ab und zu »Nein« sagen. Ungünstig sei es, so Mogel, an die noch zu wenig entwickelte Einsicht des Kindes zu appellieren oder ihm die Bedürfnisse ausreden zu wollen. Anders formuliert bedeutet dies: Wenn Eltern übermäßig auf die Wünsche ihres Kindes nach immer neuen Geschenken eingehen oder sogar materielle Dinge einsetzen, um ihr schlechtes Gewissen, weil sie vielleicht zu wenig Zeit für das Kind haben, zu entlasten, so kann dies beim Kind womöglich zur Entwicklung eines übermäßig habgierigen Charakterzugs beitragen.

Exkurs: Habgier und Kapitalismus

Das in der amerikanischen Unabhängigkeitserklärung formulierte Recht jeden Bürgers auf die persönliche »pursuit of happiness« (Verfolgung des Glücks) wird oft im ökonomischen Sinn als Bekenntnis zu einer freiheitlichen Wirtschaftsordnung verstanden. Während außerhalb der sozialistischen Kritik die freie Marktwirtschaft und der Kapitalismus im Westen lange Zeit einen guten Ruf als Garant für Freiheit und Prosperität genossen, mehren sich in letzter Zeit die Anzeichen, dass Habgier und Geiz das Wirtschaftssystem korrumpieren. »Aus dem pursuit of happiness ist ein happiness of pursuit geworden«, schreibt Heiko Ernst.

Ungezügelte Gier und Rücksichtslosigkeit sowie das Schwinden eines sozialen Verantwortungsgefühls scheinen die Marktwirtschaft zu unterhöhlen und zur Wiederbelebung eines (neo-)liberalen »Raubtierkapitalismus« zu führen. Banken und Unternehmen brechen ob ihrer leichtsinnigen Risikobereitschaft zusammen. Ganze Staaten stehen am Rande des Bankrotts, weil Volk und Regierung weit über ihre Verhältnisse gewirtschaftet haben. Würden antike Autoren wie Platon oder Aristoteles heute leben, hielten sie wahrscheinlich eine große Zahl der arbeitstätigen Bevölkerung für Schuldsklaven.

So ganz überraschend kommt diese Entwicklung allerdings nicht. Nicht ohne Grund versuchte die Kirche jahrhundertelang, ein Zins- und Wucherverbot durchzusetzen, zu dessen Umgehung immer neue Kniffe entwickelt wurden. Im zweiten Teil von Goethes *Faust* treten die »drei Gewaltigen« Raufebold (Gewalt), Habebald (Habgier) und Haltefest (Geiz) als Paten an der Wiege des Kapitalismus auf. Gandhis Satz scheint sich zu bewahrheiten: »Die Welt hat genug für jedermanns Bedürfnisse, aber nicht für jedermanns Gier.«

Zur Verteidigung des Kapitalismus lässt sich jedoch das gewichtige Argument anführen, dass Menschen ihre privaten Grundstücke wesentlich besser bestellen, als wenn das Land einer Kommune gehört. Die Geschichte sämtlicher kommunistischer Staaten der Gegenwart und Vergangenheit beweist, dass es nicht möglich ist, Wohlstand zu schaffen, ohne den Bürgern gewisse ökonomische Freiheiten und Privateigentum zu gewähren. Wirtschaftliche Offenheit und der freie Austausch von

Gütern stellen außerdem einen guten Schutz gegen religiöse und politische Fanatismen dar. Eine liberale Ökonomie bringt liberale Gesinnungen hervor.

Andererseits zeigt der Ethnologe David Graeber in seinem Buch *Schulden: Die ersten 5000 Jahre*, dass die vermeintlich »freie Marktwirtschaft« keineswegs frei ist, sondern seit den frühesten Formen des Kreditwesens aufs Engste mit staatlicher Macht, Unterdrückung und Ausbeutung einhergeht. So diente die Gründung des modernen Bankenwesens der Finanzierung europäischer Kriege, und auch heute noch werden die Entwicklungsländer von den reichen Industrienationen dazu gezwungen, Schulden zurückzuzahlen, die sie nur deshalb machen mussten, weil sie zuvor von den gleichen Nationen im Zuge des Kolonialismus ausgebeutet worden waren.

Wie viel ist genug?, fragen Robert und Edward Skidelsky in ihrem gleichnamigen Buch, in dem sie für eine Abkehr vom kapitalistischen Wachstumsglauben eintreten. Dessen falscher Grundsatz besteht nach Ansicht der Autoren darin, dass eine vollständige Bedürfnisbefriedigung zu Glück und Wohlstand führe. Anstelle dieser Irrlehre des Liberalismus plädieren sie für eine Rückkehr zu den alten Tugenden der Selbstbescheidung und des Maßes. Dabei könnte dem Staat eine wesentliche Rolle zufallen, wenn er durch Verkürzung der Arbeitszeiten, Beschränkung des Konsums und Einführung eines bedingungslosen Grundeinkommens eine Abkehr vom Wachstumswahn und eine Hinwendung zu einer Ökonomie des guten Lebens förderte. Allerdings müssten die Menschen diesen Gesinnungswandel letztlich selber vollbringen.

Den Positionen von Graeber und den Skidelskys halten liberale Wirtschaftstheoretiker entgegen, dass heutzutage die Lage der Mehrheit der Menschen deshalb materiell besser sei als früher, weil sie sich nicht beschränkten, sondern bereit seien, härter zu arbeiten, mehr zu produzieren und alle sich bietenden technischen Möglichkeiten auszunutzen (vgl. Plumpe, *Sind wir am Ende der Unersättlichkeit?)*. Dabei vergessen die Kapitalismusgläubigen jedoch, dass es schon in der Antike außerhalb der wohlhabenden Eliten freie, glückliche und wirtschaftlich erfolgreiche Menschen gab. Armut und Elend traten in der Vergangenheit vor allem dann auf, wenn die Bevölkerung unter den Auswüchsen einer ungerechten Schuldenwirtschaft zusammenbrach. Es ist zumindest zweifelhaft, ob es denjenigen Menschen, die heute zur Befriedigung ihrer ständig steigenden materiellen Bedürfnisse und zur Abtragung ihrer Schulden die meisten und besten Jahre ihres Lebens damit verbringen, einer Tätigkeit nachzugehen, die sie nicht erfüllt, wirklich besser geht als dem angeblich so unglücklichen gemeinen Volk in früheren Zeiten.

Geiz

Der Geiz ist nach *Meyers Konversationslexikon* ebenso wie der Erwerbstrieb auf die Vermehrung des Vermögens und ebenso wie die Sparsamkeit auf die Erhaltung des Besitzes bedacht. Er unterscheidet sich jedoch von beiden dadurch, dass Vermehrung bzw. Erhaltung einen Selbstzweck darstellen und nicht an nützliche Ziele gebunden sind. In diesem Sinne wird der Geiz als Oberbegriff für ein unbedingtes Haben-Wollen *(Habsucht)* und ein ängstliches Behalten-Wollen *(Sparsucht)* verwendet. Heute wird jedoch der Geiz hauptsächlich mit der Sparsucht in Verbindung gebracht. Geizige Menschen stellen ihre Bedürfnisse zurück und üben sich in einem asketischen Lebensstil, nicht weil sie die Bedürfnisse an sich scheuen, sondern weil diese zu viel kosten. Zur sogenannten *Knauserei* neigt der Geizige nach *Meyers Konversationslexikon,* wenn er darauf ausgeht, »andre auf kleinliche Weise in dem ihnen Gebührenden zu beeinträchtigen oder zu beschädigen«.

In der Commedia dell'arte erfreut sich der Charakter des *Pantalone* großer Beliebtheit. Als greiser venezianischer Kaufmann verkörpert er außerordentlichen Geiz, gepaart mit einer unersättlichen Gier nach Geld und jungen Mädchen sowie einer grandiosen Meinung von sich selbst. In Gelddingen ist er sehr erfolgreich, in seinen romantischen Eroberungen jedoch gar nicht, und es gelingt ihm auf die Dauer auch nie, seine Tochter oder Nichte vom jugendlichen Liebhaber fernzuhalten. Meistens wird der

Pantalone mit einem Buckel dargestellt, der die gekrümmte Haltung wiedergeben soll, mit der er sich an den Reichtum klammert. In seiner lächerlichen Haltung als überbeschützender Vater und alter Geizkragen ist der Charakter ein beliebtes Ziel des Spottes und böser Scherze.

Einen solchen Geizhals bezeichnet man umgangssprachlich und in unterschiedlicher regionaler Ausprägung auch als »Knicker«, »Knauser«, »Erbsenzähler«, »Geldsack«, »Geizhammel«, »Geizknochen«, »Pfennigfuchser«, »Knickstiebel«, »Knorzer«, »Rappenspalter« oder »Schmutzian«. Der Bildungsbürger spricht von einem »Harpagon«, dem Charakter in Molières Bühnenstück *L'avare (Der Geizige)*, während die derbste Variante zur Bezeichnung eines Geizkragens, der »Furzklemmer«, die Sache treffend zuspitzt: Dieser Mensch ist so geizig, dass er nicht einmal einen Furz hergeben will!

Das Bild des Geizhalses als ein reicher, sparsüchtiger und habgieriger Mensch, der einen selbst gewählten ärmlichen Lebensstil führt, um seine Schätze zu hüten und zu vermehren, wird oft in stereotyper Weise auf bestimmte Bevölkerungsgruppen übertragen, etwa auf die angeblich »geizigen« Schotten, die »sparsamen« Holländer oder die »geldgeilen« Schwaben. Im Fall der Juden hat dieses Vorurteil in der Vergangenheit ungeheuerliche Ausmaße angenommen. Zu Zeiten des Ostblocks wurde der westliche Kapitalist in kommunistischen Ländern weniger als traditioneller Geizhals, sondern vor allem als dekadenter Prasser dargestellt.

Bei all diesen Vorurteilen und ungerechten Übertreibungen muss man sich fragen, ob es denn solche geizigen Menschen in der Realität überhaupt gibt. Dabei dürfte die Extremvariante etwa eines Pantalone, Harpagon oder Dagobert Duck eher selten zu finden sein, weil sich großer wirtschaftlicher Erfolg wahrscheinlich schwer ohne die Bereitschaft erreichen lässt, auch etwas von seinem Besitz zu investieren und zu riskieren. In kleinerem Ausmaß begegnet man dem Geiz aber durchaus. Die Angehörigen werden knapp bei Kasse gehalten. Luxus ist verpönt. Das alte abgewetzte Sofa tut's doch auch noch! Im Café lässt man lieber andere zahlen. Wozu denn in den Urlaub fahren, wenn man sich zu Hause viel billiger entspannen kann?

Gepaart mit Habsucht findet sich der Geiz auch in größeren Dimensionen. Der »ökonomische« Umgang mit Arbeitskräften, die »Rationalisierung« von Arbeitsprozessen, das »Downsizing« und der »Turnaround« sind in Unternehmen oft nichts als Marketing-Floskeln, mit denen auf Kosten der niederen und mittleren Angestellten der Profit einer Firma maximiert und der Gewinn für den Führungskader vergrößert wird. Nach unten zeigt man sich geizig, während man raffgierig nach oben schielt. Wie anders ist es zu erklären, dass die Lohnschere sich trotz Gewinneinbrüchen von Unternehmen immer weiter öffnet? Die Mitglieder der Konzernleitung verdienen mittlerweile in vielen größeren Firmen oft mehr als das Dreißig- oder Vierzigfache der tiefsten Lohnempfänger. »Geiz ist geil«, denkt dabei die oberste Führungsetage – und spricht es zuweilen sogar öffentlich aus.

Was bei Figuren wie dem Pantalone aber auch hervorsticht, ist eine Art »Geiz im Geiste«: ein kleinlicher, ängstlicher Charakterzug, dessen Eigentümer sich an diejenigen Dinge klammert, von denen er fälschlicherweise meint, sie gehörten ihm, wie etwa seine Kinder. Eine solche Person bevorzugt das Alte, das sie kennt, egal ob es Freuden oder Schmerzen bereitet, und scheut das Neue, Unbekannte und Risikoreiche. Im Widerstand gegen Wandel und Veränderung verteidigt man argwöhnisch seine Positionen und will sein geistiges Besitztum ebenso wie das materielle gegen Verlust absichern.

Freud brachte den Geiz mit einer »analen Fixierung« im zweiten und dritten Lebensjahr in Verbindung, also zum Zeitpunkt, in dem das Kind bei der Sauberkeitserziehung lernen muss, die Ausscheidung zu kontrollieren. Der Kot wird von Freud als Teil des Selbst begriffen und als erstes Geschenk des Kindes an seine Umwelt. Eine übermäßig strenge Sauberkeitserziehung kann demnach dazu führen, dass das betroffene Individuum keine gute Balance zwischen lustvoller Ausscheidung und notwendiger Kontrolle entwickelt, was laut Freud im späteren Leben zu einem überordentlichen, übersparsamen und eigensinnigen Charakter beiträgt.

Kant unterschied in seiner *Metaphysik der Sitten* drei Arten des Geizes: erstens den »habsüchtigen Geiz«, den er als »Erweiterung seines Erwerbs der Mittel zum Wohlleben über die Schranken des wahren Bedürfnisses« hinaus definiert; zweitens den »kargen Geiz«, der sich durch »Knickerei oder Knauserei« und »Vernachlässigung seiner Liebespflichten gegen andere« auszeichne; und drittens den Geiz, »welcher der Pflicht gegen sich selbst widerstreitet« und von Kant als Unfähigkeit verstanden wird, sich die Mittel zum Genuss seiner wahren Bedürfnisse zu gönnen. Zumindest die dritte Art des Geizes, die Unfähigkeit zum Genuss, liegt nicht so weit von Freuds Vorstellung entfernt, dass es dem »anal Fixierten« vor allem an der Fähigkeit mangelt, loszulassen und sich entspannt der Lustbefriedigung hinzugeben.

Verschwendungssucht und mangelnder Erwerbstrieb

Wenn die Habsucht ein Zuviel des Erwerbstriebes darstellt, dann darf auch ihr Gegenstück, der mangelnde Erwerbstrieb, nicht vernachlässigt werden. Und wenn der Geiz ein Zuviel des Sparens bedeutet (bzw. ein Zuwenig des Ausgebens), soll auch dessen Gegenstück, die Verschwendungssucht, nicht vergessen werden.

Dem Verschwendungssüchtigen ist die asketische Lebensführung des Geizigen ein Gräuel. Er erwartet ein Leben in Saus und Braus. Vielleicht verfügt er über die entsprechenden Mittel dafür, vielleicht aber auch nicht, sodass er einen immer größeren Schuldenberg anhäuft. Beschränkung, Entsagung und Verzicht sind Verhaltensweisen, die ihn über alle Maßen ärgern und zu weiteren unlustvollen Gefühlen führen, obschon es genau diese Verhaltensweisen sind, die er am dringendsten benötigte. Er hat immer nur das Anwachsen im Sinn, ein Rückzug kommt nicht in Frage. Von einer gemütlichen Zweizimmerwohnung wechselt er in eine geräumige Vierzimmerwohnung. Von der Vierzimmerwohnung steigt er um in eine Luxusvilla, unabhängig davon, ob sich seine finanziellen Mittel inzwischen vermehrt oder verringert haben.

Der Prunk, die Pracht und das oft gewinnende Wesen solcher Menschen ziehen andere an wie das Licht die Motten. Wer lässt sich nicht gerne auf eine exklusive Party einladen? Wer möchte nicht auch zur »High Society« gehören? Solange der finanzielle Kollaps nicht eingetreten ist, haben verschwendungssüchtige Menschen mehr Freunde, als ihnen lieb sein kann. Doch wenn die letzten Mittel aufgebraucht sind und die Gläubiger ihre Forderungen stellen, sind die »Freunde« genauso rasch verschwunden, wie sie einst aufgetaucht sind.

Bei vielen Menschen gehört das Einkaufen mittlerweile zu den beliebtesten Hobbys. Zwanghafte Kaufsucht führt gerade bei jüngeren Leuten zu finanziellen Engpässen und Schulden. Tragisch dabei ist, dass die Dinge gar nicht wirklich gebraucht werden. Der Schrank ist ohnehin schon mit Kleidern vollgestopft, die man nie trägt. Die sogenannte »Schnäppchenjagd« stellt nach Heiko Ernst ein »einzigartiges Amalgam aus Geiz und Habgier« dar. Statt einige wirklich wertvolle Dinge zu erwerben, die von Dauer sind, kauft man viel überflüssige Ware in Outlet-Stores, Internetshops oder über Kleinanzeigen. Die Jagd ist das Ziel. Sobald man die Ware besitzt, wird sie uninteressant.

Weil die Verschwendungssucht die meisten Menschen rasch in eine finanzielle Enge hineintreibt, kommen einige, die an diesem Laster leiden, auf die Idee, sich Geld auf illegale oder zumindest ungerechte Weise zu beschaffen. So zeigen sich auch hier die typischen Merkmale der Habsucht. Das unmäßige Ausgeben führt zur Notwendigkeit des unmäßigen Einnehmens. Meist treten weitere Laster aus der Gruppe der körperlichen Lüste auf, wie zum Beispiel der Besuch bei Prostituierten, der ins Geld geht, oder der Genuss teurer alkoholischer Getränke.

Die Verschwendungssucht hat leider in industrialisierten Ländern derartige Ausmaße angenommen, dass es heute schwierig geworden ist, sie noch deutlich zu erkennen. Trotz des sinnlosen Verbrauchs wertvoller Rohmaterialien wirbt eine Schweizer Telekommunikationsfirma ganz schamlos mit dem Slogan: »Du willst immer das Neuste haben? Du kannst. – Bei uns bestimmst du, wann es Zeit für ein neues Handy ist.« Viele Güter werden absichtlich in minderer Qualität hergestellt, damit sie nach nur kurzer Lebensdauer entsorgt und dann neue Güter angeschafft werden. Hinzu kommt die Wegwerfmentalität, die Lebensmittel trotz guter Qualität und Waren trotz ausreichender Funktion entsorgt. Man könnte natürlich das kapitalistische Mantra des ökonomischen Wachstums herunterbeten, dass die allgemeine Jagd nach materieller Bedürfnisbefriedigung angeblich einen in der Geschichte der Menschheit noch nie da gewesenen Wohlstand schaffe. Dabei geht jedoch der Blick für die Zerstörung der natürlichen Grundlagen sowie dafür verloren, was tatsächlich ein gutes Leben ausmacht.

Das Problem mit der allgemeinen Verschwendungssucht, die sich in den industrialisierten Staaten ausgebreitet hat, besteht darin, dass wir auf Kredit leben, den wir nicht werden zurückzahlen können. Wir schulden der Erde die ihr entrissenen Güter und werden dafür in Form von ökologischen Katastrophen die Rechnung erhalten. Es kommt hinzu, dass wir zukünftige Generationen um ihre Lebensgrundlagen betrügen. Solche Warnungen werden gerne mit dem Hinweis auf technische Fortschritte in den Wind geschlagen. Der Glaube an ein ungebremstes Wachstum trotz gegenteiliger Zeichen ist denn auch das auffälligste Merkmal, das die westlichen Industriestaaten mit den über ihre Verhältnisse lebenden kleinen Prassern und Protzern verbindet.

Während man die Verschwendungssucht des Nachbarn meist ohne großes Entsetzen hinnimmt, ist es vielen Menschen ein Dorn im Auge, wenn ihr Nachbar scheinbar auf Kosten der Steuerzahler lebt. Solange jemand sein eigenes Vermögen verschleudert, bleibt man gelassen, doch wehe, der Asylbewerber läuft in neuen Turnschuhen herum oder die auf Sozialhilfe angewiesene Mutter fährt mit ihren Kindern in den Urlaub! Solches »Sozialschmarotzertum« erzürnt die Gemüter und führt zu geharnischten Leserbriefen. Inzwischen sind viele Jobcenter und Gemeinden dazu übergegangen, Sozialdetektive einzusetzen, um angeblichen Sozialhilfebetrug aufzuspüren.

Es mag diese Menschen tatsächlich geben, die sich an der Allgemeinheit schadlos halten, eine Invalidität vortäuschen und dabei heimlich einer Erwerbstätigkeit nachgehen. Ohne Zweifel ist solches Verhalten ungerecht und kommt einem Diebstahl gleich. Doch der Diebstahl, den man mit seinem verschwendungssüchtigen Konsumverhalten der Allgemeinheit und zukünftigen Generationen zumutet, ist der nicht auch ungerecht? Müsste man sich nicht vielleicht mehr über den neuen Offroader und die ständigen Flugreisen des Nachbarn entsetzen, die er zwar mit dem eigenen Geld bezahlt, aber deren Umweltfolgen doch auch die Allgemeinheit treffen?

Es soll hier nicht ein Laster gegen das andere ausgespielt werden. Doch vielleicht sollte der Blick dafür geschärft werden, dass ein Mensch, der nichts zu seinem Erwerb beitragen will, die Folgen dafür in erster Linie selbst zu tragen hat, während die enorme Verschwendungssucht, die tagtäglich von Millionen Menschen betrieben wird, der Allgemeinheit ungleich viel höhere Kosten verursacht. Vielleicht sind aber auch noch die Auswirkungen einer calvinistischen Arbeitsethik, wonach sich in rastloser Tätigkeit und finanziellem Wohlstand eine gottgefällige Existenz zeige, dafür verantwortlich, dass einige Menschen allerorten arbeitsscheue Schmarotzer vermuten.

Wer tatsächlich stets auf andere abstellt und selbst keinen Finger rühren will, um etwas zu einem guten Leben beizutragen, stellt meist sehr rasch fest, dass dies auf die Dauer keine Befriedigung bringt und man sich selbst um Möglichkeiten zur Mitgestaltung betrügt. Wer immer die andern für sich zahlen lässt, erhält keine Verantwortung und keine Gestaltungsmöglichkeiten. Deshalb versuchen wohl die meisten Menschen, denen es finanziell so schlecht geht, dass sie auf die Solidarität ihrer Mitmenschen angewiesen sind, so rasch als möglich diesen Zustand zu verändern.

Freigebigkeit und Großzügigkeit

Kurz und knapp verkündet La Rochefoucauld: »Es ist weit wirtschaftlicher, freigebig als geizig zu sein.« Er muss es wissen, denn der Herzog schaffte es, sein nach den Adelsunruhen um die Mitte des 17. Jahrhunderts stark reduziertes Vermögen zu beträchtlichen Teilen zurückzugewinnen. Zwischen den beiden Polen des Geizes und der Verschwendungssucht ist die Freigebigkeit anzusiedeln. Der mit dieser Tugend Gesegnete versteht es, das Geld klug zu nutzen. Dazu gehört auch, mit anderen zu teilen und sich auf diese Weise gegenseitig Sicherheiten zu gewähren. Wer nur auf den Eigennutzen schaut und sein Geld hortet, gerät bald in den Ruf eines Knauserers. Niemand will sich auf einen solchen Menschen verlassen. So kann sich der Geizige kaum auf die freiwillige Unterstützung einer Gemeinschaft von Freunden oder Geschäftspartnern stützen.

Der in materiellen Dingen freigebige Mensch ist frei vom Drang, alles gleich gegenzurechnen, aufzuwiegen und nach Vergeltung zu schielen. Er scheut nicht davor zurück, zu beschenken, ohne etwas zurückzuerwarten. Freiwilliges Geben bewirkt nicht nur, dass man gute Beziehungen aufbaut, sondern es macht auch ganz ohne Gegenleistung glücklich. Tatsächlich führt freiwilliges Schenken, nicht nur von materiellen Dingen, sondern besonders auch von Zeit, Zuwendung, Unterstützung oder liebevollen Worten, zu einem Glücksgefühl, das stärker und anhaltender ist als die Freude darüber, von anderen beschenkt zu werden. Wenn der Mensch von Natur aus nur eigennützig wäre oder heimlich von »egoistischen Genen« gesteuert würde, so wäre dieses erstaunliche Phänomen nicht erklärbar.

Der Geist des Schenkens ist der Kern dessen, was die Freigebigkeit ausmacht. Viele Jahrhunderte hindurch und in den unterschiedlichsten Kulturen wurde die Gastfreundschaft als besonderer Fall von Freigebigkeit geschätzt und gepflegt. Bei der Gastfreundschaft wird der eigene Besitz zur Beherbergung, Bewirtung und Unterhaltung des Gastes eingesetzt. In Zeiten, in denen es nicht üblich war, in jeder Siedlung ein Hotel anzutreffen, das sich überdies auch nur die wenigsten leisten konnten, war Gastfreundschaft nicht selten überlebensnotwendig. Im Christentum stellt die Gastfreundschaft eine Gottesgabe dar, die Menschen dazu befähigt, anderen in einer ungezwungenen Atmosphäre Freundlichkeit und Wärme entgegenzubringen. Dass sie mitunter aber auch missbraucht wurde, zeigt die Kritik des Dionysos Chrysostomos, der darauf hinwies, dass Wohlhabende ihre Leistungen zuweilen mit hohem Zins zurückforderten.

Früher wusste man nur selten, wer als Gast an der Haustür anklopfen würde. Gastfreundschaft erfordert es, dass man für Fremde aller Art offen ist und nicht nur die Wohlhabenden aufnimmt, von denen man später ein Gegengeschenk erwartet. Diese Offenheit und Gelassenheit im Umgang mit seinem Besitz ist ein wesentliches Merkmal der Freigebigkeit. Ein freigebiger Mensch ist sich bewusst, dass sich das Rad des Schicksals beständig dreht. Wer im Moment oben ist und vieles besitzt, kann bald auch wieder alles verlieren und auf Zuwendungen angewiesen sein. Ein freigebiger Mensch sieht sein Hab und Gut nur als geliehen an. Er ist dankbar dafür, dass er es zeitweilig nutzen darf. Sogar wenn er nur wenig besitzt, denkt er immer noch daran, was er anderen geben kann.

Zwar nennen wir einen Menschen wohl nur dann wirklich freigebig, wenn er mit Freuden und nicht mit Unlust gibt. Das heißt aber nicht, dass die Freigebigkeit nicht auch eingeübt werden könnte, gerade von Personen, die zu Geiz und Habsucht neigen. Zunächst gilt es, sich nicht auf Kosten anderer zu bereichern. Gerechtigkeit im Nehmen ist somit die Voraussetzung für Freigebigkeit. Dann sollte man auch nicht allzu leicht um etwas bitten, denn die ständige Sorge um die eigene Wunscherfüllung verhindert es, den Blick auf die Bedürfnisse anderer zu richten. Schließlich muss die übertriebene Sorge um die eigene materielle Existenz losgelassen werden. Das lässt sich am besten einüben, indem man sein Geld und andere wertvolle Dinge bewusst spendet und verschenkt, nicht wahl- und ziellos, sondern so, dass wirklich etwas Gutes und Sinnvolles bewirkt wird. So geht die Freigebigkeit zunächst vielleicht eher widerwillig vonstatten, bis dass das Schenken mit der Zeit zu einer wahren Lust wird.

Allerdings vernachlässigt ein freigebiger Mensch seinen eigenen Besitz niemals, denn dann könnte er anderen nicht mehr helfen. Er wird sich davor hüten, jenen Menschen Geld zu geben, die es nur sinnlos verschleudern und ihre Habsucht befriedigen. Freigebigkeit erfordert ein kluges Augenmaß dafür, wann und auf welche Weise ein Geschenk angemessen ist. Trotzdem übertreibt ein freigebiger Mensch im Geben, denn er schaut hauptsächlich auf die anderen und sorgt sich weniger um sich selbst. Die Freigebigkeit steht dabei immer im Verhältnis zum eigenen

Vermögen und kann nicht an einer bestimmten Summe gemessen werden. So kann jemand, der nur wenig besitzt, zwar objektiv weniger geben als eine reiche Person, aber trotzdem freigebiger sein, da er viel weniger zu geben hat.

Ursprünglich wurde die Großzügigkeit derart von der Freigebigkeit unterschieden, dass sie die Freigebigkeit durch die Größe der Ausgaben übertraf. Großzügigkeit ist nach Aristoteles »der schickliche Aufwand im Großen«, und ein großzügiger Mensch »sieht mehr darauf, dass die Ausführung auf das schönste und geziemendste geschieht, als was sie kostet, und wie sie am billigsten wird«. Für Thomas von Aquin steht die Tugend der Großzügigkeit in Verbindung mit dem Mut, denn die Angst vor großen Aufwendungen steht der Großzügigkeit im Weg.

Großzügigkeit kann allerdings auch zu weit getrieben werden und gerät dann wieder in die Nähe der Verschwendungssucht. So handelt es sich eher um Protzerei als um Großzügigkeit, wenn jemand für kleine Anlässe Riesenbeträge ausgibt oder auf geschmacklose Weise seinen Reichtum zur Schau stellt. Man kann mit Aristoteles sagen, dass ein solcher Mensch dort, wo wenig Aufwand angemessen wäre, zu viel ausgibt, während er dort, wo man viel ausgeben soll, zu wenig aufwendet. Ein Protzer ist sich zu wenig bewusst, wie er sein Vermögen auf möglichst edle Art ausgeben kann.

Doch für welche Anlässe ist es edel, viel auszugeben? Aristoteles nennt drei Bereiche: (1) Weihgeschenke und andere Aufwendungen für Götter und Halbgötter; (2) Leistungen für das Gemeinwesen (z. B. »einen Festchor glänzend ausstatten«, »ein Kriegsschiff stellen« oder »der Stadt einen Schmaus geben«); (3) Privatausgaben, die nur einmal vorkommen (»Hochzeiten und dergleichen«) oder um die sich die ganze Stadt bemüht (z. B. »Kosten für die Aufnahme und das Geleit von Gästen«).

Natürlich sind diese Kategorien nur begrenzt auf heutige Verhältnisse übertragbar, doch zeichnen sie ein durchaus brauchbares Bild davon, wie sich die Großzügigkeit von der Protzerei unterscheidet. So lohnt es sich, großzügig zu sein, wenn ein einmaliges, ganz besonderes Ereignis gefeiert wird: eine Hochzeit, die Geburt eines Kindes, vielleicht auch der Einzug in ein neues Heim. Eher protzig sind dagegen möglicherweise großartig inszenierte Geburtstagsfeste, zu denen nicht unbedingt nur die wirklichen Freunde erscheinen, sondern ein buntes Publikum an Bekannten und wenig Bekannten, das staunen und bewundern soll.

Aufwendungen für die Gemeinschaft umfassen heutzutage ein weites Spektrum an Möglichkeiten, nicht zuletzt auch Spenden an gemeinnützige Organisationen oder verschiedene Formen von Freiwilligenarbeit. Im Umgang mit dem größeren Gemeinwesen, dem Staat, bringt John F. Kennedys berühmter Satz diese Art von Großzügigkeit auf den Punkt: »Fragt nicht, was das Land für euch tun kann. Fragt, was ihr für euer Land tun könnt.« Dabei soll natürlich nicht erwartet werden, dass man sich zu irgendwelchen Dingen zwingt, für die man kein Talent besitzt. Aber jeder Mensch ist mit bestimmten Fähigkeiten, Interessen und einem gewissen Besitz ausgestattet. Das, was man hat, soll man teilen, nicht das, was man nicht hat.

Zu den großzügigen finanziellen Ausgaben eines vermögenden Menschen der Antike gehörten Leistungen zu Ehren der Götter und Halbgötter. Auch im christlichen Abendland wurde von den herrschenden Familien erwartet, religiöse Einrichtungen zu stiften und zu unterstützen. Obschon gewisse religiöse Kreise gelegentlich darauf abzielen, sich durch einen Appell an die Großzügigkeit ihrer Mitglieder auf deren Kosten zu bereichern, sind auch heute noch freiwillige Aufwendungen für spirituelle Zwecke, zum Beispiel für den Bau oder Unterhalt einer Kirche oder zur Förderung religiöser Aktivitäten, Ausdruck von Großzügigkeit.

Man darf jedoch nicht vergessen, dass Großzügigkeit in diesem Sinn vor allem von sehr wohlhabenden Personen erwartet werden kann, insbesondere von jenen, die ein großes Vermögen geerbt haben. Solch großartige Ausgaben von allen Angehörigen einer Gemeinschaft zu fordern, wäre vermessen. Wir verstehen die Großzügigkeit heute jedoch meistens allgemeiner als Bereitschaft, anderen Menschen offen, zwanglos und mit Wohlwollen zu begegnen. In diesem Sinne ist ein großzügiger Mensch frei von Kleinmütigkeit, Eifersüchteleien und einer übertriebenen Angst vor Verlust. Im Umgang mit dem Geld offenbart sich ein Wesensmerkmal des Menschen, das viel mit der Fähigkeit zum Loslassen und zum Vertrauen zu tun hat.

Diesen Mut zur Großzügigkeit lehrte Jesus, als er die Sorge seiner Jünger um ihre materielle Sicherheit ansprach und dabei die Unmöglichkeit verdeutlichte, gelebte Spiritualität und das Streben nach wirtschaftlichem Erfolg zu vereinen: »Niemand kann gleichzeitig zwei Herren unterworfen sein. Entweder wird er den einen bevorzugen und den anderen vernachlässigen oder dem einen treu sein und den anderen hintergehen. Ihr könnt nicht Gott und dem Mammon gleichzeitig dienen.« (Mt 6,24)

Armut und Nichtanhaften

Aus spiritueller Sicht beruhen Habgier und Geiz auf der Illusion, dass wir in erster Linie Materie sind und das körperliche Leben unser eigentliches Dasein darstellt. Viele religiösen Traditionen lehren: Der Mensch ist nicht der materielle Leib, sondern eine körperlose Seele, die nach dem physischen Tod weiterlebt. Wie viel Hab und Gut dann auf der Erde zurückgelassen wird, ist unwesentlich. Wichtig ist allein, welche spirituellen Schätze man sich während des Erdenlebens erworben hat.

Ähnlich drückt dies Augustinus aus, wenn er zur Heilung von Habgier und Geiz empfiehlt: »Suche nichts außer Ihn. Er genügt dir! Du magst habgierig sein, soviel du willst: Gott ist genug!« In seinen *Acht Gedanken* widmet sich Euagrios weniger der Habgier selbst, sondern vor allem der Tugend der Armut, die den Menschen frei mache. Im *Ring des Nibelungen* wird nach dem Untergang der Götter das Rheingold an die im Fluss lebenden Rheintöchter zurückgegeben. Die Reinwaschung von der Habsucht geschieht durch die Zurückgabe des materiellen Schatzes an die Mächte der Natur. Dahinter steckt der Gedanke: Gold und Geld gehören der Natur. Menschen und Götter haben Anteil an einem anderen Reich.

In einer in ihrer Bedeutung umstrittenen Textzeile aus den Seligpreisungen Jesu in der Bergpredigt lesen wir (Mt 5,3): »Selig sind, die da geistlich arm sind; denn ihrer ist das Himmelreich.« (Lutherbibel, 1984) Alternative Übersetzungen lauten: »Selig, die arm sind vor Gott; denn ihnen gehört das Himmelreich.« (Einheitsübersetzung) »Freuen dürfen sich alle, die nur noch von Gott etwas erwarten – mit Gott werden sie leben in seiner neuen Welt.« (Gute Nachricht Bibel) Am nächsten beim griechischen Urtext übersetzt die Elberfelder Bibel: »Glückselig die Armen im Geist, denn ihrer ist das Reich der Himmel.«

Was ist mit dieser »Armut im Geist« gemeint? Einige Theologen sind der Meinung, mit dem Zusatz »im Geist« habe Matthäus die ursprüngliche Aussage Jesu in unzulässiger Weise »spiritualisiert«, denn die entsprechenden Stellen bei Lukas (6,20) und im apokryphen Thomasevangelium (Logion 54) sprechen nur von den »Armen«, ohne den Zusatz »im Geist« oder »dem Geiste nach«. Jesus habe demnach die real-materielle Armut im Auge gehabt und eine Landumverteilung zu Gunsten der Armen gefordert. Eine solche Deutung erscheint jedoch als sehr weit hergeholt und passt zum Beispiel kaum zur Empfehlung Jesu, die Steuern zu bezahlen (»So gebet dem Kaiser, was des Kaisers ist, und Gott, was Gottes ist!«), die sich nicht nur bei Matthäus (22,21), sondern auch bei Markus (12,17) und Lukas (20,25) findet.

Es ist viel wahrscheinlicher, dass hier die Armut »dem Geiste nach« im Gegensatz zur Armut »dem Fleische nach« gemeint ist. Nur letztere bezieht sich auf die materiell-existenzielle Armut, während Armut im Geiste eine bestimmte Art der Demut bezeichnet. Mit dieser Armut ist gemeint, dass man nichts besitzt, »auf das man vor Gott pochen könnte, keine andere Stütze, keine andere Macht und Sicherung als der Einsatz und die Hingabe des eigenen Herzens« (Johann Baptist Metz). Die Armut im Sinne einer solchen inneren Freiheit von ichbezogenen Leidenschaften und Lastern, insbesondere auch dem Wunsch nach materiellem Erfolg, wird auch von Paulus dem göttlichen Reichtum gegenübergestellt: »Denn ihr wisst, was Jesus Christus, unser Herr, in seiner Liebe getan hat. Er, der reich war, wurde euretwegen arm, um euch durch seine Armut reich zu machen.«

Glückselig gepriesen werden somit die »Armen«, die sich nichts auf sich einbilden und ihr Leben ganz auf das Göttliche hin ausrichten, nicht wie die »Reichen«, die sich nur auf ihren Besitz und ihre eigenen Errungenschaften verlassen mögen. Spirituell kann die Armut im Geiste somit als ein Sich-Leeren verstanden werden. Die Heilung von der Habsucht (sowie von allen anderen Lastern) geschieht durch Entäußerung und freiwilligen Verzicht. Meister Eckhart bringt es in seiner Predigt über die Armen im Geiste auf den Punkt: »Das ist ein armer Mensch, der nichts will und nichts weiß und nichts hat.« Materieller Reichtum an sich ist nichts Schlechtes, doch wenn er von Habgier, Hochmut oder einem Sicherheitsdenken begleitet wird, dann steht er der inneren Freiheit und geistigen Läuterung im Weg. Umgekehrt besitzt materielle Armut keinen Wert an sich, kann aber dazu verhelfen, ichhafte Bedürfnisse sowie den Wunsch nach Kontrolle und Überlegenheit loszulassen.

Auf keinen Fall soll jedoch die materielle Armut gepriesen werden, die es immer noch hunderttausenden von Menschen weltweit unmöglich macht, ihre Grundbedürfnisse nach Kleidung, Nahrung, Wohnung und Gesundheit angemessen zu befriedigen. Diese Menschen benötigen Unterstützung und eine gerechtere Verteilung des Wohlstandes. Die Armut im Geiste kann auch als Tugend verstanden werden, sich all jenen Benachteiligten zuzuwenden, die nicht an politisch-wirtschaftlicher Macht teilhaben und im sozialen Wettrennen zurückgeblieben sind. Da sich ein geistig armer Mensch nicht ständig darum sorgt, wie es ihm selbst materiell besser gehen könnte, ist er mit jenen solidarisch, die es nicht von allein schaffen, aus ihrem materiellen Elend auszubrechen.

Andererseits kann der bewusste Verzicht auf Reichtum und das Loslassen eines Lebens mit großer materieller Bedürfnisbefriedigung tatsächlich zu einem inneren Wachstum beitragen. Die Armut im Geist kann durchaus durch selbstgewählte materielle Armut gefördert werden, wie es seit Jahrhunderten in klösterlichen Gemeinschaften praktiziert wird. Eine strikte Trennung von äußerer und innerer Armut ist nicht zulässig, denn ein Mensch, für den geistliche Armut kennzeichnend ist, kann auch auf äußeren Wohlstand verzichten. Sehr viel Geld zu besitzen und gleichzeitig innerlich befreit zu leben ist wahrscheinlich nicht möglich. Erst mit dem Loslassen des äußeren Besitzes lässt sich die mit dem Reichtum verbundene Last ablegen.

Sowohl in den älteren, gesättigten als auch in den neuen, rasch aufstrebenden Industriestaaten verbringen Millionen von Menschen den größten Teil ihres Lebens damit, materiellen Wohlstand aufzubauen. Die Opfer, die dafür erbracht werden – wie Trennung von geliebten Menschen, Verzicht auf erfreulichere Tätigkeiten, Erschöpfung, Stress, Sorgen –, werden als notwendige Übel hingenommen, da sonst der Arbeitsplatz und die materielle Zukunft gefährdet wären. Erstaunlicherweise kommt es vielen Menschen nicht in den Sinn, dass mit dieser allgemeinen materiellen Glückssuche ganz grundsätzlich etwas nicht stimmen könnte. Statt sich ernsthaft damit zu beschäftigen, worauf sie verzichten könnten, um mehr Freiheit und Lebensqualität zu gewinnen, drehen sie sich unablässig wie der Hamster im Rad und schaffen den Absprung nicht.

Ich möchte keineswegs den materiellen Besitz und das Streben nach schönen Dingen verteufeln. Gegenstände von hoher Qualität, ja purer Luxus, können durchaus das Wohlbefinden und die Lebensfreude fördern. Ich denke dabei etwa an die herrlichen alten Paläste und Gärten, die hier an der französischen Riviera – wo ich mich gerade befinde, während ich diese Zeilen schreibe – zur Besichtigung einladen und für einige Stunden in ein traumhaft anmutendes Reich sinnlichen Genusses entführen. Wenn die Baronin Béatrice Ephrussi de Rothschild nicht das riesige Vermögen ihres Bankier-Vaters geerbt und sich gerade noch rechtzeitig von ihrem verschwenderischen Ehemann getrennt hätte, wäre ihr Traum von einer Märchenvilla mit Gärten auf einer kargen Felsspitze am Cap Ferrat nie Realität geworden.

Materieller Reichtum ermöglicht künstlerisches und kreatives Tätigsein und verleiht der Schönheit sichtbaren und erfahrbaren Ausdruck. Wir müssen auch etwas haben, um überhaupt zu sein. Doch wenn die Sorge um materielle Dinge mehr Beschwerden als Freuden bringt, wenn nicht wir die Dinge besitzen, sondern sie uns, dann braucht die Seele Platz und eine Entrümpelung ist vonnöten. Wenn das, was man besitzt, nicht zu größerer Lebendigkeit und Produktivität führt, sondern diese verringert, dann sehnt sich der Geist nach einer Befreiung.

Die christliche Armut im Geiste findet ihre Entsprechung im *Nicht-Anhaften* des Buddhismus. Eine Gebetszeile zu den vier »himmlischen Verweilzuständen« oder den »vier Unermesslichen« *(Brahmaviharas)*, die im Buddhismus als Grundlage für Meditationsübungen dienen, lautet: »Mögen alle fühlenden Wesen in Gleichmut verweilen, der frei ist von Anhaftung und Ablehnung.« Gleichmut oder Gelassenheit (Sanskrit: *upekṣā)* bedeutet hier die Fähigkeit, loszulassen, nicht anzuhaften und nicht zu unterscheiden. Sie erlöst von allen besitzergreifenden und anhaftenden Tendenzen, darf jedoch nicht mit Gleichgültigkeit verwechselt werden (vgl. *Lehrreden des Buddha)*.

Dahinter steht nach Maitri das Wissen, dass alles nur in diesem einen Augenblick in seiner gegenwärtigen Form existiert – nicht davor und nicht danach. Jedes Ding fließt in ein anderes über und kann nicht festgehalten werden. Habgier ist Anhaftung, denn aus Unwissenheit klammert sich die Begierde an das Geld, das in der Vorstellung eine Fülle an angenehmen Erfahrungen verspricht. Doch gelingt es selten, einen bestimmten geistigen oder physischen Zustand über längere Zeit aufrechtzuerhalten.

Durch das Einüben einer Haltung des Nicht-Anhaftens soll die Tatsache gewürdigt werden, dass nichts es wert ist, dass man danach greift, weil nichts von Dauer ist. Je mehr wir die Dinge nach Erwünschtem und Unerwünschtem sortieren, desto mehr schaffen wir ein von der Realität abgetrenntes Selbst. Alles, was in der Realität dem Selbst entgegensteht, bewirkt Sorgen und Ängste, weil es dessen Überleben bedroht. Nicht-Anhaften führt aus der Selbstbezogenheit heraus und öffnet einen Zugang zu den tatsächlichen Bedürfnissen, die sich von Augenblick zu Augenblick verändern. Es geht darum, in der unmittelbaren Erfahrung präsent zu sein, statt sich in der Vorstellung mit Dingen zu beschäftigen, die wir besitzen wollen.

Der amerikanische Psychotherapeut Carl Rogers beschreibt in sehr ähnlichen Worten die Merkmale eines »guten Lebens« und einer »vollständig funktionierenden Person«, die er nicht als Zustand, sondern als Prozess versteht. Drei zentrale Merkmale gehören nach Rogers zu diesem Prozess:

1. *Eine zunehmende Offenheit für Erfahrungen:* Dabei handelt es sich um das Gegenteil einer Verteidigungshaltung. Es gelingt zunehmend besser, darauf zu achten, was im eigenen Erleben vor sich geht, statt bestimmte Erfahrungen unterdrücken oder abwehren zu müssen. Das macht nach Rogers mutiger, zärtlicher und zugleich offener für eine ehrfurchtsvolle Bewunderung des Daseins.
2. *Ein zunehmend existenzielles Leben:* Hier geht es um eine Tendenz, jeden Augenblick auszukosten und als neuartig zu erleben. Statt die Erfahrungen in vorgefertigte mentale Strukturen des Selbst einzubauen und somit zu kontrollieren, wird man zu einem Teilnehmer und Beobachter seiner eigenen organismischen Erfahrungen. Dadurch entsteht eine zunehmende Anpassungsfähigkeit, während sich die Persönlichkeit im ständigen Fluss der Erfahrungen weiterentwickelt.
3. *Ein zunehmendes Vertrauen zum eigenen Organismus:* Eine Person, für die alle ihre Erfahrungen offen zugänglich sind, vertraut in jedem Moment allen Rückmeldungen des Organismus (etwa in Form von Gefühlen, Erinnerungen, Wahrnehmungen etc.). Dadurch wird es möglich, die jeweiligen inneren und äußeren Anforderungen, die sich in einer bestimmten Situation ergeben, optimal zu erfüllen.

Indem wir die Distanziertheit aufgeben, uns auf jeden Augenblick neu einlassen und nicht »an unserem Revier festhalten« (Maitri), erwerben wir eine Freiheit, die Dinge loszulassen, aufzugeben, zu entsagen und somit wahrhaft großzügig zu leben. Der Unterschied zwischen Geben und Nehmen ist unwichtig geworden. Vollkommen entspannt öffnet sich das Herz für die unermessliche Fülle des Daseins.

9. Von der Genusssucht zur Ausgeglichenheit

Wenn man sagt: »Ich habe gesündigt«, dann geht es meistens um Torte, Schokolade oder Bratwurst. Körperliche Fitness und Schlanksein sind zur Ersatzreligion geworden. Verstöße gegen Ernährungs- und Gesundheitsgebote lösen Gewissensbisse aus. Von Schuldgefühlen getrieben und vom Schmerz, den man beim Anblick der eigenen Figur im Spiegel empfindet, ist man fest entschlossen, sich das nächste Mal besser im Griff zu haben. Für einige Tage wird die Kalorienzufuhr drastisch reduziert. Doch dann widersteht man der Versuchung nicht länger. Der innere Schweinehund hat gesiegt. Der Geist ist willig, aber das Fleisch ist schwach.

Zu den Lastern des Fleisches gehören die beiden alten »Todsünden« Völlerei und Wollust. Wir sind hier bei den tierähnlichsten aller Leidenschaften angelangt, denn sie beruhen auf angeborenen Instinkten, die zum Überleben notwendig sind. Nahrungsaufnahme und Sexualität stellen biologische Grundbedürfnisse dar, deren Erfüllung sinnlichen Genuss und körperliche Lust auslöst. Seit frühester Kindheit lieben wir das Angenehme und Lustvolle und fliehen vor Schmerz und Unlust. Die natürliche Abneigung gegen den Schmerz und das Bestreben, die körperlichen Grundbedürfnisse zu befriedigen, sichern das Überleben des Individuums und der gesamten Gattung.

Kleine Kinder verfolgen die körperliche Lust besonders hartnäckig. Sie können und wollen nicht warten. Das Baby schreit lautstark nach der Milch. Die Zweijährige will ihr Eis *jetzt* haben! Erste sexuelle Gefühle in der Kindheit werden lustvoll erkundet, sofern die Umgebung es zulässt. Mit der Zeit lernen wir, dass nicht jedes körperliche Bedürfnis sogleich erfüllt werden kann. Die Frustrationstoleranz steigt an, und wir orientieren uns an dem, was die anderen von uns erwarten.

Das Spannungsfeld zwischen Lustgefühlen auf der einen Seite und sozialen Geboten und Verboten auf der anderen Seite betrifft die meisten körperlichen Bedürfnisse, von denen Essen und Trinken sowie Erotik und Sexualität die markantesten darstellen. Wenn von den Lastern oder Leidenschaften des körperlichen Genusses die Rede ist, dann ähneln sich diese Genusssüchte dadurch, dass die Bedürfnisbefriedigung das sozial akzeptierte Maß überschreitet und als maßlos, ausschweifend und unvernünftig gilt. Aus christlicher Sicht stellen diese Laster deshalb Wurzelsünden dar, weil das erwünschte Ziel aller Aktivitäten – Gott – zu Gunsten der Erfüllung körperlicher Bedürfnisse vernachlässigt wird.

Der Heilige Basilius weist auf eine direkte Verbindung zwischen Wollust und Völlerei hin, denn »durch die Berührung beim Schmecken, die durch das Schlucken immer zur Völlerei verführt, wird der Körper gefüllt und, durch das unkontrollierte Gluckern der sanften Körpersäfte angenehm erregt, in Ekstase zum Geschlechtsakt geführt«. Wir wollen beide Laster in einem Kapitel behandeln, weil bei beiden die sinnliche Lust irgendwie in eine Sackgasse hineingerät.

Das Laster der *Völlerei* (auch als »Fresssucht«, »Schwelgerei« oder »Gefräßigkeit« bezeichnet) liegt nach Gregor dem Großen dann vor, wenn jemand zu früh, zu erlesen, zu teuer, zu gierig oder zu viel isst. Traditionellerweise steht bei der Völlerei die Nahrungsaufnahme im Vordergrund, deren Unmäßigkeit sich für alle sichtbar früher oder später in großer Leibesfülle abzeichnet. Allerdings gehören zu diesen Lastern auch die »Trunksucht« (übermäßiger Alkoholkonsum) sowie überhaupt alle Formen substanzinduzierter Genüsse, wozu auch das Rauchen und die Einnahme anderer legaler oder illegaler Drogen zu zählen sind.

Bei der *Wollust* (auch als »Unzucht« oder »Genusssucht« bezeichnet) geht es um die sinnliche, sexuelle Begierde, die das akzeptierte Maß überschreitet oder auf Personen oder Objekte gerichtet ist, die nach den herrschenden Moralvorstellungen nicht als Sexualobjekte in Frage kommen dürfen. Dabei wurde der Begriff Wollust sowohl für Handlungen verwendet, die zur sexuellen Befriedigung führen, wie auch für erotische Fantasien oder das bloße sexuelle Verlangen. Die als drängend und machtvoll erlebten erotischen Wünsche störten die Wüstenmönche bei ihren spirituellen Exerzitien und lenkten sie vom Streben nach einem gottgefälligen Leben ab. Der Vorwurf der Wollust gehörte zu den typischen Anklagepunkten, die von der Kirche gegen vermeintliche Ketzer oder Hexen vorgebracht wurden.

Aus moderner psychiatrischer Sicht weist vor allem die Hypersexualität, die umgangssprachlich als »Sexsucht« bezeichnet wird, Ähnlichkeiten mit der alten Wollust auf. Auch die Paraphilien, die man früher »Perversionen« nannte, wären dazu zu zählen. Zu ihnen gehören unter anderem Pädophilie, Voyeurismus, Exhibitionismus, Sadismus und Masochismus. Allerdings gilt heute auch ein Mangel an sexueller Begierde als behandlungsbedürftig, während ein Großteil der heute als normal geltenden, weithin praktizierten Sexualität (z. B. Homosexualität, Oral- und Analverkehr) gemäß der katholischen Sexualmoral immer noch als »unzüchtig« angesehen wird.

Das Dilemma tritt deutlich zutage: Welche Einstellungen und Normen gegenüber den verschiedenen Formen körperlicher Bedürfnisbefriedigung sollen als maßgebend gelten? Welche Art von Sexualität ist »gesund« oder »richtig«, und welche Formen sexuellen Verhaltens oder Begehrens sind als »lasterhaft« oder »maßlos« einzuschätzen? Soll man da überhaupt Bewertungen vornehmen? Auch beim Essverhalten sind sich die Experten ja alles andere als einig, was gesund oder ungesund, gut oder schlecht ist. Fleischliebhaber und Veganer geraten unversöhnlich aneinander. Hunderte Formen unterschiedlicher Diäten wollen weismachen, das richtige Rezept zum Schlanksein bereitzuhalten, während einige Übergewichtige einfach zur natürlichen Körperfülle stehen und essen, was ihnen schmeckt. Gibt es die Genusssüchte überhaupt, oder sind das bloße Erfindungen von lustfeindlichen, verklemmten Wüstenmönchen?

Wie bei allen Lastern lauern auch hier zwei Fallen. Die eine besteht darin, dass man zu rasch, zu hochmütig und zu absolut bestimmte Verhaltensweisen verteufelt, die weder ungesund noch schlecht sind, sondern lediglich soziale Normen verletzen, welche in verschiedenen Kulturen durchaus unterschiedlich ausfallen können. In diese Falle tappen die Befürworter der Laster des Mangels – im Fall der Wollust und Völlerei die Anhänger einer rigiden Genussfeindlichkeit voll schuldbeladener Selbstkasteiung. Diese zwanghaften Asketen erblicken in der körperlichen Lust einen Feind, der mit harter Zucht möglichst bis zur Empfindungslosigkeit unterdrückt werden soll.

Doch da gibt es auch noch die andere Falle. In diese tappen die Befürworter der Laster des Übermaßes – im Fall der Wollust und Völlerei die Anhänger einer hedonistischen Lebenshaltung, die eine grenzenlose Befriedigung sinnlicher Genüsse propagieren. Es zeigt sich nämlich, dass körperliche Lust zwar kurzfristig angenehm ist, aber keineswegs als hauptsächliche Lebensstrategie zum Glücklichsein taugt. Vielmehr führt ein Leben, das ganz der Begierde gewidmet ist, längerfristig zu unlustvollen Folgeerscheinungen, die nicht nur die Lebenszeit verkürzen (das ist vielen Hedonisten, besonders in jungen Jahren, meistens egal), sondern die Lebensqualität mitunter deutlich beeinträchtigen.

Es ist nicht leicht, einen Weg zwischen der Scylla einer lustfeindlichen Selbstkasteiung und der Charybdis einer maßlosen Bedürfnisbefriedigung zu finden. Dieser Weg ist für uns moderne Menschen deshalb so schwer zu gehen, weil einerseits in der Werbung, den Medien und in jedem Schaufenster eine permanente Lustbefriedigung angepriesen wird, während die Kultur andererseits immer noch tief von einer körperfeindlichen Religiosität geprägt ist. Der Konsumzwang stachelt unsere Jagd nach Lustgefühlen an, während die in uns eingepflanzte Religion und Ethik deren ungehemmtes Ausleben verurteilt.

Die Freud'sche Theorie mit Es, Ich und Über-Ich taugt immer noch erstaunlich gut dazu, das Dilemma, in dem sich viele Menschen hinsichtlich der körperlichen Lustbefriedigung befinden, zu veranschaulichen. Ein Teil von uns – das Es – wird ganz vom Lustprinzip regiert und möchte am liebsten alle Begierden ungehemmt ausleben. Doch die verinnerlichten gesellschaftlichen Normen, die uns durch die Erziehung vermittelt wurden und ihren Sitz im Über-Ich haben, verbieten das; sie führen zu

Scham, Schuld oder Angst, wenn wir die Verbote dennoch überschreiten. Das arme Ich steckt eingequetscht zwischen den beiden mächtigen Instanzen und muss außerdem noch versuchen, den Anforderungen der Außenwelt gerecht zu werden. Hin- und hergerissen zwischen »innerem Schweinehund« (Es) und einem »inneren Moralapostel« (Über-Ich) muss das Ich aufpassen, dass die lebensfeindlichen Verbote des Über-Ichs nicht zu bestimmend werden; und doch soll es gleichzeitig verhindern, dass die mächtigen Triebe aus dem Es sich ungezügelt ausbreiten.

Diese Vorstellung des Menschen ist im Prinzip schon seit der Antike bekannt und wurde im 18. Jahrhundert deutlich ausformuliert, etwa von Schiller in seiner Schrift *Über Anmut und Würde.* Nach Schiller zeichnet sich eine »schöne Seele« durch die Versöhnung von Pflicht und Neigung, von Sinnlichkeit und Sittlichkeit aus. Dieser harmonische innere Zustand offenbare sich in der äußeren Erscheinung als Anmut und Würde. Unterdrückt jemand die triebhafte Neigung und entsagt ihr zu Gunsten von Pflicht und Sittlichkeit, dann handelt es sich nach Schiller um eine »erhabene Seele«. An dieser Sichtweise übte Hegel Kritik und charakterisierte die schöne Seele als einen Menschen, der für sich selbst zwar einen Zustand der Unschuld bewahre, jedoch um den Preis, nichts in der Welt zu bewirken. Eine solche »wirklichkeitslose« schöne Seele, so Hegel, »zerfließt in sehnsüchtiger Schwindsucht«.

Das 18. Jahrhundert preist die Harmonie zwischen Lustbefriedigung und gesellschaftlichen Pflichten als höchstes Ideal und sieht sogar die bewusste Unterdrückung sinnlicher Bedürfnisse zu Gunsten der Sittlichkeit als zwar unglücklich, aber dennoch sehr tugendhaft an. Im Lauf des 19. Jahrhunderts werden dann die sittlichen Pflichten als zunehmend problematisch betrachtet, bis schließlich Freud ein zu dominantes Moralprinzip als Hauptursache psychischer Krankheiten identifiziert. Das hängt wohl auch mit den rigiden viktorianischen Sexualnormen zusammen, unter denen im 19. Jahrhundert vor allem Frauen zu leiden hatten, von denen nicht wenige den Weg in Freuds Praxis fanden.

Obschon Werbung und Unterhaltungsindustrie heute das triebhafte Es als primären Ansprechpartner unablässig umgarnen, wäre es dennoch falsch zu glauben, das Über-Ich hätte seine Tätigkeit inzwischen eingestellt. So weist gerade das verzweifelte Hin- und Herpendeln zwischen restriktiven Diäten und hemmungslosem Schlemmen darauf hin, dass sich der moderne Mensch immer noch in der Zwickmühle zwischen Es und Über-Ich befindet, wobei sich diese beiden Instanzen oft gegenseitig zu verstärken scheinen. Die sinnlichen Triebe laufen nämlich meist dann aus dem Ruder, wenn sie es mit einem besonders mächtigen Über-Ich aufnehmen müssen.

Wenn es gelingt, sich von Selbstverurteilung und den dahintersteckenden rigiden moralischen Glaubenssätzen zu befreien, tritt eine deutliche Entspannung leidenschaftlicher Ausschweifungen ein. Das Ideal einer schönen Seele ist vielleicht doch nicht ganz so schwindsüchtig, wie Hegel meinte. Es könnte nämlich durchaus zutreffen, dass bei einer Erziehung, welche die Sinnlichkeit fördert und bejaht, das Über-Ich keine beschämenden und angsterzeugenden Einflüsse ausüben wird. Vielmehr mag es dann einfach dazu beitragen, die lustvollen Impulse auf heilsame Weise ausleben zu dürfen. Gegen einen wachsenden Realitätsbezug im Lauf der Erziehung ist nichts einzuwenden: Doch wenn sich die Realität gleichzeitig feindlich den natürlichen Bedürfnissen entgegenstellt, dann ist es schwierig, zur Ausgeglichenheit und Harmonie eines anmutigen und würdigen Menschen zu finden.

Ich wage deshalb die Behauptung: Das Aufeinandertreffen von übermäßig konsumorientierten Außenreizen mit einer uns schon früh vermittelten körperfeindlichen Moral stellt eine der größten Perversitäten dar, an denen unsere moderne westliche Kultur und somit auch das moderne Individuum leidet. Dringend erforderlich sind ein Weniger an Verlockungen und äußeren Anreizen sowie ein Mehr an innerer Erlaubnis zu sinnlichem Genuss.

Die alte Tugend der *Mäßigkeit* hilft dabei, einen gangbaren Weg zwischen Lustfeindlichkeit und Maßlosigkeit zu finden. Von Platon wurde die *sophrosýne* in die Tugendethik eingeführt, die auf Lateinisch mit *temperantia* oder *moderatio* übersetzt wird. Im Deutschen finden sich verschiedene Bezeichnungen dafür mit unterschiedlichen Konnotationen, unter anderem *Besonnenheit, Selbstbeherrschung, Selbstkontrolle, Zucht, rechtes Maß, Maßhaltung, Mäßigung* oder *Mäßigkeit. Sophrosýne* galt den Griechen ursprünglich als eine der guten Gottheiten, die aus Pandoras Büchse entflohen waren. Ihre römischen Entsprechungen waren *Continentia,* die Göttin der Zurückhaltung und Selbstkontrolle, sowie *Sobrietas,* die Göttin der Nüchternheit. Für Aristoteles stellt die Mäßigung eine optimale Mitte im Umgang mit der Lust dar, zwischen *Empfindungslosigkeit* oder *Stumpfheit* einerseits und *Zügellosigkeit* oder *Maßlosigkeit* andererseits.

Die von mir bevorzugten Übersetzungen für *sophrosýne* lauten *Harmonie* und *Ausgeglichenheit,* obschon ich auch den Begriff der *Mäßigkeit* seiner großen Verbreitung wegen benutze. Um die harmonische Mitte zu finden, ist es als Ausgleich zu den bestehenden Tendenzen manchmal notwendig, sich mehr zur Seite der Enthaltsamkeit, Abstinenz und Nüchternheit hin zu bewegen. Manchmal ist es aber auch notwendig, sich auf die andere Seite zuzubewegen, jene der Lustbejahung, der Sinnlichkeit und der Sinnenfreude. Wenn es gelingt, diese beiden Seiten in einem ausgeglichenen und harmonischen Maß miteinander zu versöhnen, dann zeigt sich die Anmut, Würde und Unschuld einer entspannten Persönlichkeit voll innerer Ruhe, Schönheit und Lebensfreude. Wer die Tugend des rechten Maßes jedoch lediglich nach außen hin vorspielt, aber heimlich trotzdem seinen Lastern freien Lauf lässt oder in Wirklichkeit zwischen Selbstkasteiung und unkontrollierbaren Leidenschaften hilflos hin- und hergerissen bleibt, der tut dies mittels der Scheintugend einer bloß vorgespielten Zucht und Nüchternheit.

Völlerei

»Die Fetten leben kürzer. Aber sie essen länger.« Mit diesem Bonmot fasst Stanisław Lec humorvoll die Lebenseinstellung eines genüsslichen Gourmands zusammen, der sich nicht um Gesundheit und Leibesfülle kümmert, nur den kulinarischen Genuss im Sinn hat und etwas weniger beschönigend auch als »Vielfraß« oder »Gierschlund« bezeichnet wird. Von sich selber würde er vielleicht als von einem »stattlichen Mann« reden, der »groß« sei und »kräftig«. »Ein Mann ohne Bauch ist ein Krüppel!«, wirft er lachend in die Runde, bevor er die zweite Ladung Schnitzel und Pommes in sich hineinstopft. Handelte es sich um eine Frau, würde sie sich vielleicht als »mollig«, »füllig« oder »etwas korpulent« bezeichnen, und ihr Motto lautete: »Lieber rund und g'sund als schlank und krank!«

Man muss schon zugeben, dass die Dicken einfach sympathischer sind als jene dürren Asketen, die jede Kalorie zählen, während sie lustlos im Salatteller herumstochern. Der Dicke ist gemütlich. Trotzdem haben es die Übergewichtigen nicht leicht. Schon als Kinder werden die Pummeligen von ihren Klassenkameraden gnadenlos gehänselt. Auf der Straße werfen sich Passanten verstohlene Blicke zu, wenn sich Menschen mit großer Leibesfülle angestrengt vorwärtsbewegen. In einem von mir zufällig ausgewählten Internetforum tauchen zur Frage *Haben es Dicke schwerer im Leben?* folgende Antworten auf: »Auf jeden Fall *sind* sie schwerer!« – »Wer nein antwortet, war nie richtig dick.« – »Dann sollen sie doch aufhören, alles zu verschlingen, dann sind sie auch nicht mehr dick!« Klischees wie »zerbrochene Restaurantstühle« und Beleidigungen wie »Fettsäue« tauchen auf.

Wer sich der Völlerei hingibt, hat eben einen gewichtigen Nachteil gegenüber Anhängern anderer Laster: Er kann sein Laster nicht lange verbergen. Die Folgen eines übermäßigen Appetits sind auf Dauer unübersehbar. Vielleicht ist es die Tatsache, dass die Dicken keine falsche Mäßigung vortäuschen können, weshalb sie zum einen belächelt werden, zum anderen aber auch offen aggressive Reaktionen hervorrufen. Wer sich seine Laster nicht eingestehen mag und angestrengt dagegen ankämpft, fühlt sich leicht provoziert, wenn die maßlosen Dicken sich auch noch beklagen. Sollen die sich doch einfach mal zusammenreißen! Oder wenigsten die Gesundheitskosten selber tragen, die sie durch ihre Fresserei verursachen!

Noch extremer zeigt sich dieses Muster in Kulturen, die einen besonders restriktiven Umgang mit Alkohol kennen. Wegen der repressiven

Moral gelten alle öffentlichen Anzeichen von Alkoholkonsum als höchst unanständig und gottlos. Weil alle krampfhaft damit beschäftigt sind, die Lust des Trinkens zu unterdrücken, geht ein Aufschrei der Empörung los, wenn sich jemand erlaubt, die Regeln etwas lockerer zu interpretieren. Es gibt für die Menschen halt nichts Schlimmeres, als wenn sich die anderen größere Laster erlauben, als sie selbst es sich zugestehen.

Im christlichen Mittelalter und noch bis tief in die Neuzeit hinein galt die Völlerei deshalb als Gefahr, weil sie statt Gott den Bauch verehrt und die Nahrung mit einem entsprechenden Kult zu einem Götzen macht. Gleichzeitig galt sie als Einfallstor für schlimmere Sünden. Wer die Kontrolle über den Bauch verliert, gibt die Fähigkeit zur Selbstbestimmung auf. Wörtlich bedeutet *gastrimargia,* die griechische Bezeichnung für Völlerei, »enthemmter Magen«. »Wer den Magen beherrscht, vermindert die Leidenschaften«, schreibt Euagrios Pontikos. »Wer hingegen von Speisen besiegt wird, mehrt die Lüste.«

Heute wird Völlerei eher als Bedrohung für die Ideale von Schönheit und Gesundheit angesehen, die in unserer Kultur herrschen. Die Gefahr lauert im hohen Cholesterinwert und im Herzinfarkt. Schlank und fit sein ist das Statussymbol der Erfolgreichen. Entsprechend leiden Übergewichtige vor allem unter einem niedrigen Selbstwert, da sie diesem Ideal nicht genügen. Allerdings stellen der zeitweilige Verlust des freien Willens und die mangelnde Selbstkontrolle tatsächlich den Kern der Problematik dar, mit der chronisch übergewichtige Menschen oder solche, die an Ess-Brech-Sucht (Bulimie) leiden, häufig zu kämpfen haben. Umgekehrt führen jedoch übertriebene Selbstkontrolle und eine gnadenlose Beherrschung des Hungers in die Magersucht (Anorexie) hinein, bei der die natürliche Triebbefriedigung ebenfalls aus der Balance gerät.

Dass etwas mit dieser Balance weithin nicht stimmt und dass dies nicht nur individuelle, sondern vor allem auch kulturelle Ursachen hat, zeigen folgende Zahlen: Rund 1,6 Milliarden Übergewichtige stehen weltweit rund einer Milliarde Hungernden gegenüber. In Deutschland sind 66 Prozent der Männer und 51 Prozent der Frauen leicht bis stark übergewichtig.

Mit der Ausbreitung des kulturellen Wohlstands nach dem Zweiten Weltkrieg ist die Adipositas in Nordamerika und Europa geradezu explodiert. Ein Heer von Diätberatern, Fitnessexpertinnen, Ärztinnen und Psychologen versucht gegenzusteuern. Doch gleichzeitig werden Supermärkte, Fast-Food-Ketten, Billigfleisch, All-you-can-eat-Buffets, neuartige Softdrinks, Kochsendungen und Spezialitätenrestaurants immer häufiger und immer beliebter. Laufend werden neue Anreize geschaffen, um die Menschen dazu zu verführen, die Quantität ihrer Nahrungsaufnahme zu erhöhen. Wie viele andere Laster auch, hält die Völlerei das kapitalistische Räderwerk am Laufen. »Der nie da gewesene Überfluss an Nahrung in den reichen Staaten grenzt an Nötigung«, schreibt Heiko Ernst zu Recht.

Die alte Paradiesvorstellung vom »Schlaraffenland« oder vom Land, »wo Milch und Honig fließen«, ist Wirklichkeit geworden. Dass dieses Sehnsuchtsbild einer unbegrenzten Nahrungsfülle in Gesellschaften auftaucht, die mit Nahrungsknappheit und Hungersnöten zu kämpfen haben, ist nicht erstaunlich. Dies kann jeder nachvollziehen, der hungrig zu Bett geht und nachts von einem üppigen Mahl träumt. Auch heute noch führen Hunger und Nahrungsknappheit in weiten Teilen der Erde, die nicht am allgemeinen Wohlstand teilhaben, täglich zu Krankheit und Tod. Doch an Orten, in denen die Not verschwunden ist und wo allgemeiner Überfluss herrscht, wird das Schlaraffenland mit seinem hemmungslosen Fressen und Saufen plötzlich zu einem ekelhaften Ort, der nichts mehr mit der Erlösung aus einem Mangelzustand zu tun hat. Die Vision des Schlaraffenlandes, wo einem die gebratenen Täubchen ins Maul fliegen, ist nur dann erlösend, wenn eine gewisse Beschränkung herrscht.

Schlemmen kann wunderschön sein, aber nicht, wenn es zum Dauerzustand wird. Früher galt die Völlerei des Karnevals zur Fastnachtszeit als kirchlich sanktionierte Ausnahme von den Fastenregeln. Es braucht den Ausgleich. Oder, wie Theresa von Avila so schön sagte: »Wenn fasten, dann fasten; wenn Rebhuhn, dann Rebhuhn.« Heute ist es jedoch üblich geworden, dass viele Menschen nicht nur ein einzelnes Kriterium der Völlerei im Sinne von Gregor dem Großen erfüllen, sondern alle. Wir essen zu früh, zu fein, zu teuer, zu gierig und zu viel.

Zu früh essen wir, wenn wir die festgelegten Mahlzeiten nicht abwarten können. Heute gibt es in vielen Familien solche gemeinsamen Mahlzeiten gar nicht mehr. Es wird praktisch nur noch gesnackt, wenn man gerade Hunger hat. Zusätzlich zu den Hauptmahlzeiten lassen wir uns von kleinen Zwischenmahlzeiten und Süßigkeiten verführen.

Zu fein und zu teuer essen wir dann, wenn es nur noch um erlesene Genüsse geht. Sicherlich ist es nicht falsch, sich gelegentlich ein genießerisches Festmahl zu gönnen oder die Speisen mit feinen Gewürzen zu veredeln. Aber wenn man ständig von einem Gourmetrestaurant zum nächsten pilgert oder der Champagner nicht exklusiv genug sein kann, dann verkommen Essen und Trinken zum teuren Ersatz für mangelnden Lebenssinn. Allerdings sinken die Ausgaben pro Kopf für die Ernährung in den industrialisierten Ländern seit Jahren. Vielleicht müsste man Gregors Kriterien ergänzen: Man kann auch zu billig und zu unerlesen essen! Es wäre gesünder, mehr auf die Qualität statt auf die Quantität der Ernährung zu achten.

Zu gierig und zu viel wird in den industrialisierten Ländern heute sowieso gegessen, vor allem zu viel Fettiges und Süßes, was eine wesentliche Ursache für die enorme Verbreitung der Adipositas ist. Gier und Menge lassen sich durch bewussten Verzicht und sorgfältig ausgewählte Ernährung kontrollieren, wie dies von der Slow-Food-Bewegung propagiert wird. Angesichts permanenter Anreize und der leichten Verfügbarkeit industriell hergestellter, billiger Nahrungsmittel, die entweder gar nicht gekocht werden müssen oder ganz einfach zuzubereiten sind, stellt das allerdings kein leichtes Unterfangen dar. Weil es die Nahrungsmittelindustrie darauf abgesehen hat, jeden Einzelnen von uns zur Völlerei zu verführen, stehen die Chancen auf einen Gewinn im Kampf um die Gewichtsreduktion leider generell schlecht.

Allerdings sind nicht alle in der Gefahr, Übergewicht zu entwickeln. Es gibt durchaus Menschen, die trotz ständiger Verlockungen ein Leben lang normalgewichtig bleiben, sich ausgewogen und gesund ernähren und keine Essstörungen entwickeln. Das Laster der Völlerei kennt auch individuelle Ursachen. Mit einem weiteren Bonmot fasst Lec den psychischen Mechanismus zusammen, der zur Fresssucht führt: »Die Zähne wachsen mit dem Appetit.« Für alle anderen Genusssüchte, Rauchen, Alkohol, Drogen, ja sogar für die Wollust, trifft es ebenso zu, dass es uns nach umso mehr verlangt, je übermäßiger wir diese Ersatzbedürfnisse befriedigen.

Zunächst ist da vielleicht eine gewisse Langeweile, eine schlechte Stimmung – man fühlt sich erschöpft, leer – oder eine Enttäuschung, die zu schaffen macht. Je nachdem, zu welchem Suchtmittel wir neigen oder welches gerade verfügbar ist, führt die Zufuhr von kalorienhaltigen Nahrungsmitteln, Alkohol oder anderen psychoaktiven Substanzen dazu, dass wir uns kurzfristig besser, entspannter und irgendwie »voller« fühlen. Die zwei, drei Feierabendbiere genügen bald schon nicht mehr, um die schlechte Stimmung zu vergessen. Die Gewohnheit, sich in eine angenehme Stimmung hineinzukonsumieren und sich die fehlende Wärme oral einzuverleiben, entwickelt sich zur Sucht, die sich immer mehr verselbstständigt. Bald sind es nicht mehr die negativen Gefühle, die den Konsum von Genussmitteln auslösen, sondern der ausbleibende Konsum von Genussmitteln löst negative Gefühle aus. Man hat einen Dämon herangezüchtet, der nun ständig nach mehr verlangt.

Bald wird so die Fress-, Trink-, Drogen- oder Medikamentensucht zum Ersatz für alle anderen Genüsse. Die anwachsende Gier und Unersättlichkeit verlangt nach stärkerer Stimulierung. Nun muss man richtig über die Stränge schlagen, damit die wohltuende Wirkung des Genussmittels noch spürbar ist. Nach oben kennt die Sucht keine Grenzen, der Körper allerdings schon, denn die zunehmende Belastung durch Kalorien, Alkohol oder andere Substanzen hinterlässt ihre Spuren. Das Frustfressen führt zum Kummerspeck. Später kommt es zu medizinischen Notfällen oder chronischen Krankheiten, welche die Lebensqualität beeinträchtigen. Zu den weiteren möglichen negativen Folgen eines Lebens, das immer mehr um die Genusssucht kreist, gehören Konflikte mit Angehörigen, der Verlust von engen Beziehungen oder von Tätigkeiten, die einmal Freude bereitet haben, Probleme am Arbeitsplatz, schlechte Hygiene, Geldsorgen, sozialer Abstieg usw. Bei illegalen Drogen treten diese Dinge oft sehr rasch ein, beim Alkohol dauert es etwas länger und beim Frustessen beschränkt es sich meist auf gesundheitliche Probleme und persönliche Konflikte.

Diese zwanghafte Lust auf Nahrungsmittel, Alkohol oder Drogen schafft deshalb Ersatzbedürfnisse, weil dahinter ein unbefriedigtes Grundbedürfnis steckt. Solange dies nicht erkannt und zunehmend besser erfüllt werden kann, bleibt die Genusssucht als zweitbester Ersatz attraktiv. Notwendig wäre eine Begegnung mit dem emotionalen Schmerz und den unbefriedigten Sehnsüchten. Solange die angenehme Lusterfahrung als Flucht vor seelischem Schmerz dient, gibt es kein Entrinnen aus dem Laster der Völlerei. In den Worten des spanischen Mystikers Johannes vom Kreuz klingt dies so: »Das ganze Bemühen dieser Menschen ist darauf ausgerichtet, Schmackhaftes und Tröstliches für den Geist zu suchen (…), und sie sind im Umgang mit den Dingen Gottes immer auf der Jagd nach Wohlgeschmack.«

Den meisten Menschen, die in eine Genusssucht hineingeraten, bleiben deren negative Folgen natürlich nicht verborgen. Sie sehnen sich danach, die Sucht hinter sich zu lassen und ein ausgeglichenes, glückliches Leben zu führen. Die Dicken möchten endlich auch mal schlank sein. Die große Lücke zwischen dem Idealbild, wie man aussehen und leben möchte, und dem tatsächlichen Zustand soll geschlossen werden. Man versucht, die Kalorienaufnahme drastisch zu reduzieren und alle Selbstkontrolle aufzubieten, um das Essverhalten in den Griff zu bekommen. Mit einer Diät wird der Körperfülle der Kampf angesagt.

Die Willenskraft erschöpft sich aber leider rasch, besonders wenn man sich zu viel vornimmt. Wenn es morgens und mittags noch gelingt, an der Bäckerei vorbeizugehen, versagt der Wille abends vor dem Fernseher, während der Magen unerbittlich knurrt und die Stimmung auf dem Tiefpunkt angelangt ist. Ähnlich lösen sich beim Alkoholiker Phasen des körperlichen Entzuges und der Abstinenz mit Rückfällen und exzessiven Trinkphasen ab. Aus dem Teufelskreis von Völlerei und Askese, von Sünde und Buße gibt es scheinbar kein Entrinnen.

Vulgarität

Völlerei wird oft von weiteren Phänomenen oder »Tochtersünden« begleitet, zu denen Thomas von Aquin Albernheit, Unreinlichkeit, laute Ausgelassenheit, Geschwätzigkeit und Abstumpfung des Geistes zählt, allesamt Merkmale eines vulgären, unkultivierten Menschen. Wer sich schmatzend, rülpsend und furzend der Völlerei hingibt, zeigt sich achtlos gegenüber der Schönheit und dem raffinierten Genuss. Laut und ausgelassen geht es etwa bei Volksfesten, in Bars oder bei Rockkonzerten zu. Was wird da für ein dummes Zeug geschwätzt! Man brüllt einander Obszönitäten zu. Früher oder später erbricht sich einer, und auf dem Nachhauseweg wird an eine Hauswand gepinkelt. Je größer die Versammlung und je höher der Alkoholpegel, desto derber und ungehobelter geht es zu.

Doch ist es wirklich schädlich, sich mal ein bisschen gehen zu lassen? Was ist Schlimmes dabei, hemmungslos zu essen, zu trinken und herumzuschreien? Der Abfallberg, der zurückgeblieben ist, ist ohnehin schon weggeschafft, noch bevor der Rausch ausgeschlafen ist. Das Ganze mag im Rückblick vielleicht eklig wirken, aber im Moment selbst macht es doch einfach Spaß, mal so richtig »die Sau rauszulassen«!

In der Tat sind Albernheit, Unreinlichkeit, Ausgelassenheit und Geschwätzigkeit oft harmlos. Ein paar solche Ausrutscher sind nicht der Rede wert. Leider gibt es aber viele Menschen, die Freude und Genuss nicht anders als auf vulgäre Art erleben. Wozu ein Buch lesen? Lieber mit den Kumpels einen bechern. Klassische Musik hören? Langweilig! Etwas Feines kochen? Zu aufwändig! Rasch einen Burger reindrücken.

Problematisch an der Vulgarität ist vor allem die Abstumpfung des Geistes. Der Geist gewöhnt sich an seine Umgebung und mag die Dinge, die ihm dargeboten werden. Wer mit schlechtem Essen, billiger Unterhaltung und dummem Geschwätz aufwächst, wird dies später für seine »Lebenskultur« halten. Wenn abends oder am Wochenende alles säuft und lallt, dann meint man, das sei Fröhlichkeit. Wer ständig oberflächlichem Tratsch ausgesetzt ist, langweilt sich bei tiefergehenden Gesprächen. Je mehr jemand von Vulgarität umgeben ist, desto weniger ist er fähig, diese als solche zu erkennen und sie von besseren Genüssen unterscheiden zu lernen.

Der moralisch-ästhetische Stumpfsinn hat sich epidemisch ausgebreitet und erfasst heute praktisch alle Bevölkerungsschichten. Inbegriff eines vulgären Menschen ist der »Rüpel«, der die Etikette – das Ziemliche – nicht deshalb missachtet, weil er sie bewusst auflockern will. Vielmehr kennt er sie gar nicht und ist jeder seiner Triebregungen hilflos ausgeliefert. Ein Rüpel rückt anderen auf die Pelle und fordert lautstark Respekt, den zu erbringen er selbst jedoch nicht fähig ist. Manche halten die unanständige und taktlose Art des Rüpels für eine höhere Daseinsform als Ehrerbietung, Etikette und Taktgefühl. Jemandem geradlinig die Meinung zu sagen, kein Blatt vor den Mund zu nehmen und »einfach ganz man selbst zu sein« wird mit persönlicher Integrität verwechselt. Gute Manieren gelten als Heuchelei. Auf diese Weise wird die Vulgarität verklärt, um sich weder anstrengen noch verändern zu müssen. Doch konstatiert Sofsky zu Recht: »Wer sich nur so gibt, wie er ist, muss ungemein große Tugenden besitzen, um für andere erträglich zu sein.«

Weil ein vulgärer Mensch gänzlich von seinen Instinkten getrieben ist, vermutet er auch bei anderen stets niedere Beweggründe. Er meint, seinen Mitmenschen die Maske vom Gesicht reißen zu müssen, und ist fortwährend damit beschäftigt, sie abzuwerten. Weil er unfähig oder nicht willens ist, ein höheres Niveau von Kultiviertheit zu erreichen, versucht er, auch die anderen auf ihre körperlichen Triebe zu reduzieren. Doch es ist nur ein kleiner Schritt von der Bloßstellung hin zu Verachtung oder Gewalt. Vulgarität ist gesellschaftlich nicht so harmlos, wie sie zunächst erscheinen mag. Es ist deshalb unerlässlich, sie als solche zu benennen und inmitten des Skandalgeschreis ihrer Vertreter bewusst eine kultivierte Lebensweise zu pflegen.

Kritische Studien zum Prozess einer zunehmenden Zivilisierung im Verlauf der Geschichte, wie ihn vor allem Norbert Elias postulierte, weisen darauf hin, dass auch schon in der Antike hochkultivierte Umgangsformen bestanden (Hans Peter Dürr: Der Mythos vom Zivilisationsprozess). Es stimmt nicht, dass im Altertum und Mittelalter die Menschen generell roh und unzivilisiert waren, während wir modernen Menschen heute das höchste Kulturniveau erreicht haben, nur weil wir mit Messern und Gabeln essen und eine bessere Körperpflege kennen als der französische Hof zu Zeiten des Sonnenkönigs. Immer gab es wohl zivilisierte und höfliche Menschen, die eine gewisse Mäßigung der Triebe kannten und sich an kultivierten Formen der Unterhaltung erfreuten: an Gesang, Schauspiel, Tanz oder körperlichem Wettkampf. Und ebenso gab es wohl schon immer derbe, vulgäre und unzivilisierte Menschen, die auf alberne, geschwätzige und ausgelassene Art ihren Geist abstumpfen.

Die moderne Lebensform unterscheidet sich von früheren jedoch darin, dass exzessiver Konsum angesichts eines Überangebots an Nahrungs- und Genussmitteln sehr leicht möglich ist. Außerdem wird der permanente Konsum als primäre Sinnperspektive angepriesen, während kulinarische und sexuelle Exzesse früher in einen übersinnlich-religiösen Bezug eingebettet waren. Die fehlende spirituelle Dimension und die Überzeugung, dass dies irdische das einzige Leben sei, sodass wir uns möglichst viel davon nehmen müssten, sind heute der Nährboden für Gier und Vulgarität.

Rituale zu Ehren der Götter oder ausgelassene Narrenfeste und Karnevale gaben der Wollust und der Völlerei zu früheren Zeiten ein Gefäß, das sowohl anreizend als auch begrenzend wirkte. Es wurde verhindert, dass sich die Maßlosigkeit über die besonderen Zeiten des ungezügelten Feierns hinaus immer weiter ausbreitete. Zugleich wirkten die derb-vulgären Auszeiten als Katharsis, die das Erleben von Ganzheit durch die Pflege sowohl von maßlosen wie auch von kontrollierten Seiten der Persönlichkeit förderte. Wenn jedoch Konsum und Exzess als ersehnter Dauerzustand herbeisuggeriert werden, dann entsteht ein gefährliches Ungleichgewicht und zugleich eine Sinnleere, die nur mit erneutem Konsum wieder aufgefüllt werden kann.

Wollust

Wie wenig andere verkörpern zwei berühmte Persönlichkeiten all das, was wir gemeinhin mit Wollust und einem ganz den sexuellen Exzessen ergebenen Leben verbinden: der venezianische Abenteurer Giacomo Girolamo Casanova (1725–1798) und der adlige französische Libertin Donatien Alphonse François Marquis de Sade (1740–1814). Ersterer inspirierte Mozart und seinen Librettisten da Ponte wahrscheinlich zur Oper Don Giovanni, Letzterer gab dem Sadismus seinen Namen. Dabei stellten Erniedrigung und Gewalt für den Marquis de Sade zwar die bevorzugte Form sexueller Spielarten dar, aber keineswegs die einzige.

Casanova war Zeit seines Lebens und darüber hinaus für zahlreiche Liebschaften mit Frauen unterschiedlichster Nationen, sozialer Stände, Berufe, Altersgruppen, Haarfarben und Körperformen berühmt. Wie Mozarts Don Giovanni trieb er es mit *contadine, cameriere, cittadine*, mit *contesse, baronesse, marchesine* und *principesse.* Wahrscheinlich auch mit Männern und Knaben. Diese standen jedenfalls auf der Beuteliste des Marquis de Sade. Dieser lebte in großer Radikalität und mit für seine Zeit bewunderungswürdiger Offenheit ein Streben nach sexuellem Lustgewinn vor, das weder von Gesetzen noch von Moralvorstellungen eingeschränkt war, und verteidigte es in seinen Schriften als Privileg der Hocharistokratie.

Von beiden war de Sade der Exzessivere oder, man könnte auch sagen, der Konsequentere. »Alle Moralideen sind (…) eigenmächtig«, schreibt er in *Die 120 Tage von Sodom,* »und der ist ein Narr, der sich durch sie fesseln lässt.« Oder, in *Justine:* »Sich keinen Deut um Gesetze zu scheren, sie samt und sonders zu brechen, mein Freund, dies ist die wahre Kunst, Wollust zu empfinden. Erlerne diese Kunst und zerreiße alle Zügel.«

De Sade verbrachte nicht nur mehrere Jahre im Gefängnis, sondern wurde auch für geisteskrank erklärt und im Irrenhaus eingesperrt. Rund zwei Jahrzehnte nach dem Tod des Marquis benutzen die französischen Psychiater Jean-Étienne Esquirol und Philippe Pinet den Begriff »Erotomanie« zur Bezeichnung einer übermäßigen Beschäftigung mit sexueller

Lust. Heute finden sich dafür Begriffe wie »Sexsucht« oder »Hypersexualität«, wobei dieses Phänomen im Gegensatz zum Sadismus nicht offiziell als psychische Störung gilt. Fachpersonen befürchten zu Recht, dass damit eine schwer zu definierende Diagnose geschaffen würde, die viele psychisch gesunde, sexuell aktive Menschen als krank taxierte.

Es gibt zwar Versuche, sexuelle Abhängigkeit analog anderen Verhaltenssüchten, wie etwa der Spielsucht, genauer zu definieren, zum Beispiel durch das Kriterium, dass über einen Zeitraum von einem halben Jahr mindestens sechs Orgasmen pro Woche stattfänden und man sich mindestens eine bis zwei Stunden pro Tag mit Sex beschäftigen müsse. In jenen Ländern, in denen es als wünschenswert gilt, jeden Tag Sex zu haben, könnte man darüber nur lachen. Angemessener scheint da schon das Kriterium, dass bei einer Sexsucht so viel Zeit, Energie und Geld in reale oder imaginierte sexuelle Aktivitäten gesteckt wird, dass kaum noch Reserven für nichtsexuelle Dinge übrig bleiben. Auch der persönliche Leidensdruck sollte berücksichtigt werden. Wenn Art und Dauer der erotischen Beschäftigungen zu negativen Folgen führen, wozu etwa Gefühle der Wertlosigkeit oder sexuell übertragbare Krankheiten gehören, dann liegt ein guter Grund vor, dieses Verhalten genauer unter dic Lupe zu nehmen, egal ob es im psychiatrischen Sinne als Störung definiert wird oder nicht.

Ohnehin würde sich der Marquis de Sade über die Psychiatrie entrüsten, wie er es wortreich über die Religion getan hat, die er als eine Beleidigung des Verstandes bezeichnete. Sowohl die Religion als auch die Psychiatrie werten die freie Lustentfaltung ab und versuchen sie einzuschränken. Erstere deklariert die Wollust als sündhaft, letztere als krankhaft. Bei aller Problematik solcher Werturteile im Bereich der Sexualität wäre es dennoch nicht angemessen, die Augen vor den unangenehmen Folgen sexueller Maßlosigkeit zu verschließen, auch wenn es nicht ganz leicht fällt, diese zu definieren.

Für Thomas von Aquin lässt sich die Wollust (Lateinisch *luxuria)* nicht auf die Sexualität reduzieren. Er betrachtet sie im weiteren Sinn als ungesunde Sättigung und maßlosen Überfluss, hinsichtlich sowohl der Intensität als auch des Umfangs. In geschlechtlichen Dingen bedeutet dies, dass man sich zu exzessiv mit Sex beschäftigt und dass sich dieser auf zu viele oder auf unangemessene Objekte richtet.

Doch schon ist man wieder bei den herrschenden Moralvorstellungen angelangt. Wie oft soll man denn Sex haben? Wie viel Zeit soll man sexuellen Aktivitäten widmen? Ist jeder Geschlechtsverkehr, der nicht der Zeugung dient, sündhaft? Mit welchen »Objekten« soll man Sex haben? Gleichgeschlechtlicher Sex gilt heute in aufgeklärten Gesellschaften nicht mehr als unzüchtig oder krankhaft, Sex mit Kindern oder Tieren allerdings schon. Wo soll man die Grenze ziehen? Soll man überhaupt eine Grenze ziehen?

Man möge sich einmal vorzustellen versuchen, wie denn genau eine Sexualität von angemessener Intensität, ohne übermäßige Obsession, aber auch ohne lustlose Gleichgültigkeit, die sich auf genau die richtigen Objekte richtet, konkret aussehen könnte. Die diesbezüglichen Vorstellungen dürften sich beträchtlich unterscheiden. Die meisten Menschen leben jedoch nicht unbedingt diejenige Art von Sexualität, die sie sich im tiefsten Innern wünschen oder in ihrer Fantasie ausmalen. Vielmehr richten sie sich nach Angebot und Beschränkung der jeweiligen Kultur, in die sie hineingeboren wurden, ausgenommen, wenn ihre Bedürfnisse, wie etwa im Fall der Homosexualität, in deutlichem Gegensatz zu dem stehen, was normativ vorgegeben wird. Unter solchen Umständen wird es notwendig, sich bewusst von den Erwartungen der Umwelt zu distanzieren, damit die erotischen Bedürfnisse nicht verkümmern.

Sowohl Casanova als auch der Marquis de Sade sollen über ein äußerst attraktives Aussehen verfügt haben. Für den ungewöhnlich hübschen zwölfjährigen de Sade blieben die Damen angeblich auf der Straße stehen, um ihn verzückt anzublicken. Hätten Casanova und de Sade weniger gut ausgesehen, so wäre es ihnen wahrscheinlich nicht möglich gewesen, ihr Leben ganz der sexuellen Lust zu widmen. Manche Menschen zieht es nicht deshalb wenig zur Wollust, weil sie keine Neigung dafür besäßen, sondern weil es mit ihrem unterdurchschnittlichen Aussehen an entsprechenden Gelegenheiten mangelt. Der physische Mangel kann manchmal durch eine hohe soziale Stellung oder ein großes Vermögen kompensiert werden, weshalb schürzenjagende Staatsmänner mit ihren außerehelichen Affären, Prostituiertenzirkeln und Bunga-Bunga-Partys ein Dauerthema der Klatschpresse bilden.

Man darf dabei nicht vergessen, dass Männer und Frauen sich nicht grundsätzlich im Ausmaß der sexuellen Bedürfnisse oder in ihrer Neigung unterscheiden, diese auszuleben. Seit dem Untergang des Römischen Reiches blieb es allerdings meistens den Männern vorbehalten, ihre sexuellen Interessen zu verfolgen, während den Frauen lediglich zugestanden wurde, für die Bedürfnisse der Männer zu Diensten zu stehen. Seit sich die Machtverhältnisse diesbezüglich glücklicherweise wieder etwas verändert haben, zeigt sich, dass Frauen für Lüsternheit und sexuelle Versuchungen grundsätzlich nicht weniger anfällig sind als Männer, was auch die Angst einiger Männer erklärt, von Frauen als reine Lustobjekte missbraucht zu werden.

Die Wollust beschränkt sich auch nicht auf bestimmte Altersgruppen. Gemeinhin gilt sie in der Jugend als natürlich oder zumindest entschuldbar, während sie im höheren Alter als Lüsternheit verurteilt wird. Von einem Mann wird erwartet, dass er seine Sexualität in jungen Jahren auskostet, aber sich im vorgerückten Alter gefälligst in seine Erinnerungen und Fantasien zurückziehen soll. Doch die Merkmale der Wollust, wie sie weiter unten beschrieben werden, finden sich in jedem Lebensalter. Es ist nicht weniger lüstern, wenn ein junger Mensch von zwanzig Jahren lieblosen, egozentrischen und zwanghaften Konsum-Sex praktiziert, als wenn dies ein Sechzigjähriger tut.

Ich versuche im Folgenden, die Phänomenologie der Wollust genauer zu erfassen und gewisse Kriterien bereitzustellen, nach denen beurteilt werden kann, inwiefern eine Gefahr besteht, dass die Sexualität ins Maßlose und Suchtartige entgleiten könnte. Dabei richtet sich diese Beschreibung nach einigen wichtigen Grundsätzen:

Zunächst halte ich dafür, dass ein Unterschied zwischen Wollust und Erotik besteht und dass im Fall der Wollust der Erotik nicht ausreichend Genüge getan wird. Die Wollust ist nicht gleichbedeutend mit sexueller Begierde, sondern mit ungezügelter, maßloser sexueller Begierde, die zu einer seelischen Disharmonie führt. Keineswegs soll die Sexualität an sich verteufelt werden, aber es soll auch nicht geleugnet werden, dass die Wollust ein schädliches Laster darstellt.

Außerdem soll nicht der Fehler begangen werden, Wollust aufgrund kulturspezifischer moralisch-religiöser Normen zu beurteilen und daraus irgendwelche Forderungen abzuleiten, wie oft, auf welche Weise und mit wem man Sex haben dürfe und mit wem (oder was) nicht. Bei der Wollust handelt es sich um ein Ungleichgewicht zwischen dem Bedürfnis nach sexueller Lust und dem Bedürfnis nach Liebe. Dieses Ungleichgewicht steht in keinem direkten Zusammenhang zur Intensität und zu den Objekten sexueller Begierde.

Die Liebe ist geduldig, will das Glück des anderen, fördert die Selbstbeherrschung und ist bereit, ein Opfer zu bringen. Die sexuelle Lust will nur ihr eigenes Vergnügen, ist ungeduldig und unbeherrscht. Die Liebe ist romantisch, mag Kerzenschein und Konversation, interessiert sich für ein einmaliges Gegenüber und sehnt sich nach Wahrheit, Vertrauen und Dauerhaftigkeit. Die Lust »findet ihre Befriedigung auch in einem Hausflur oder Taxi, und ihre Konversation beschränkt sich auf animalisches Gegrunze und Schreie« (Simon Blackburn). Dabei setzt die sexuelle Begierde falls nötig auch Lügen ein und bedient sich aller möglichen Täuschungsmanöver, um sich zu holen, was sie braucht. Ein einzelnes Gegenüber wird ihr schnell langweilig, sodass sie ständig nach neuen Reizen Ausschau hält.

Wenn es möglich ist, die grundsätzlich verschiedenen Bedürfnisse nach Liebe und Lust miteinander zu vereinen, dann entsteht Erotik. Sind beide Bedürfnisse voneinander getrennt, dann entsteht entweder Wollust, wenn die Liebe vertrieben wird, oder Empfindungslosigkeit, wenn die sexuelle Lust fehlt.

Wie es sich konkret äußern kann, wenn die Wollust das Szepter führt, sei im Folgenden näher charakterisiert.

1. *Leistungsbezogener, anstrengender Sex:* Die Suche nach Wollust ist anstrengend. Es herrscht ein gnadenloser Konkurrenzkampf. Man muss schön, sexy, jung, knackig, begehrenswert, erfolgreich und souverän

wirken, wenn man da mithalten will. Je attraktiver die Beute, desto lohnender die Jagd. Doch auch beim Sex selbst herrscht Leistungsdruck. Wie in einem Porno soll der Mann durch Dauererektion und die Frau durch multiple Orgasmen beeindrucken. Wer bei diesem gipfelstürmenden Bergsteigersex nicht mithalten kann, gerät in Selbstzweifel.

2. *Mechanischer, lustloser Sex:* Paradoxerweise läuft sich die Lust, auf sich selbst reduziert, früher oder später tot. Der Sex verkommt zu einem lustlosen, mechanischen Akt. Wenn weder positive Emotionen noch der geistige Austausch eine Rolle spielen, sondern nur die rasche Triebabfuhr gesucht wird, erlischt die Erotik. Dadurch wird es immer schwieriger, zum Orgasmus zu kommen. Mit dem Griff zu potenzsteigernden Substanzen soll Abhilfe geschaffen werden, was jedoch den Sex nicht prickelnder macht.
3. *Zwanghafter, suchtartiger Sex:* Dieser kann sich auf verschiedene Weise äußern. Möglicherweise sind es immer die gleichen Bilder (z. B. von Gewalt oder Erniedrigung), die sexuelle Lust auslösen. Eventuell wird das Lustbedürfnis auf zwanghafte, überfallartige Weise erlebt – wie eine ultimative Forderung, die keinen Aufschub duldet. Möglicherweise wird eine Dauerstimulation gesucht, weil sexlose Zeiten als unerträglich leer erlebt werden. Es besteht die Gefahr, dass die Lust abhanden kommen könnte. Fortlaufend müssen die Begierden aufgereizt werden, damit die Libido nicht einschläft. Was früher »geil« machte, ist heute nur noch langweilig. Je weniger die Dosis wirkt, umso anstrengender die Sucht.
4. *Konsum-Sex:* Es geht darum, möglichst rasch den sexuellen Hunger zu stillen und sich zu holen, was man braucht. Sich langsam und genüsslich auf eine sexuelle Begegnung einzulassen oder die Erregungsphase lustvoll auszudehnen wäre zu anstrengend. Der Wollüstige will schnelle Triebabfuhr, kein langes Geplänkel. Käuflicher Sex oder ein »Quicky« im Hinterhof erfüllen diesen Zweck besser als ein langes Rendez-vous mit unsicherem Ausgang. Wenn das Gegenüber ernsthaftere Absichten hegt, müssen Interessen und Leidenschaften geheuchelt werden. Wer-

bung und Unterhaltung fördern die Trivialisierung des Fast-Food-Sex. Jede und jeder soll möglichst rasch, einfach und günstig zu seiner Lust kommen. Doch wenn die Sexualität so alltäglich und banal geworden ist, dann ist sie vor allem auch eins: gähnend langweilig.

5. *Frust-Sex:* Man vertreibt sich die Langeweile oder negative Gefühle mit Sex. Nach einer erlittenen Kränkung sucht man in sexuellen Eroberungen nach Bestätigung. Sex wird wie eine Droge eingesetzt, um sich von innerer Leere und anderen schlechten Stimmungen abzulenken.
6. *Egozentrischer Sex:* Ob andere bei der Verfolgung der Wollust zu Schaden kommen, interessiert weniger. Ergibt sich die Gelegenheit, spannt man auch mal jemandem den Partner aus. Wer mit den üblichen Mitteln nicht zum Ziel kommt, setzt gezielt Lügen ein. Die Bedürfnisse und Erwartungen des Sexpartners sind bestenfalls zweitranging. Martha Nussbaums »sieben Sünden der Wollust« betonen diesen sexuellen Egoismus: Man instrumentalisiert den Partner, spricht ihm oder ihr die Autonomie ab, behandelt andere wie ein passives Ding, betrachtet den Partner als austauschbares Objekt, missachtet seine Integrität, will ihn oder sie wie eine Ware besitzen und verleugnet die subjektiven Gefühle und Erfahrungen des Gegenübers. Schließlich trübt die Egozentrik der Wollust auch das Urteilsvermögen. Unverbesserliche Lustmolche neigen zur Selbstüberschätzung. »Wer maßlos ist, hält sich für den Größten« (Lec).
7. *Anonymer Sex:* Weil sich die Wollust nicht für die seelische Einmaligkeit des Gegenübers interessiert, sondern nach bestimmten körperlichen Reizen Ausschau hält, bevorzugt sie die Anonymität. »Was zählt, ist der Fick an sich; kein Frühstück bitte!« (Ernst) Für anonymen Sex eignen sich etwa Darkrooms oder, wenn auch etwas weniger gut, One-Night-Stands. In Internet-Chatrooms wird die sexuelle Anonymität virtuell ausgelebt.
8. *Emotionsloser, kalter Sex:* Weil er das Gegenüber nicht zu nahe an sich heranlassen will, versucht der Wollüstige, »cool« zu wirken. Emotionen sind nicht angesagt. Gefühle würden zu viel preisgegeben. Vonseiten des Sexpartners stören ganz besonders warme, liebevolle Emotionen.

Hingegen können negative Gefühle des Gegenübers, wie etwa Angst oder Scham, durchaus in das Schema der obsessiv inszenierten Lust passen.

9. *Leerer, einsamer Sex:* Die bekannte »Leere nach dem Schuss«, die im lateinischen Diktum *post coitum omne animal triste est* wie ein ehernes Gesetz daherkommt, tritt vor allem dann auf, wenn Nähe und Zuneigung fehlen. Der geist- und lieblose Sex brennt rasch aus und hinterlässt ein ödes, trauriges Gefühl. Irgendwie hätte die Seele halt doch mehr erwartet. Wollust macht einsam und beziehungslos. Der Pornosüchtige versucht schon gar nicht mehr, sich auf eine reale Begegnung einzulassen.
10. *Wahlloser Sex:* Mit der Zeit wird es dem Wollüstigen zu anstrengend, stets nach den geeigneten Sexobjekten Ausschau zu halten. Vielleicht ist man auch nicht sehr erfolgreich. Man lässt sich deshalb auf alle möglichen Angebote ein. Hauptsache Sex! »Wenn die Wollust schreit, hat das Loch einer Bettlerin so viel Wert wie das einer Edelfrau« (Giorgio Baffo).
11. *Risikoreicher Sex:* Weil bei der Wollust der ultimative sexuelle Kick gesucht wird, darf keine wohlige Entspannung eintreten, für die eine gewisse Sicherheit notwendig ist. Vielmehr erhöht das Risiko die Erregung des Wollüstigen, da der sexuelle Akt an sich mechanisch und langweilig geworden ist. Auf diese Weise wird die Gefahr bewusst gesucht, zum Beispiel durch körperliche Verletzung oder ungeschützten Sex. Oft wird die Gefahr allerdings nicht absichtlich gesucht, vielmehr lässt sich der Wollüstige, nach Alkoholgenuss nicht mehr nüchtern, leichtsinnig darauf ein.
12. *Scham- und angstbesetzter Sex:* Im Rausch der Wollust passieren zuweilen Dinge, für die man sich im Nachhinein in Grund und Boden schämt. Man möchte das Ganze am liebsten so rasch wie möglich vergessen. Wer kann schon sicher sein, was genau passiert ist? Im Eifer der Wollust wurde das Kondom vergessen oder man fühlte sich unter Druck, es »ohne« zu machen. Angst vor HIV oder einer ungewollten Schwangerschaft breiten sich aus. Vielleicht schleichen sich Angst und

Scham aber auch schon während des sexuellen Kontaktes ein und verhindern, dass die sexuelle Begegnung entspannt genossen werden kann.

13. *Ekelhafter Sex:* Ekel wirkt als wichtiges Signal, dass sich eine Grenze zeigt, die gerade überschritten wird. Beim wollüstigen Sex treten anfangs häufig solche Ekelgefühle auf, etwa bei Sexualpraktiken, zu denen man sich gedrängt fühlt oder sich selbst zwingt, jedoch nicht wirklich bereit ist. Mit der Zeit flacht der Ekel ab, man gewöhnt sich an die ständigen Grenzüberschreitungen. Nun taucht der Ekel im Nachhinein auf oder in nächtlichen Alpträumen.
14. *Alkohol- und drogeninduzierter Sex:* Mit der Zeit genügt der Sex allein nicht mehr. Zur Luststeigerung werden Drogen eingesetzt, zum Beispiel Kokain oder Amphetamine. Wer nur unter Alkoholeinfluss fähig ist, sich sexuell gehen zu lassen, hat ebenfalls ein gehemmtes Lusterleben.

Viele Menschen kennen vereinzelte Ausflüge in die Wollust. Das bedeutet noch nicht, dass sie von dieser Leidenschaft besessen sind. Manchmal ist es auch ganz heilsam, die lieblose Seite der Sexualität kennenzulernen, um herauszufinden, dass sie gar nicht so anziehend ist, wie man vielleicht dachte. Einzelne Personen verlieren sich aber regelrecht in der Wollust und kommen nur schwer oder gar nicht mehr davon los. Die sexuelle Maßlosigkeit verändert ihre Persönlichkeit, sodass sie sich zunehmend außerstande sehen, an andere Dinge zu denken als an ihre Lustbefriedigung, die sich jedoch nicht wirklich befriedigend anfühlt. Es ist unmöglich geworden, gelassene, wohltuende, glühende, prickelnde oder erfüllende Erotik zu erleben.

In ihrer vollen Ausprägung kennt die Wollust nur Zeiten des Rausches, in denen alles andere weit weg ist, sowie die unsanfte Landung danach in der inneren Einöde, in der sich die schlechten Gefühle und der Selbsthass ausbreiten. Weil der Absturz so unangenehm ist, muss er rasch durch einen erneuten sexuellen Rausch überbrückt werden. Doch die dabei erlebte Euphorie und Faszination werden immer schwächer. Stärkere, exzessivere, bizzarere Formen des Rausches müssen herbeigeführt werden.

»Hellgraue Freudlosigkeit legt sich über das Leben, bis am Ende auch der Sinn für den sinnlichen Genuss dahin ist.« (Sofsky) Der Marquis de Sade hat den Prozess in *Die 120 Tage von Sodom* treffend auf den Punkt gebracht, mit dem sich der oder die Wollüstige von der Lebensfreude verabschiedet: »Hat der Mensch sich einmal seiner Würde begeben (...), so hat er auch seiner Seele eine Art Wendung zum Verdorbenen mitgeteilt, aus der sie nichts mehr herausbringen kann.«

Der Wollust zugrunde liegt eine starke Identifikation mit der Körperlichkeit und eine übermäßige Betonung der animalischen, vitalen und impulsiven Seiten der Persönlichkeit. Dies kann sich auf zwei unterschiedliche Arten entwickeln. Im ersten Fall wird eine Person zu früh in ihrer Entwicklung mit sexuellen oder auch aggressiven Erlebnissen konfrontiert, die sie noch nicht angemessen verarbeiten kann. Es entsteht eine Art Trauma, dem sie hilflos ausgeliefert ist. Die selbst gewählte Wollust kann dann als Versuch verstanden werden, sich im Verlauf der weiteren Entwicklung aus der Rolle eines passiven Opfers zu befreien. Allerdings führt dieser Weg meist nicht zu einer seelischen Heilung, sondern eher zu einer zwanghaften Wiederholung des Traumas. Dies gewährleistet eine gewisse psychische Stabilität, erlöst jedoch nicht aus den Wunden der Vergangenheit. Mit der Zeit sind die negativen Folgeerscheinungen der Wollust nicht selten größer als das ursprünglich erlebte Trauma.

Im zweiten Fall, der meiner Ansicht nach häufiger auftritt, wird die natürliche Impulsivität im Verlauf von Kindheit und Jugend durch gesellschaftliche Konditionierungen abgewertet und unterdrückt. Die tierhaften Triebe sollen möglichst vom Bewusstsein ausgeschlossen bleiben. Auf diese Weise entsteht eine ungünstige Spaltung in der Psyche. Die »Tierseele« darf sich nicht zeigen. Der freie Fluss der Lebensenergie gerät ins Stocken. Je stärker die Vitalität unterdrückt wird, desto fordernder äußert sie sich durch wollüstige oder auch aggressive Wünsche.

Aus diesem Grund wirkt die Leidenschaftlichkeit, mit der sexuell Maßlose ihre Wollust verteidigen, oft etwas defensiv. Es scheint, als müssten sie sich selbst beweisen, dass das, was alle schlecht nennen, eigentlich gut ist. Doch irgendwie können sie selbst nicht daran glauben, dass ihre sexuellen Wünsche berechtigt sind. Sie meinen, andere seien davon besessen, ihnen die Lust zu verbieten. In Wirklichkeit sind sie es selbst, die nicht gelernt haben, ihre animalischen Triebe anzunehmen und ohne inneren Widerstand auszuleben. Die Wurzel der Wollust liegt in einer zwanghaften Durchsetzung der sexuellen Lust, der zuvor das natürliche Daseinsrecht abgesprochen worden ist. So ist die Wollust der krampfhafte Versuch, ständig mit Gewalt gegen die verschlossene Türe einer selbstverständlichen Erotik anzurennen.

Exkurs: Sexualfeindlichkeit und Patriarchat

In der Geschichte der Menschheit wechseln sich Zeiten der Sexualfeindlichkeit und Sittenstrenge mit solchen von relativer Freizügigkeit ab. Die letzte größere Wandlung der sexuellen Einstellungen geschah in den westlichen Ländern in der zweiten Hälfte des 20. Jahrhunderts im Zuge der sogenannten »sexuellen Revolution«. Dabei kam es zu einer gewissen Enttabuisierung der Sexualität und einer zunehmenden Akzeptanz verschiedener sexueller Bedürfnisse und Orientierungen.

Bei genauerer Betrachtung werden aber nie alle gesellschaftlichen Schichten und Personen von derartigen moralischen Veränderungen erfasst. Auch in der Vergangenheit existierten Milieus puritanischer Rigidität gleichzeitig neben solchen der sexuellen Libertinage. Außerdem trübten gegenseitige Vorurteile zwischen den sozialen Klassen den Blick für die tatsächlich praktizierte Sexualität. Die oberen Schichten schauten entrüstet auf die angebliche sexuelle Vulgarität der unteren Klassen herab, während von unten her die höfische Gesellschaft als verdorben, eitel und zügellos erschien. Eine unbeschwerte Freude an der Lust und eine durchwegs positive Bewertung der Sexualität blieben insgesamt jedoch wohl nur wenigen Kulturen und historischen Epochen vorbehalten.

Wir befinden uns heute immer noch in einer langen historischen Periode des Patriarchats. Dessen hauptsächliche Merkmale sind die Dominanz eines männlichen Gottes (entweder als oberster oder als einziger Gott) sowie der Glaube, der Mann stehe über der Frau oder verkörpere – wie im Mythos von Adam und Eva – das ursprünglichere Geschlecht, während die Frau eine Zutat darstelle (»aus der Rippe Adams«, Gen 2,21). Möglicherweise befinden wir uns am Ende dieses langen Zeitraumes, da sich in den letzten fünfzig Jahren das Verhältnis zwischen Mann und Frau deutlich zugunsten größerer Gleichberechtigung verändert hat.

Patriarchalische Gesellschaften verurteilen und verbieten meistens die erotische Eigenaktivität der Frau sowie alle Formen von Sexualität, die nicht der Zeugung dienen. Der Mann des Patriarchats fürchtet sich obsessiv vor der verschlingenden Frau und hat eine ebenso große Angst vor seiner eigenen Weiblichkeit, wodurch insbesondere auch (zumindest die passive) Homosexualität abgewertet wird.

Zu den Hütern des Patriarchats gehören allen voran die Repräsentanten der Religion in ihrer fundamentalistisch-schriftgetreuen Ausprägung. Viele dieser Kirchenväter, Ordensbrüder, Rabbis, Imame und Ayatollahs, die am eifrigsten damit beschäftigt sind, die Sexualität zu zügeln, zu unterdrücken und zu verbieten, sind selbst am besessensten davon. Paradebeispiel dafür war Augustinus, dessen gespaltenes Verhältnis zur Sexualität in seinen *Bekenntnissen* deutlich zutage tritt.

Augustinus war aber nicht nur Täter, sondern auch Opfer einer patriarchalisch geprägten Religion mit ihrem strengen, richtenden Vatergott, der auf einem Berg sitzt und alles niedermacht, was nicht seinen Geboten gehorcht. Der Manichäismus, dem Augustinus in seinen jüngeren Jahren anhing, predigte eine rigorose Spaltung zwischen Seele und Körper, Licht und Dunkelheit. Doch auch im jüdischen, christlichen und mohammedanischen Monotheismus findet sich eine ähnliche Lustfeindlichkeit mit einer autoritären Vater-Gottheit, die darüber wacht, dass die Frauen keusch und die Männer zeugungswillig bleiben.

Dieser männliche Blitz-und-Donner-Gott ist älter als die jüdische und christliche Religion, findet sich auch im persischen Zoroastrismus und wurde wahrscheinlich im Zuge indogermanischer Siedlungsschübe aus dem Norden im Zeitraum um 4500–3000 v. Chr. in den Nahen Osten eingeführt. In vielen Kulturen lebte er als oberster Herrscher relativ friedlich mit anderen Göttern zusammen (etwa als Zeus/Jupiter), im Judentum verdrängte er dagegen »eifersüchtig« alle anderen Götter und bekämpfte insbesondere die Religion der ursprünglicheren weiblichen Gottheit.

Durch zahlreiche archäologische Funde kann angenommen werden, dass vor der Einwanderung des männlichen Herrscher-Gottes eine große Mutter-Gottheit *(magna mater)* seit Beginn der Jungsteinzeit als Schöpferin von Himmel und Erde weithin verehrt wurde. Diese Göttin trug viele Namen, unter anderem Innana (Sumer), Astarte (Phönizien), Kybele (Kleinasien), Aphrodite (Zypern) und Isis (Ägypten). Einer der Mythen um die große Göttin war die sexuelle Vereinigung mit ihrem jugendlichen Liebhaber, die rituell im Tempeldienst gefeiert wurde. Sexualität war somit ein wesentlicher Bestandteil der Verehrung der *magna mater*. Leider ist diese Religion nur in verzerrter Form in der Bibel und anderen frühen Schriften überliefert, deren Urheber allesamt Partei für die männliche Zentralgottheit ergreifen und damit beschäftigt sind, die matriarchalischen religiösen Traditionen zu zerstören.
Merlin Stone weist darauf hin, dass der Mythos von Adam und Eva wahrscheinlich auf einer älteren Überlieferung beruht und nachträglich so abgeändert wurde, dass Adam der zuerst Erschaffene und Eva die zur Sünde Verführende wurde. Die Schlange stellte ein wichtiges Attribut der großen Mutter-Gottheit dar und spielte auch im Orakel von Delphi, bei dem ursprünglich eine weibliche Gottheit verehrt wurde, eine bedeutende Rolle. Die katholische Version der *magna mater* – die Gottesmutter Maria – ist ihrer Sexualität beraubt worden und wird als keusche Jungfrau verehrt, was sich gut in das weibliche Ideal des Patriarchats einfügt.
Frauen besaßen in den früheren matriarchalischen Gesellschaften wesentlich größere gesellschaftliche und sexuelle Rechte als in den späteren patriarchalischen. Das alte Israel mit seinen extrem frauenfeindlichen Gesetzen, wonach zum Beispiel eine verheiratete Frau, die eine Vergewaltigung erlitt, zu Tode gesteinigt wurde (5Mos 22,22), pflegte eine der rigidesten Formen des Patriarchats. Aus patriarchalischer Sicht machte dieses grausame Gesetz jedoch Sinn: Der Herr des Hauses muss darüber wachen, dass kein anderer Mann seinen Besitz missbraucht und mit seinen Frauen Kinder zeugt. Er muss unter allen Umständen sicher sein können, auch wirklich der leibliche Vater seiner Kinder zu sein.
Die patriarchalischen religiösen Konzepte, Bilder und Normen haben jahrhundertelang das Denken und Handeln geleitet und sind auch heute noch

prägend (vgl. Gimbutas, *The civilization of the goddess*; Roller, *In search of God the mother)*. Eine Rückkehr zur unbeschwerten Freude an Erotik und Sexualität, die positiv in Mythos und Spiritualität verankert ist, hat noch einen langen Weg vor sich.

Lustfeindlichkeit und Empfindungslosigkeit

Während Wollust und Völlerei den sinnlichen Genuss einseitig übersteigern, besteht andererseits auch die Möglichkeit, die Lustgefühle bis hin zur Empfindungslosigkeit zu unterdrücken. Einige Menschen besitzen zwar von Natur aus keine besonders starke Sinnlichkeit, doch in den meisten Fällen ist eine mangelnde Genussfähigkeit die Folge einer strengen lustfeindlichen Erziehung. Statt den genussvollen Trieben eine gewisse Freiheit zu erlauben, wird versucht, die animalischen Kräfte des Seelenlebens gewaltsam zu unterwerfen.

Wenn hier Lustfeindlichkeit und Empfindungslosigkeit als Laster des Mangels im Bereich des sinnlichen Genusses dargestellt werden, dann bedeutet dies nicht, dass Kontrolle, Verzicht, Enthaltsamkeit, Nüchternheit und Abstinenz immer problematisch sind. Gerade bei substanzbezogenen Süchten ist es für eine positive Entwicklung aus der Abhängigkeit heraus unerlässlich, den bewussten Verzicht zu einer Gewohnheit zu machen. Als Gegenstrategie zur Maßlosigkeit bilden Selbstkontrolle und Abstinenz wichtige Stärken.

Wenn Familie, Gesellschaft oder Kirche allerdings darauf hinwirken, die natürlichen sexuellen Bedürfnisse des heranwachsenden Individuums zu unterdrücken oder in ganz bestimmte Bahnen zu lenken, dann entsteht ein gefährliches Ungleichgewicht. Manchmal wird in der Kindheit und Jugend eine asketische Lebenshaltung derart verinnerlicht, dass später sogar überlebensnotwendige Funktionen wie die Nahrungsmittelaufnahme gestört sind. Sexualität ist für das Individuum zwar nicht überlebensnotwendig, doch die erotische Lustfeindlichkeit kann zu bleibenden charakterlichen Schäden führen, insbesondere zu einer zwanghaften oder autoritären Persönlichkeit (vgl. Wilhelm Reich, *Charakteranalyse).* Außerdem richtet die genussfeindliche Indoktrination großes Unrecht an. Diese führt dann etwa zur Beschneidung von Mädchen, der Verfolgung, Hinrichtung und erzwungenen operativen Geschlechtsumwandlung Homosexueller oder der rigiden Überwachung der Sexualität durch sogenannte Sittenwächter, um einige besonders fatale Beispiele aus islamistisch geprägten Ländern zu nennen.

Im Bereich des Essens und Trinkens besteht die Tugend der Ausgeglichenheit darin, das rechte Maß zwischen Genuss und Beschränkung zu finden. Weder Völlerei noch rigide Kalorienrestriktion sind der Gesundheit förderlich. Immer mehr Menschen sind außerdem damit beschäftigt, angeblich schädliche Typen von Nahrungsmitteln von ihrer Menüliste zu streichen. Die sogenannte Orthorexie – das krampfhafte Bemühen, nur das »Richtige« oder »Gesunde« zu essen – nimmt immer absurdere Formen an. Einmal sind die Kohlenhydrate die Bösewichte, die einen Blähdarm, Karies oder Krebs verursachen. Dann sind die Fette die Dickmacher. Dann ist da natürlich das Essen von Tieren, das ethisch sowieso fragwürdig ist. Salat und Gemüse sind auch schädlich, sofern sie nicht biologisch angepflanzt werden. Zum Schluss bleibt kaum noch etwas übrig, das man mit gutem Gewissen essen darf.

Noch schlimmer ist es bei der Magersucht (Anorexie). Bei dieser psychischen Störung wird der natürliche Hungerimpuls so lange unterdrückt und bekämpft, bis der Körper zu Tode aushungert, sofern nicht vorher entsprechende therapeutische Maßnahmen eingeleitet werden. Die davon Betroffenen besitzen einen eisernen Willen, auf den sie auch noch stolz sind. Mit Nahrungsverweigerung und exzessivem Sport versuchen sie, den ihrer Ansicht nach optimalen Körperumfang zu erreichen, der jedoch immer eine Spur geringer ist als der aktuelle Umfang, egal wie sehr dieser bereits zusammengeschrumpft ist. In der Anorexie zeigt sich, dass die rigorose Zielverfolgung eines Ideals unmöglich ist: Je näher man diesem Ideal gelangt, desto mehr verschärft es sich und bewegt sich sogleich in größere Ferne, sodass man sich letztlich zu Tode abmüht.

Der Hang zur exzessiven Askese war auch schon zu früheren Zeiten verbreitet, vor allem im klösterlichen Leben. Johannes vom Kreuz schreibt über seine Ordensbrüder, dass »sich manche durch Bußübungen um[bringen], während sich andere durch Fasten schwächen, weil sie, ohne dass ein anderer es ihnen aufgetragen hätte, mehr tun, als sie in ihrer Schwäche ertragen.« Es scheint eine heimliche Lust darin zu liegen, sich die Lust zu verbieten. So gelangt die extreme Selbstkasteiung wieder in die Nähe der Wollust, da die masochistische Befriedigung, die sie verschafft, doch nichts anderes darstellt als Maßlosigkeit der Begierde.

Auch im Bereich der Sexualität ist es möglich, durch rigide Kontrolle die natürliche Begierde zu bekämpfen und abzutöten. Auch hier wird oft ein absurdes Ideal angestrebt, das in keiner Weise den körperlichen Bedürfnissen gerecht wird. Christliche Bewegungen wie »True Love Waits« versuchen, junge Menschen dazu zu ermuntern, sich ihre »Jungfräulichkeit« zu bewahren und sexuell enthaltsam zu leben, bis sie verheiratet sind. Früher galt es, die Selbstbefriedigung wegen angeblicher Rückenmarksschädigungen zu unterlassen. Der sinnenfeindliche Protestantismus verbot das lustvolle fastnächtliche Treiben und setzte Tanzverbote durch, da man sich beim Tanzen körperlich gefährlich nahekommt, was die teuflische sexuelle Begierde anfachen könnte.

Das Bestreben, zur alten Tugendmoral der Selbstdisziplin und Enthaltsamkeit zurückzukehren, scheint allerdings angesichts der endlos auf uns einströmenden Anreize und des gesellschaftlichen Zwangs zum demonstrativen Vergnügen nicht ganz unverständlich. Der Kapitalismus versucht, zur Wollust und Völlerei zu verführen, indem er Befriedigungen für Wünsche verspricht, die noch gar nicht entstanden sind. Doch ins andere Extrem zu verfallen – mit Sittenstrenge, Genussfeindlichkeit und Selbstkasteiung – kann nicht die Lösung sein. Je mehr man den Genuss verbietet, desto mächtiger bäumt sich unsere animalische Natur auf und verlangt nach ihrem Recht. Wir dürfen ihr nicht die Daseinsberechtigung absprechen, aber wir müssen uns auch nicht zu ihrem Sklaven machen lassen.

Die Lustfeindlichkeit beruht im Wesentlichen auf verschiedenen pessimistischen, einseitigen und deshalb falschen Einstellungen zur Sexualität, von denen die folgenden am häufigsten vorgebracht werden:

1. Sex ist etwas Erniedrigendes, das die Seele in den Schmutz zieht. Um zur vollen Entfaltung unserer Würde zu gelangen oder um vor den Augen Gottes Wohlgefallen zu finden, müssen wir alles Niedere bekämpfen und ablegen.
2. Wir sind hilflose Marionetten der Natur, die uns zu unzüchtigen Tieren macht, wenn wir nicht kraft des Verstandes und der moralischen Gesetze lernen, die Natur im Zaum zu halten.
3. Die Natur kennt nur einen Zweck: die Schaffung neuen Lebens. Alle Arten der Sexualität, die nicht der Zeugung dienen, sind widernatürlich.
4. Durch Sex würdigen wir andere Menschen zu bloßen Objekten herab und benutzen sie oder deren Geschlechtsorgane lediglich für unsere egoistische Bedürfnisbefriedigung.

Alle vier Argumente werden besonders in religiösen Kreisen immer und immer wieder vorgetragen. Doch eigentlich findet sich im Christentum sehr wohl auch eine entspannte und vernünftige Tradition im Umgang mit körperlichen Bedürfnissen. Weder im Alten noch im Neuen Testament wird genussvolles Essen verdammt. Vielmehr wird gerne und oft gespeist. Da gibt es Gastmähler und Abendmähler, wundersame Speisenvermehrungen und viel Weinausschank. Nirgends findet sich ein Hinweis darauf, dass der Genuss von Nahrungsmitteln verpönt sei. Jesus übertrat sogar die strengen Ernährungsregeln des Judentums und sagte ausdrücklich, dass »nicht was in den Mund hineingeht« den Menschen verunreinige, »sondern was aus dem Mund herausgeht« (Mt 15,8).

Man würde sich wünschen, dass Jesus ähnlich deutliche Zeichen im Umgang mit der Sexualität gesetzt hätte. Es gibt weder eindeutige Belege dafür noch dagegen, dass er sexuelle Kontakte hatte. Jesus für eine rigide Sexualität mit dem Ideal einer braven christlichen Großfamilie zu vereinnahmen wirkt jedoch angesichts seiner tatsächlichen unkonventionellen

Lebensweise komisch. Er blieb unverheiratet, lebte fast ausschließlich mit Männern zusammen und suchte die Gemeinschaft mit gesellschaftlich geächteten Außenseitern wie Prostituierten. Einem römischen Hauptmann, der ihn bat, seinen schwer kranken »Knecht« zu heilen, den dieser besonders »schätzte«, erfüllte Jesus ohne Zögern die Bitte und pries den Glauben des Zenturions (Lk 7,1–9). Das griechische Wort, das für den »Knecht« verwendet wird, bedeutet eigentlich »Sklavenjunge«. Es ist naheliegend, dass es sich dabei um den Liebhaber des Hauptmanns handelte (vgl. Helminiak, *What the bible really says about homosexuality*). Aus der Überlieferung geht außerdem klar hervor, dass Jesus nachsichtig mit Menschen war, die der Wollust verfallen waren. Gleichzeitig lud er sie aber dazu ein, sich von ihrer lasterhaften Lebensweise zu verabschieden und innerlich heil zu werden (Joh 8,1–11). Entscheidend waren für ihn Liebe, Treue und Aufrichtigkeit.

In ärztlichen und psychologischen Praxen ist erotische Lustlosigkeit oder gar Empfindungslosigkeit ein weitaus stärker verbreitetes Problem als die Sexsucht, wobei allerdings bei letzterer die Hemmschwelle höher sein dürfte, fachliche Hilfe aufzusuchen. Zahlreiche Paare erleben bei längerem Zusammensein einen Schwund der sexuellen Lust (aufeinander). Der Trieb wird müde. Im Schlafzimmer herrscht Flaute. Die von der Werbungs-, Unterhaltungs- und Sexindustrie genährte falsche Vorstellung, ständig geil aufeinander sein zu müssen und es täglich mehrmals an verschiedenen Orten hemmungslos zu treiben, lässt die tatsächliche Lustlosigkeit als furchtbar kränkend und problematisch erscheinen, sodass es deshalb nicht selten zu Trennungen kommt, besonders wenn die Begierde beim einen Partner größer ist als beim anderen.

Für erotische Lustlosigkeit oder gar Empfindungslosigkeit gibt es verschiedenste Gründe, die von körperlichen Erkrankungen, Nebenwirkungen von Medikamenten, psychischen Belastungen, unausgesprochenen Konflikten oder falschen Erwartungen bis hin zur Katze der Partnerin reichen, die einen beim Sex komisch anguckt. Eine genauere sexualtherapeutische Abklärung ist sinnvoll. Von den psychosozialen Gründen sexueller Lustlosigkeit sind meiner Erfahrung nach drei die häufigsten: erstens die Erwartung, dass Sexualität einfach wie von selbst »funktionieren« sollte – trotz eines gnadenlos durchstrukturierten Tagesablaufs mit Hausarbeit, Kindern, Büro, Weiterbildung, Sport, Einkauf, Freunden etc.; zweitens eine im Lauf der Erziehung verinnerlichte genussfeindliche Einstellung zu Sex und Erotik; und drittens die Gewöhnung an einen wollüstigen Lebensstil als Single, der beim Eingehen einer Partnerschaft merkliche Probleme verursacht.

Die Enttabuisierung der Sexualität im Zuge der sexuellen Revolution hat leider auch dazu geführt, dass sexuelle Begegnungen viel von ihrer Besonderheit und dem heimlichen, verbotenen Nimbus verloren haben. »Die Wollust hat sich totgesiegt«, konstatiert Heiko Ernst. Wenn der Sex etwas so Normales und Alltägliches ist wie Zähneputzen und Fernsehen, dann wird er natürlich auch entsprechend langweilig und verliert seine Geheimnisse.

Die Sinnlichkeit braucht besondere Zeiten, in denen das alltägliche Mittelmaß aufgehoben ist. Die Liebesgöttin kommt nicht rasch mal auf einen Sprung vorbei, damit der eheliche Akt vollzogen werden kann. Sie kommt, wann und wo sie will und nur auf besondere Einladung und bei gebührender Verehrung. Erotik benötigt den Ausbruch aus der Alltäglichkeit durch Vorfreude, Freinächte und Fastnachtsfeste. Ansonsten bleibt die Sinnlichkeit karg und freudlos. Aphrodite will spielen, scherzen, tanzen, trinken und lachen. Sie mag Muße, gute Laune und freundliche Zuneigung. Konversation und Komplimente erhöhen ihr Interesse. Dann plötzlich hebt sie die üblichen Schranken auf, versprüht ihre Reize und den erotischen Glanz. Womöglich kommt es zur genüsslichen sexuellen Vereinigung mit ihrer wunderbaren Mischung aus Dominanz und Hingabe, sanfter Zärtlichkeit und roher Kraft.

Ausgeglichenheit und Harmonie

Die Ausgeglichenheit oder Mäßigkeit *(sophrosýne, temperantia)* stellt nach Aristoteles eine mittlere Disposition zwischen Lust und Unlust dar. Sie betrifft ausschließlich körperliche Begierden und damit verbundene Freuden, nicht jedoch seelische Arten der Lust, wozu etwa Sieg, Ehre oder Lernbegierde gehören. Allerdings sind nicht alle körperlichen Lüste von der Begierde betroffen. So ist etwa die Lust am Sehen schöner Farben und Formen, am Hören von Musik oder am Riechen angenehmer Gerüche nicht der körperlichen Begierde unterworfen, außer wenn diese Wahrnehmungen an die Begierde erinnern. Mäßigkeit und Unmäßigkeit beziehen sind hauptsächlich auf diejenigen Lustempfindungen, an denen auch die Tiere Anteil haben.

Die Mäßigkeit sorgt dafür, dass die animalischen Begierden in einem angemessenen Verhältnis zu den höheren psychischen Funktionen stehen und nicht auf Kosten anderer Freuden einen zu großen Raum einnehmen. Einen ausgeglichenen Menschen stoßen Dinge und Aktivitäten ab, die der Unmäßige liebt. Wer gemäßigt lebt, leidet nicht sehr unter unerfüllten Begierden und begehrt ihre Gegenstände nicht im Übermaß. Vielmehr strebt der Ausgeglichene nach jenen angenehmen, lustvollen Dingen, die zugleich der Gesundheit des Körpers dienen.

Nach Aristoteles ist das Streben nach der Lust am stärksten bei Kindern ausgeprägt. Falls Kinder nicht ausreichend lernen, dieses Streben den höheren vernunftmäßigen Anteilen unterzuordnen, dann wird ihre Begierde weiter anwachsen, »denn in einem Wesen ohne Verstand ist das Streben nach dem Angenehmen unersättlich und wahllos«. Bei gemäßigten Menschen stimmt der begehrliche Teil des Organismus dagegen mit der Vernunft überein. Eine Langzeit-Studie von Walter Mischel scheint Aristoteles recht zu geben: Jene Versuchspersonen, die als Kinder im Alter von vier bis sechs Jahren länger auf eine Belohnung warten konnten als ihre Altersgenossen, zeigten als Jugendliche bessere kognitive und schulische Leistungen, eine stärkere Selbstkontrolle und ein gesünderes Körpergewicht (Shoda et al.).

Um dem Leben mehr Harmonie und Ausgeglichenheit zu verleihen, ist es somit erforderlich, sich auf dem Lust-Kontinuum zwischen Maßlosigkeit und Empfindungslosigkeit auf die Mitte hinzubewegen. Das bedeutet gleichzeitig, dass wir uns auch dem entgegengesetzten Pol annähern. Wer ein zu trockenes, lustloses Leben führt, darf ruhig mal ein bisschen über die Stränge schlagen. Wer ständig den Rausch sucht, sollte längere Zeit ausnüchtern. Ausgeglichenheit und Harmonie sind allerdings mehr als die bloße Mitte zwischen zwei Extremen. Ein innerlich ausgeglichener Mensch vereinigt Sinnliches und Seelisches, körperlichen Genuss und geistige Wahrheit. Statt die Lust zu bezwingen oder sich von ihr unterjochen zu lassen, lässt sich das rechte Maß dadurch treffen, dass die Persönlichkeit die seelischen und begehrlichen Bedürfnisse miteinander aussöhnt.

Wir wenden uns zunächst der *Nüchternheit* zu. Solange das Angenehme und Lustvolle das Maß aller Dinge sind, können Wollust und Völlerei nicht verwandelt werden. Solange wir in die innere Leere hineinfuttern oder sie mit Sex ausfüllen, bleiben wir einer Scheinlösung für mangelnde Lebensfreude verhaftet. So widerwärtig das auch ist: Wir müssen den Rausch ausschlafen, dem Organismus die Droge entziehen, ausnüchtern und verzichten. Daran führt kein Weg vorbei, wenn wir nicht den Preis für Wollust und Völlerei bezahlen wollen. Statt ständig weiterzusuchen, wie wir die Leere füllen können, ist ein Aufwachen in der Realität vonnöten. Es braucht den langen Atem und die vertrauensvolle Hoffnung auf eine Verbesserung des seelischen Zustandes. Statt sich mit dem Ersatzglück abspeisen zu lassen, das doch mit der Zeit mehr Elend schafft als Freude, führt die Bereitschaft, dem Lustdämon die Macht zu entziehen, längerfristig näher an unsere wahren Bedürfnissen heran.

Dadurch können längst vergessene Freuden wieder neu entdeckt werden. Es sind ja nicht nur die begehrlichen und rauschhaften Bedürfnisse, deren Befriedigung Wohlbefinden schafft, sondern auch das Bedürfnis nach frischer, gesunder Nahrung, die Zugehörigkeit zu anderen Menschen, ausreichender Schutz, körperliche Bewegung, Erholung und Muße, intellektueller Austausch, Kreativität und viele weitere Möglichkeiten des geistig-seelischen Wachstums. Soll all das der Befriedigung eines einzelnen Bedürfnisses geopfert werden?

Im Zustand der Nüchternheit nimmt der Organismus nicht mehr und nicht weniger auf, als er braucht. Statt dass Fantasien und Lüste alles mit sich reißen, verhilft die Nüchternheit zu einer festen Verankerung in der Realität und im Moment. Solange wir nüchtern bleiben, kann uns die Vernunft dabei helfen, statt des Auf und Ab von Verlangen, Unmäßigkeit und Leere zu einem emotionalen Zustand größerer Ausgeglichenheit zu finden. Statt jene Dinge zwanghaft zu verfolgen, die wir wollen, lernen wir jene Dinge schätzen, die wir wirklich brauchen.

Für sexuelle Ausschweifung und Zwanghaftigkeit wird seit alters her die *Keuschheit* als konträre Tugend angepriesen. Keuschheit ist nicht gleichbedeutend mit sexueller Abstinenz. Da die Sexualität weder etwas Schädliches noch etwas Schändliches ist, sondern etwas Wertvolles und Wunderbares, wäre es eine ungünstige Folge von Lustfeindlichkeit, sexuelle Askese zu fordern. Die frühen Christen, allen voran Paulus, propagierten sexuelle Enthaltsamkeit, weil sie irrtümlicherweise meinten, die Fortpflanzung der Menschheit würde sich angesichts der baldigen Verwirklichung des Himmelreichs auf Erden ohnehin erübrigen.

Genauso unsinnig (und unsinnlich!) ist es, die Keuschheit mit anderen sexuellen Normen in Verbindung zu bringen, etwa die Sexualität auf den Zeugungsakt, auf heterosexuelle oder auf eheliche Verbindungen zu reduzieren. Keuschheit ist vielmehr die freiwillige, unerzwungene Bevorzugung einer erotischen, liebevollen Sexualität, die keine Lust an der Unmäßigkeit und am egoistischen Konsum empfindet. Nach Bollnow *(Wesen und Wandel der Tugenden)* verwirklicht die Tugend der Keuschheit die Ordnung der Vernunft im Bereich der Geschlechtskraft. Es ist keineswegs wider die Tugend, dass das bewusste Wirken der Vernunft in gewissen Zeiten unterbrochen wird, beispielsweise durch den Schlaf oder eben durch Sex. Keuschheit ermöglicht die Verwirklichung von Sinnlichkeit und Geistigkeit und verhindert, dass eine dieser beiden Bestrebungen die andere verdrängt.

Die Unkeuschheit der Wollust verdirbt die Klugheit und schwächt die vorausschauende Entscheidungskraft sowie den Sinn für Gesundheit und Ausgeglichenheit. Sie trübt die Wahrnehmung der Wirklichkeit, weil sie lustvolle Rauscherfahrungen vorgaukelt, wo in Wirklichkeit Einsamkeit und Ekel herrschen. Der stets angespannte Wille zum Genuss verhindert es, entspannt und gelöst die Wirklichkeit wahrzunehmen, wie sie sich darbietet. Die Keuschheit dagegen verhilft der natürlichen Schamhaftigkeit wieder zu ihrem Recht, die in der Wollust verdrängt werden musste.

Aufmerksam für diejenigen erotischen Betätigungen, die einem wirklich guttun und auf die man sich ohne Scham und mit freudiger Begierde einlassen will, ist ein keuscher Mensch nicht dazu bereit, irgendwelche fremden Bedürfnisse nach sexuellen Aktivitäten zu erfüllen, die nicht im Einklang mit seinem ganzen Wesen stehen, insbesondere mit seinen seelisch-geistigen Anteilen. Dann wird er oder sie ohne schlechtes Gewissen nein sagen und auf eine sexuelle Begegnung verzichten. Doch wenn jede Faser des Körpers nach dem oder der Geliebten verlangt, wenn das Herz warm und der Kopf heiß wird, wenn die Sicherheit da ist und das Vertrauen, sich ganz in die Arme und in die Lust der anderen Person fallen zu lassen, dann sagt ein keuscher Mensch ja zur Sexualität, genießt sie in vollen Zügen und wacht erfüllt, glücklich und ohne falsche Scham aus dem herrlichen Rausch auf.

Im Bereich des Essens und Trinkens bildet das *Fasten* eine Möglichkeit, über einen bestimmten Zeitraum hinweg teilweise oder ganz auf Speisen, gewisse Getränke sowie Genussmittel zu verzichten. Der Begriff stammt von einem Wort ab, das ursprünglich »festhalten, beobachten, bewachen« bedeutete. Gemeint ist damit das Einhalten bestimmter Gebote der Enthaltsamkeit. Zahlreiche Religionen kennen festgelegte Fastenrituale. Kulturhistorisch findet sich die Fastenzeit am häufigsten im Frühling, da – neben religiösen Gründen – in dieser Jahreszeit eine Darmreinigung von den üppigeren Mahlzeiten des Winters der Gesundheit dient. Fasten gehört in den größeren Zusammenhang einer ausgeglichenen, gemäßigten Lebensweise, die mindestens seit der Antike als körperlichem und seelischem Wohlbefinden förderlich gilt. So empfahl Hippokrates von Kos: »Sei mäßig in allem, atme reine Luft, treibe täglich Hautpflege und Körperübung (…) und heile ein kleines Weh eher durch Fasten als durch Arznei.«

Aus religiösen Motiven wird gefastet, um die Seele zu reinigen, Buße zu tun, das Böse abzuwehren, sich auf besondere Feste vorzubereiten oder den Geist im Streben nach Demut, Harmonie, Achtsamkeit, Erleuchtung und Erlösung zu konzentrieren. Heute fasten viele Menschen jedoch nicht unbedingt aus spirituellen Gründen, sondern weil sie sich durch die Einhaltung einer Diät eine Gewichtsreduktion erhoffen. Losgelöst vom religiösen Kontext und von einer gesunden, gemäßigten Lebensweise, die das ganz Jahr über eingeübt wird, nicht nur während einiger Wochen, besteht jedoch die Gefahr, dass mit Radikaldiäten und extremer Kalorienrestriktion mehr Gewichtsprobleme entstehen, als gelöst werden.

Fasten ist sinnvoll, wenn bestimmte Genussmittel reduziert werden sollen, wie etwa Alkohol, Kaffee oder Süßigkeiten, um längerfristig zu gesünderen Ess- und Trinkgewohnheiten zu finden. Eine eigentliche Entziehungskur bei Alkohol, Medikamenten und Drogen sollte jedoch stets unter ärztlicher Aufsicht erfolgen. Jegliches Fasten muss gut vorbereitet und von zusätzlichen Maßnahmen begleitet sein, wie etwa ausreichenden Ruhezeiten, Bewegung, genügend Flüssigkeitsaufnahme, einem Notfallplan, wenn der Körper seltsam reagiert oder der Hunger unwiderstehlich wird, sowie einer behutsamen Beendigung des Fastens und einem Übergang zu langfristig gesunden Ernährungsgewohnheiten (Lützner, *Wie neugeboren durch Fasten)*.

Als Heilmittel für Völlerei reichen einige Tage oder Wochen des Fastens selten aus. Doch als zusätzliche Maßnahme zur Einübung einer neuen Lebenshaltung, die von der Vermeidung negativer Emotionen durch Zufuhr von Nahrung oder psychotropen Substanzen wegführt, kann Heilfasten sinnvoll sein. Neben der inneren Bereitschaft und dem Mut, mit seelischen Schwierigkeiten konstruktiver umzugehen, als man es tut, wenn man Lustgefühle und rauschartige Zustände auslöst, braucht es insbesondere auch ein größeres Ziel, für das es sich längerfristig lohnt, auf kurzfristige angenehme Gefühle zu verzichten.

Wenn die tieferen seelischen Bedürfnisse erkannt werden, die bisher im Leben unbefriedigt geblieben sind, dann fällt es leichter, vorübergehende negative Gefühle oder körperliches Unwohlsein auszuhalten, bis diese Wellen unangenehmer Zustände von selbst wieder abebben. Oft helfen auch andere Bewältigungsformen wie ein Spaziergang an der frischen Luft oder Entspannungs- und Achtsamkeitsübungen. Im Gegensatz zu Alkoholismus, Rauchen, Medikamentenabhängigkeit oder Drogensucht ist völlige Abstinenz bei problematischen Essgewohnheiten natürlich weder möglich noch sinnvoll. Es geht darum, sich bewusst mit Gefühlen und Bedürfnissen auseinanderzusetzen und gleichzeitig eine gesündere und ausgeglichenere Ernährungsweise einzuüben. Das ist ganz allein und ohne therapeutische Unterstützung meistens nicht möglich (vgl. Pudel, *Adipositas).*

Wer eher an asketischer Lustfeindlichkeit leidet als an Wollust oder Völlerei, sollte dagegen nicht noch mehr Nüchternheit, Verzicht und Abstinenz einüben, sondern benötigt *Erotik und Sinnlichkeit.* Die Erotik heilt nicht nur von den Lastern des Mangels im Bereich des leiblichen Genusses, sondern auch von den Lastern des Übermaßes, da bei der Völlerei und Wollust eine unsinnliche, lieblose Art des Lusterlebens vorherrscht. Thomas von Aquin vergleicht Menschen, die an diesen Lastern leiden, mit einem Löwen, der beim Anblick des Hirsches nichts anderes wahrzunehmen vermag als den »Fraß«.

Die Erotik widerstrebt der Unkeuschheit und der Unmäßigkeit. Eros bedeutet Hingabe an den Liebenden, an die Geliebte, ist nicht selbstsüchtig und verfolgt keinen expliziten Gewinn, wie etwa den Orgasmus, die Erniedrigung oder das Ende der Langeweile. Es entsteht erotische »Wohl-Lust« statt zwanghafter Wollust, wenn sich die animalische Vitalität vertrauensvoll den höheren, seelisch-geistigen Bedürfnissen anvertrauen darf, sodass die sexuelle Energie und die Lust an vielfältigen körperlichen Genüssen auf förderliche und erfüllende Art befriedigt werden.

»Das größte Wunder der Liebe ist, dass sie von der Koketterie heilt«, schreibt La Rochefoucauld ohne die sonst bei ihm übliche Ironie. Die Liebe heilt von der Zwanghaftigkeit, Mechanik und Egozentrik der Wollust. Wenn Sexualität und Liebe sich harmonisch verbinden, dann entsteht Erotik. Statt den anderen für seine eigene Lustbefriedigung zu benutzen, findet bei einer erotischen Begegnung ein fließender Austausch von Geben und Nehmen, Verwöhnen und Sich-verwöhnen-Lassen statt. »Wenn alles im Lot ist«, schreibt Simon Blackburn in seiner Abhandlung zur Wollust, »verlangen wir von anderen Menschen nur Dinge, die sie auch gerne zu geben bereit sind.«

Erotisches Begehren sehnt sich nach einer einzelnen, unverwechselbaren Person in deren leib-seelischer Ganzheit, nicht bloß nach einzelnen körperlichen Schlüsselreizen. Die Sehnsucht nach dem oder der Geliebten und die Vorfreude auf die erotische Begegnung sind fast so intensiv wie schließlich die Erfüllung der Lust. Im Gegensatz zur Wollust geht es nicht um eine Befriedigung des sexuellen Begehrens um seiner selbst willen oder um ein Abreagieren der angestauten Lust. Die erotische Begegnung aktiviert nicht nur Hormone und Körpersäfte, sondern lässt auch die Herzen höher schlagen. Nach dem Orgasmus ist alles gut, es entsteht keine Leere und keine Traurigkeit. Nach dem lustvollen Rausch wacht das normale Bewusstsein erlöst und befriedigt auf, weil der Rausch sich zur rechten Zeit ereignete und nicht herbeigezwungen wurde.

Man sollte nun nicht gleich wieder Forderungen aufstellen wollen, was das denn genau bedeutet, wenn Lust und Liebe einander begegnen. Das muss nicht unbedingt eine »feste« Beziehung oder gar eine legalisierte Ehe sein. Sogar in kurzen Begegnungen kann Liebe entstehen. Manchmal gibt es bei One-Night-Stands seltsame Erlebnisse, in denen man sich plötzlich dem an sich fremden Menschen ganz nahe und verbunden fühlt. Dann ersehnt man, dass sich diese Begegnung ins Endlose ausdehnen möge, und vielleicht ist es tatsächlich der wunderbare Beginn einer tieferen Beziehung. Doch der Wollüstige verpasst solche Momente, weil ihm Nähe unangenehm ist und er nach dem sexuellen Abreagieren schnell das Weite sucht.

Erotik ist ein kunstvoller Balanceakt zwischen Lust und Liebe. Lust ohne Liebe – und es bleibt bei der leeren Wollust. Liebe ohne Lust – das ist etwas Schönes und Beglückendes, aber eher in Familienbeziehungen und Freundschaften, weniger in Partnerschaft und intimen Beziehungen. Die erfüllende Vereinigung von Lust und Liebe entsteht in besonderen Augenblicken und kann selten als Dauerzustand festgehalten werden. Doch grundsätzlich spricht nichts dagegen, dass auch in langjährigen Partnerschaften und in der Ehe die Erotik sich immer wieder aufs Neue ereignen kann. Treue im Sinn einer gegenseitig vertrauensvollen, ehrlichen Beziehung ist für die Erotik sogar sehr hilfreich, da eine egoistische Ausnutzung eines Partners auf Kosten des anderen wenig wahrscheinlich ist.

Was jedoch vonnöten ist, damit anfänglich »heißblütige« Beziehungen mit der Zeit nicht ausschließlich zu freundschaftlicher oder geschwisterlicher Liebe ohne Begierde abkühlen, ist die Bewahrung einer gewissen Fremdheit, Distanz und bewusst praktizierten Abgrenzung. »Das Nein in der Liebe«, wie Peter Schellenbaum es nennt, ist als harmonischer Ausgleich zum Ja des freiwilligen Zusammenseins so notwendig wie das Salz in der Suppe. Wenn die Lust von zu viel Einigkeit und von zu routinierten Abläufen aufgesogen wird, dann schläft die Erotik ein.

»Sich zur Treue zwingen ist nicht mehr als Untreue«. Noch einmal beweist La Rochefoucauld seine untrügliche Menschenkenntnis. Die Voraussetzung für erotische Sinnlichkeit mit ihrer harmonischen Verbindung von Liebe und Lust ist ein Entwicklungsprozess, der auf dem freien (befreiten) Willen beruht, sich aus lasterhaften Abhängigkeiten zu lösen und Herz und Begierde langsam und stetig miteinander auszusöhnen. Die angestrengte Beherrschung sexueller Lust, das Einhämmern von Verboten führen nicht zu Keuschheit, sondern zum Aufbau einer schädlichen Feindschaft zwischen Kopf und Begierde, bei der das Herz auf der Strecke bleibt. Da muss man nun doch Diogenes loben, der zur Schockierung der braven Bürger in aller Öffentlichkeit masturbierte.

Um sich von der Völlerei zu befreien, bei der man unsinnlich in sich hineinfrisst, ist bewusster sinnlicher Genuss ebenfalls hilfreich. Feine kulinarische Genüsse führen aus einer lustfeindlichen, vertrockneten und verstockten Lebensweise heraus.

Auf Platon geht das Gleichnis vom schwarzen und weißen Pferd zurück, die an eine Kutsche angespannt sind. Die Kutsche symbolisiert den Körper, der Kutscher den Verstand. Das weiße Pferd verkörpert die höheren seelisch-geistigen Strebungen und die damit zusammenhängenden Gefühle wie Freude, Liebe und Zufriedenheit. Das schwarze Pferd symbolisiert die begehrlichen Triebe, die nach Erfüllung lechzen.

Falls das schwarze Pferd der Begierde zu dominant wird und die alleinige Kontrolle übernimmt, dann gerät die Kutsche auf Abwege. Dann ist es dem Wagenlenker kaum mehr möglich, die Richtung zu bestimmen. Wenn er allerdings besinnungslos auf das schwarze Pferd eindrischt oder es verhungern lässt, ist an eine glückliche Fahrt ebenfalls nicht zu denken.

Die harte Kontrolle und Unterdrückung unserer »Tierseele« führt dazu, dass wir uns ausgelaugt und energielos fühlen und die nötige Kraft für das Vorwärtskommen fehlt. Das bewusste Ich soll lernen, die Lust zu bändigen, damit sich diese nicht verselbstständigt, aber es darf sie nicht bezwingen. Die Kunst des Wagenlenkers besteht darin, das schwarze und weiße Pferd miteinander zu befreunden, damit sie beide kräftig und willig in die gleiche Richtung ziehen. Wenn Herz und Begierde miteinander versöhnt sind, dann kann der Verstand die Zügel lockerer lassen und muss nicht ständig ordnend eingreifen.

Wenn es gelingt, die Begierde weder zu unterjochen noch sie zur alleinigen Beherrscherin zu machen, sich vielmehr allmählich immer mehr vom Zwang bestimmter Wünsche zu lösen, verschafft das eine freudige *Genügsamkeit* und *Zufriedenheit.* Die Genügsamkeit findet ihre Erfüllung in dem, was ist. Sie muss nicht fortlaufend nach anderen, neuen Reizen Ausschau halten. Innerlich gelöst ist es nun möglich, sich ganz auf den sinnlichen Genuss in der Gegenwart einzulassen und die verschiedensten Geschmacksrichtungen zu genießen, die das Gericht, das vor einem steht, bereithält, statt in Gedanken schon bei der Nachspeise oder bei einem anderen Schlemmermahl zu sein. Die Genügsamkeit zeigt auch, dass nicht die Instinkte, Triebe und Begierden das Problem sind, sondern der Verlust der Freiheit, wenn wir sie zu unseren Leitsternen machen und uns selbst zu ihren Sklaven.

Ein ausgeglichenes, zufriedenes Leben, das durch die ordnende und zugleich fürsorgliche Wirkung der Vernunft die Begierden auf eine kluge Weise genießt, schützt vor den negativen Folgen der Maßlosigkeit wie etwa Kriminalität, Schwangerschaften im Jugendalter, Abtreibungen, Drogenabhängigkeit, sexuell übertragbaren Krankheiten, Gewalt in der

Familie oder der Unfähigkeit, erwünschte Leistungen zu erbringen. Mäßigung und Genügsamkeit bewirken, dass wir weder durch kurzfristige Lust von längerfristigen Zielen abgelenkt werden noch uns durch exzessive Abstinenz, welche die natürliche Vitalität austrocknet, unnötig Gewalt antun. *Temperantia* ist eine Kardinaltugend und somit »eine der vier Angeln, in denen das Tor zum Leben schwingt« (Pieper).

Das Ziel dieser Tugend ist es, eine harmonische innere Ordnung des Menschen zu schaffen, aus der eine heitere Gemütsruhe strömt. Wenn Maßlosigkeit herrscht, dann tun die einzelnen Teile des Menschen, was sie wollen, und das ganze Haus gerät in Aufruhr. Pieper weist außerdem darauf hin, dass die innere Harmonie nur hergestellt werden kann, wenn der Blick nicht ausschließlich auf andere Menschen gerichtet ist, denn dann entsteht höchstens ängstliche, flache Bürgerlichkeit. Die Ausgeglichenheit benötigt den Blick auf den spirituellen Menschen und auf das Göttliche, das absolut Gute jenseits aller menschlichen Moral.

Obschon der Bereich der Ausgeglichenheit hauptsächlich die sinnlichen Genüsse betrifft, sind auch andere Tugenden wie Demut, Sanftmut, Großzügigkeit und Dankbarkeit eng mit der *temperantia*, der Fähigkeit zur zwanglosen Selbstregulation, verbunden. Die Ausgeglichenheit führt wieder zurück zur Weisheit, indem sie Gegensätzliches miteinander versöhnt, sowie zur Wahrhaftigkeit, da sie nicht aus Heuchelei und Zwang entspringt, sondern aus dem freiwilligen Wunsch nach einer harmonischen, liebevollen Selbstbewahrung.

Wenn Ausgeglichenheit und Harmonie nicht mehr bewusst hergestellt werden müssen, sondern zu unserer neuen Natur geworden sind, dann nähern wir uns als Menschen einem Zustand an, der nicht besser als mit dem alten Begriff der *Unschuld* bezeichnet werden kann. Im Zustand der Unschuld sind wir frei von Ungerechtigkeit und Bosheit. Da wir als ausgeglichene, harmonische Menschen die Lust nicht auf Kosten anderer suchen, besteht keine Gefahr von Gewalt oder Falschheit. Frei von Arglist und Verschlagenheit mangelt es uns an der Vertrautheit mit dem Bösen und einer weltgewandten Erfahrung in der Durchsetzung selbstsüchtiger Ziele. Wir fürchten nicht mehr den unzivilisierten, animalischen Teil in uns, sondern beziehen daraus vertrauensvoll Kraft, weil er untrennbar mit unserer Seele verbunden ist.

Wohl deshalb wirken sexuelle Naivität und Jungfräulichkeit anziehend, weil die Seele darin ihren Wunsch erkennt, zur natürlichen Schamhaftigkeit, Spontaneität und Heiterkeit eines unschuldigen Lebens zurückzukehren. Hier besteht keine Spaltung mehr zwischen dem Menschen, der wir sind, und demjenigen, der wir sein möchten. Wenn sich unsere Identifikation mit den körperlichen Trieben gelockert hat, sodass diese genossen werden *dürfen,* aber nicht genossen werden *müssen,* sind wirkliche Lebensfreude und Lebensgenuss möglich. Der »innere Kritiker« ist verstummt. Die animalischen Kräfte sind ins Bewusstsein gehoben und von Zwang und Selbstsucht befreit. Die Lebensenergie kann frei fließen, von Moment zu Moment, ohne verzerrende Fixierungen der Vergangenheit. »Das unschuldige Wesen antwortet frisch auf jeden Moment, ohne Erinnerung, Urteil oder Erwartung. In Unschuld erlebt man die Realität und die eigene Verbindung zu ihrem Fluss.« (Oscar Ichazo)

Literaturhinweise

Adler, A.: *Menschenkenntnis.* Frankfurt am Main: Fischer 1990.

Andresh, J.: Eifersucht: Die dunkle Seite der Liebe. *Spiegel Online,* 22.08.10. (Internet: http://www.spiegel.de/gesundheit/sex/eifersucht-die-dunkle-seite-der-liebe-a-844046.html, besucht 24.7.14).

Aristoteles: *Nikomachische Ethik.* 2. Aufl. (Rowohlts Enzyklopädie 55651) Reinbek bei Hamburg: Rowohlt-Taschenbuch-Verlag 2008.

Augustinus: *Bekenntnisse.* Stuttgart: Reclam 1989.

Bacon, F.: *Neues Organon. Lateinisch – Deutsch.* Hrsg. von W. Kron. 2 Teilbde. Hamburg: Meiner 1990.

Baier, D., Pfeiffer, C., Simonson, J. & Rabold, S.: *Jugendliche in Deutschland als Opfer und Täter von Gewalt* (Forschungsbericht Nr. 107). Hannover: Kriminologisches Forschungsinstitut Niedersachsen 2009 (Internet: http://www.kfn.de/versions/kfn/assets/fb107.pdf, besucht: 15.8.14).

Baltes, P. B., Glück, J. & Kunzmann, U.: Wisdom. In: C. R. Snyder & S. J. Lopez, *Handbook of positive psychology* New York: Oxford University Press 2002, S. 327–347.

Bandura, A.: *Self-efficacy: The exercise of control.* New York: Freeman 1997.

Barelds, D. P. H. & Barelds-Dijkstra, P.: Love at first sight or friends first? Ties among partner personality trait similarity, relationship onset, relationship quality, and love. *Journal of Social and Personal Relationships,* 24 (2007), 479–496.

Behringer, W.: *Hexen: Glaube, Verfolgung, Vermarktung.* München: C. H. Beck 2008.

Benedikt von Nursia: *Die Regel des Heiligen Benedikt.* Beuron: Beuroner Kunstverlag 2006.

Berges, S.: *Plato on virtue and the law.* London: Continuum 2009.

Blackburn, S.: *Wollust: Die schönste Todsünde.* Berlin: Wagenbach 2008.

Boethius: *Trost der Philosophie* (übers. von E. Neitzke). Frankfurt a. M., Leipzig: Insel 1997.

Bollnow, O. F.: Der Fleiß – Ein Beitrag zur Geistesgeschichte der Tugendbegriffe. *Philosophische Studien,* 2 (1949), 356–368.

Bollnow, O. F.: Die Tugend der Geduld. *Die Sammlung,* 7 (1952), 296–304.

Bollnow, O. F.: *Wesen und Wandel der Tugenden.* In: Ders., *Schriften,* Bd. 2: *Die Ehrfurcht. Wesen und Wandel der Tugenden.* Würzburg: Königshausen & Neumann 2009, S. 123–283.

Börne, L.: *Gesammelte Schriften* (8 Bde.). Hamburg: Hoffmann und Campe 1829–1834.

Branstner, G.: *Ist der Aphorismus ein verlorenes Kind? Literarische Miniaturen.* Berlin: Aufbau-Verlag 1959.

Buddha: *Das Wort des Buddha: Eine systematische Übersicht der Lehre des Buddha in seinen eigenen Worten* (übers. von Nyanatiloka M.). Stammbach: Beyerlein & Steinschulte 1989.

Buddha: *Die Lehrreden des Buddha aus der Angereihten Sammlung* (5 Bde.). Bielefeld: Aurum 1993.

Bunge, G.: *Akedia. Die geistliche Lehre des Evagrios Pontikos vom Überdruß* (6. Aufl.). Würzburg: Der Christliche Osten 2009.

Bunge, G.: *Evagrios Pontikos. Über die acht Gedanken.* Beuron: Beuroner Kunstverlag 2007.

Busch, W.: *Kritik des Herzens: Nachdenkliche Betrachtungen des heiteren Philosophen über Schein und Sein* (16. Aufl.). Frankfurt a. M.: Scherz 1989.

Buss, D. M.: *The evolution of desire: Strategies of human mating.* New York: Basic Books 1994.

Dalai Lama: *Die Vier Edlen Wahrheiten. Die Grundlagen des Buddhismus.* Frankfurt a. M.: Krüger 1999.

Decher, F.: Neid – über die Macht des gelben Monsters. *Marburger Forum: Beiträge zur geistigen Situation der Gegenwart,* 6 (2005), 3.

Descartes, R.: *Die Leidenschaften der Seele* (hrsg. von K. Hammacher; 2. Aufl.). Hamburg: Meiner 1996.

DeSteno, D., Bartlett, M., Braverman, J. & Salovey, P.: Sex differences in jealousy: Evolutionary mechanism or artifact of measurement? *Journal of Personality and Social Psychology,* 83 (2002), 1103–1116.

Dick, A.: *Psychotherapie und Glück: Quellen und Prozesse seelischer Gesundheit.* Bern: Hans Huber 2003.

Dick, A.: *Mut – Über sich hinauswachsen.* Bern: Hans Huber 2010.

Dürr, H. P.: *Der Mythos vom Zivilisationsprozess* (5 Bde.). Frankfurt a. M.: Suhrkamp 2002.

Dweck, C. S.: *Mindset: The new psychology of success.* New York: Random House 2006.

Elias, N.: *Über den Prozeß der Zivilisation: Soziogenetische und psychogenetische Untersuchungen* (2 Bde.). Frankfurt a. M.: Suhrkamp 1976.

Emmons, R. A.: *Thanks! How the new science of gratitude can make you happier.* New York: Houghton Mifflin 2007.

Ernst, H.: *Wie uns der Teufel reitet: Von der Aktualität der sieben Todsünden.* Freiburg i. Br.: Herder 2011.

Fairlie, H.: *The seven deadly sins today.* Notre Dame, IN: University of Notre Dame Press 1979.

Felson, R. B.: *Violence and gender re-examined.* Washington, DC: American Psychological Association 2002.

Fromm, E.: *Die Antwort der Liebe.* Freiburg i. Br.: Herder 2003.
Fromm, E.: *Haben oder Sein. Die seelischen Grundlagen einer neuen Gesellschaft.* München: dtv 2010.
Geach, P. T.: *The virtues.* Cambridge, U.K.: Cambridge University Press 1977.
Geulincx, A.: *Ethik oder Über die Kardinaltugenden* (übers. von G. Schmitz). Hamburg: Meiner 1948.
Gimbutas, M.: *The civilization of the goddess: The world of old Europe.* San Francisco, CA: Harper 1991.
Goleman, D.: *EQ: Emotionale Intelligenz* (2. Aufl.). München: dtv 1997.
Goleman, D.: *Soziale Intelligenz.* Berlin: Knaur 2008.
Gottlieb, P.: *The virtue of Aristotle's ethics.* New York: Cambridge University Press 2009.
Graeber, D.: *Schulden: Die ersten 5000 Jahre.* Stuttgart: Klett-Cotta 2012.
Grün, A.: »Akedia« ist die Unfähigkeit, den Augenblick zu genießen. *Welt online,* 04.08.01 (Internet: www.welt.de/print-welt/article465942/Akedia_ist_die_Unfaehigkeit_den_Augenblick_zu_geniessen.html, besucht 24.7.14).
Grün, A.: *Herzensruhe. Im Einklang mit sich selber sein.* 23. Aufl. Freiburg i. Br. u. a.: Herder 2013.
Gvozdeva, K. & Velten, H. R.: *Scham und Schamlosigkeit: Grenzverletzungen in Literatur und Kultur der Vormoderne.* Berlin: de Gruyter 2011.
Haslam, N. & Baron, J.: Intelligence, personality, and prudence. In: R. J. Sternberg & P. Ruzgis (Hrsg.), *Personality and intelligence.* New York: Cambridge University Press 1994, S. 32–60.
Haubl, R.: *Neidisch sind immer die anderen: Über die Unfähigkeit, zufrieden zu sein.* München: C. H. Beck 2004.
Hegel, G. W. F.: *Phänomenologie des Geistes.* Frankfurt a. M.: Suhrkamp 1986.
Hell, D.: *Seelenhunger: Der fühlende Mensch und die Wissenschaften vom Leben.* Bern: Hans Huber 2003.
Helminiak, D. A.: *What the bible really says about homosexuality.* Estancia, NM: Alamo Square Press 2000.
Hoffer, E.: *Der Fanatiker. Eine Pathologie des Parteigängers.* Berlin: Rowohlt 1965.
Horney, K.: *Neurosis and human growth: The struggle toward self-realization.* New York: W. W. Norton & Co. 1991.
Ichazo, O.: *Interviews with Oscar Ichazo.* o. O.: Arica Press 1982.
Johannes vom Kreuz: *Die Dunkle Nacht.* 11. Aufl. Freiburg i. Br. u. a.: Herder 2013.
Kafka, F.: *Aphorismen: Betrachtungen über Sünde, Leid, Hoffnung und den wahren Weg.* (Internet: gutenberg.spiegel.de/buch/166/1, besucht 24.7.14).
Kant, I.: *Anthropologie in pragmatischer Hinsicht.* Stuttgart: Reclam 1986.
Kant, I.: *Eine Vorlesung über Ethik.* Hrsg. von P. Menzer. 2. Aufl. Berlin: Heise 1925.
Kant, I.: *Metaphysik der Sitten.* Hrsg. von W. Weischedel (Werkausgabe, Bd. 8). Frankfurt a. M.: Suhrkamp 2009.
Kast, V.: *Neid und Eifersucht. Die Herausforderung durch unangenehme Gefühle.* Zürich, Düsseldorf: Walter 1996.

Kekes, J.: *The roots of evil.* Ithaca, NY: Cornell University Press 2007.
Kirchner, F.: *Wörterbuch der philosophischen Grundbegriffe,* 1907. (Internet: www.textlog.de/kirchner_woerterbuch.html, besucht 24.7.14).
Koch, G.: *Tirolische Fahrten.* München: Josef Kösel & Friedrich Pustet 1923.
Kocher, G.: *Vorsicht, Medizin! Aphorismen zum Gesundheitswesen und zur Gesundheitspolitik.* Thun: Ott Verlag 1996.
La Rochefoucauld, F. de: *Denken mit La Rochefoucauld: Maximen über Eigenliebe und Eitelkeit, Liebe und Verrat, Ruhm und Heuchelei, Tugenden und Laster.* Zürich: Diogenes 2008.
Lafargue, P.: *Das Recht auf Faulheit: Widerlegung des »Rechts auf Arbeit«.* Hottingen-Zürich: Verlag der Volksbuchhandlungen 1887.
Lamb, S.: Introduction: Reasons to be cautious about the use of forgiveness in psychotherapy. In: S. Lamb & J. G. Murphy (Hrsg.), *Before forgiving: Cautionary views of forgiveness in psychotherapy.* Oxford, U.K: Oxford University Press 2002, S. 3–15.
Laotse: *Tao te king: Das Buch vom Sinn und Leben* (übers. von R. Wilhelm). Hamburg: Nikol 2010.
Lec, S. J.: *Alle unfrisierten Gedanken* (übers. von K. Dedecius). München: Hanser 1988.
Lefcourt, H. M.: Humor. In: C. R. Snyder & S. J. Lopez (Hrsg.), *Handbook of positive psychology.* Oxford, UK: Oxford University Press 2002, S. 619–631.
Lippke, O.: *Anatomie des Neides.* Duisburg: WiKu-Verlag 2006.
Logau, F. v.: *Sämmtliche Sinngedichte.* Hrsg. von G. Eitner. Stuttgart: Litterarischer Verein 1872.
Louf, A.: Die Acedia bei Evagrius Ponticus. *Concilium,* 10 (1974), 682–685.
Ludin, W.: *Selig die Gelassenen* (2. Aufl.). Luzern: Rex 1989.
Lützner, H.: *Wie neugeboren durch Fasten.* München: Gräfe und Unzer 2008.
Luther, M.: *Ausgewählte Schriften* (hrsg. von K. Bornkamm & G. Ebeling, Bd. 1). Frankfurt a. M., Leipzig: Insel 1995.
Machiavelli, N.: *Il Principe/Der Fürst* (übers. von P. Rippel). Stuttgart: Reclam 1986.
MacIntyre, A.: *Der Verlust der Tugend: Zur moralischen Krise der Gegenwart* (übers. von W. Rhiel). Suhrkamp Taschenbuch Wissenschaft, 1193, Frankfurt a. M.: Suhrkamp 1995.
Maitri, S.: *Der Weg zurück zum Selbst: Das Enneagramm der Leidenschaften und Tugenden.* Hamburg: Advaita Media 2009.
Matussek, M.: Auf Teufel komm raus. *Der Spiegel,* 7/2010, S. 61–71. (Internet: http://magazin.spiegel.de/EpubDelivery/spiegel/pdf/69065808, besucht 24.7.14).
Meister Eckhart: Predigt Nr. 52: Selig sind die Armen im Geiste (übers. von K. Flasch). In: G. Steer & L. Sturlese (Hrsg), *Lectura Eckardi. Predigten Meister Eckharts von Fachgelehrten gelesen und gedeutet.* Stuttgart: Kohlhammer 1998, S. 163–181.
Metz, J. B.: *Armut im Geiste.* o. O.: Ars sacra 1962.
Meyer, G.: *Lebendige Demokratie: Zivilcourage und Mut im Alltag* (2. Aufl.). Baden-Baden: Nomos 2007.
Mogel, W.: *The blessing of a skinned knee: Using Jewish teachings to raise self-reliant children.* New York: Scribner 2001.

Mruk, C. J.: *Self-esteem and positive psychology: Research, theory, and practice* (4. Aufl.). New York: Springer 2013.
Niemiec, R. M. & Wedding, D.: *Positive psychology at the movies: Using films to build virtues and character strengths.* Cambridge, MA: Hogrefe & Huber Publishers 2008.
Nietzsche, F.: *Menschliches, Allzumenschliches. Ein Buch für freie Geister.* Frankfurt a. M.: Insel-Verlag 1987.
Nussbaum, M. C.: *Sex and social justice.* New York, NY: Oxford University Press 2000.
Peterson, C.: The future of optimism. *American Psychologist,* 55 (2000), 44–55.
Peterson, C. & Seligman, M. E. P.: *Character strengths and virtues: A handbook and classification.* New York: Oxford University Press 2004.
Peterson, C., Park, N., Hall, N. & Seligman M. E. P.: Zest and work. *Journal of Organizational Behavior,* 30 (2009), 161–172.
Pieper, J.: *Über die Tugenden: Klugheit, Gerechtigkeit, Tapferkeit, Maß* (2. Aufl.). München: Kösel 2008.
Platon: *Der Staat.* In: *Hauptwerke* (ausgewählt und eingeleitet von W. Nestle). Stuttgart: Alfred Kröner 1973, S. 151–254.
Platon: *Protagoras.* In: *Hauptwerke* (ausgewählt und eingeleitet von W. Nestle). Stuttgart: Alfred Kröner 1973, S. 1–16.
Plumpe, W.: Sind wir am Ende der Unersättlichkeit? *Frankfurter Allgemeine Zeitung,* 10. Juni 2013, Nr. 131, S. 28.
Prose, F.: *Völlerei: Die köstlichste Todsünde.* Berlin: Wagenbach 2009.
Pudel, V.: *Adipositas.* Göttingen: Hogrefe 2003.
Rachman, S.: *Angst: Diagnose, Klassifikation und Therapie.* Bern: Hans Huber 2000.
Rauer, A. J. & Volling, B. L.: Differential parenting and sibling jealousy: Developmental correlates of young adults' romantic relationships. *Personal Relationships,* 14 (2007), 351–367.
Reich, W.: *Charakteranalyse.* Köln: Anaconda 2010.
Rippe, K. P. & Schaber, P. (Hrsg.): *Tugendethik.* Stuttgart: Reclam 1998.
Rogers, C. R.: *Entwicklung der Persönlichkeit. Psychotherapie aus der Sicht eines Therapeuten.* 17. Aufl. Stuttgart: Klett-Cotta 2009.
Roller, L. E.: *In search of God the mother: The cult of Anatolian Cybele.* Berkeley, CA: University of California Press 1999.
Rushdie, S.: Die siebte Todsünde: Trägheit – das kosmische Laster (übers. von A. Widmann), *Frankfurter Rundschau,* 19.1.2010.
Rydell, R. J. & Bringle, R. G.: Differentiating reactive and suspicious jealousy. *Social Behavior and Personality,* 35 (2007), 1099–1114.
Sade, D. A. F. de (Marquis de Sade): *Die 120 Tage von Sodom.* Frankurt a. M.: Zero Press 1970.
Sade, D. A. F. de (Marquis de Sade): *Justine oder Das Unglück der Tugend.* Gifkendorf: Merlin 1992.
Sartre, J.-P.: *Das Sein und das Nichts.* Reinbek b. Hamburg: Rowohlt 1993.

Scheler, M.: Über Scham und Schamgefühle. In: *Gesammelte Werke.* Bd. 10: *Zur Ethik und Erkenntnislehre.* (Hrsg. von Maria Scheler) Bonn: Bouvier 1957, S. 67–154.
Schellenbaum, P.: *Das Nein in der Liebe: Abgrenzung und Hingabe in der erotischen Beziehung.* München: dtv 2002.
Schiller, F.: *Über Anmut und Würde.* Stuttgart: Reclam 1986.
Schmitt, A.: *Logographie der Eifersucht: Eine inhaltsanalytische Untersuchung von Geschichten über selbsterlebte Eifersucht.* Lengerich: Pabst 1996.
Schwemmer, O.: Gewissen. In: Mittelstraß (Hrsg.), *Enzyklopädie Philosophie und Wissenschaftstheorie* (Bd. 3, 2. Aufl.). Stuttgart, Weimar: Metzler 2008.
Seume, J. G: *Apokryphen.* Hamburg: Tredition 2012.
Shoda, Y., Mischel, W. & Peake, P. K.: Predicting adolescent cognitive and self-regulatory competencies from preschool delay of gratification: Identifying diagnostic conditions. *Developmental Psychology,* 26 (1990), 978–986.
Skidelsky, R. & Skidelsky, E.: *Wie viel ist genug? Vom Wachstumswahn zu einer Ökonomie des guten Lebens* (übers. von U. Schäfer & T. Pfeiffer). München: Antje Kunstmann 2013.
Snyder, C. R.: *The psychology of hope: You can get there from here.* New York: Free Press 2003.
Snyder, C. R. & Lopez, S. J.: *Handbook of positive psychology.* New York: Oxford University Press 2002.
Snyder, C. R. & Lopez, S. J.: *Positive psychology: The scientific and practical explorations of human strengths.* Thousand Oaks, CA: Sage 2007.
Sofsky, W.: *Das Buch der Laster.* München: C. H. Beck 2009.
Spinoza, B. de: *Die Ethik.* Stuttgart: Reclam 1986.
Spreng, R. N., McKinnon, M. C., Mar, R. A. & Levine, B.: The Toronto Empathy Questionnaire: Scale development and initial validation of a factor-analytic solution to multiple empathy measures. *Journal of Personality Assessment,* 91 (2009), 62–71.
Sternberg, R. J. (Hrsg.): *Why smart people can be so stupid.* New Haven, CT: Yale University Press 2002.
Sternberg, R. J.: A balance theory of wisdom. *Review of General Psychology,* 2 (1998), 347–365.
Stone, M.: *When God was a woman.* San Diego, CA: Harvest HBJ 1976.
Strindberg-Brevier. Zusammengestellt und aus dem Schwedischen übertragen von C. Lilius. Zürich: Rascher 1949.
Thomas von Aquino: *Summe der Theologie* (3 Bde., 3. Aufl.). Stuttgart: Alfred Kröner 1985.
Worthington, E. L., Jr.: The pyramid model of forgiveness: Some interdisciplinary speculations about unforgiveness and the promotion of forgiveness. In: E. L. Worthington, Jr. (Hrsg.), *Dimensions of forgiveness: Psychological research and theological perspectives.* Philadelphia, London: Templeton Foundation Press 1998, S. 107–138.